Commercialization of Innovative Technologies

기술과 아이디어가 사업이 되기까지

스마트창업

저자 | C. Joseph Touhill · Gregory J. Touhill · Thomas A. O'Riordan

역자 | 최민석 · 신성철

서울경제경영

COMMERCIALIZATION OF INNOVATIVE TECHNOLOGIES
by C. Joseph Touhill, Gregory J. Touhill, Thomas A. O'Riordan

This Korean edition was published by Seoul Economics & Management Publishing Co. in 2011.

기술과 아이디어가 사업이 되기까지

스마트창업

2011년 2월 22일 | 제1판 1쇄 인쇄
2011년 10월 5일 | 제1판 2쇄 발행

역 자 | 최민석 · 신성철
발 행 인 | 김은중
발 행 처 | 서울경제경영출판사
북디자인 | 우일미디어

주 소 | 120-808 서울특별시 서대문구 대현동 67-5 대현빌딩 6층
전 화 | 02)313-2682
팩 스 | 02)313-8860

등 록 | 1998년 1월 22일 제5-63호

ISBN 978-89-88106-75-4 93320 정가 18,000원

차 례

Contents

역자 서문

안철수 박사가 모 대학 특강에서 이런 이야기를 했다. "우리나라에선 세계에서 제일 잘 나가는 IT기업이라고 하면 구글을 가장 많이 떠올리겠지만, 현재 구글에선 인재들이 자꾸 페이스북이나 트위터, 그루폰 등 신생 IT기업들로 빠져나가서 골머리를 앓고 있다. 기업가정신이 살아있는 미국에선 젊은 층의 창업이 여전히 활발히 이루어지고 있고, 계속해서 새로운 스타들이 탄생하고 있는 것이다."

그에 비하면 우리나라는 어떤가? 벤처신화 몰락에 따른 창업 감소와 기업가정신의 쇠퇴가 큰 사회적 이슈로 제기되고 있다. 모두가 안정만을 추구하고 도전하는 젊음이 사라져버린 것이다.

기업가정신의 쇠퇴에는 여러 가지 이유가 있다. 창업 자체의 성공가능성이 낮기도 하고, 한국에서는 실패할 경우 다시 일어날 기회를 얻기가 쉽지 않기 때문이기도 하다. 전자는 미국도 마찬가지라 문제가 없는데, 후자는 사회적으로 노력해서 바꾸어야 할 문제이다. 하지만 그렇다고 환경이 바뀌기만을 기다리고 있을 수는 없는 법, 더 좋은 환경을 만드는 건 사회에게 맡겨

두고 개인들은 창업의 성공 가능성을 높이는 방법을 고민하는 것이 더 효율적이다.

이 책은 좋은 기술이나 아이디어를 어떻게 사업으로 구현해서 성공시켜 나갈 수 있는지에 대한 구체적이고 체계적이며 깊이 있는 통찰을 제공한다. 우리에게 시대적으로 또 사회적으로 큰 의미를 지닌다.

이 책을 통해 예비창업자들은 비전정립, 아이디어의 평가/개발, 시제품 개발, 기술시연, 마케팅 및 사후관리에 이르기까지 사업의 전반적인 과정을 시간순서대로 예습해볼 수 있다. 또한 팀워크 구축과 인력구성, 역량개발 등 초기 기업의 조직운영에 대한 가이드도 제시한다.

중국 남부 모 지역에서는 말 안 듣는 아이에게 "나중에 커서 공무원을 시킨다"는 말로 겁을 준다고 한다. 모두가 다 창업가가 되어야 하는 것은 아니지만, 꿈과 열정을 지닌 이들은 도전을 해야 한다. 이 책은 그 도전이 외롭지 않게 당신을 도울 것이다.

– 최민석, 신성철

chapter 01

사업화 준비하기

지난 백년 간 우리는 이전 십만 년보다 더 많은 부를 창조했고, 가난을 줄였으며, 평균수명을 늘렸다. 이는 사업가, 발명가, 혁신가들 덕분에 가능했다. 그들은 우리 세계의 진정한 영웅들이다. – Johan Norberg

“지금으로부터 5년 후에 무엇을 하고 싶습니까?”라는 질문에 “개인 사업을 하고 싶다”라고 대답할 만한 사람들을 몇 명이나 알고 있는가? 이 비율이 꽤나 높다는 사실을 우리는 경험적으로 알고 있다. 이는 아마 자유롭고 독립적이며 운명을 스스로 설계하고픈 욕망이 우리 안에 잠재해 있기 때문일 것이다.

그러나 이러한 꿈이 실현되는 경우는 매우 드물다. 꿈을 현실로 바꿀 수 있는 지식과 열정, 자원과 원칙이 부족하기 때문이다. 이 책은 좋은 아이디어나 기술을 시장에 성공적으로 진출시키기 위해 필요한 요소를 제공하기 위해 기획되었다. 이 책에서는 특히 기술에 초점을 맞추고 그것을 강조할 것이다. 이 책에서 다루고 있는 기술적 혁신은 대부분 단순하나 일부는 복잡할 수도 있다. 그리고 하드웨어이거나 소프트웨어일 수도 있으며, 제조품이거나 기술 기반의 서비스일 수도 있다. 하지만 성공적인 사업화 과정은 모두 동일할 것이다.

이 책은 개인 사업을 꿈꾸는 수많은 사람들 외에도 많은 사람들에게 유용할 것이다. 오늘날 전세계 유수의 대학들은 기술 사업화 과정을 별도로 마련하고 학생들에게 다양한 과목을 제공하고 있다. 그리고 투자자들은 전통적 투자 영역인 주식, 채권, 뮤추얼 펀드 등의 수익률이 점점 낮아지고 있기 때문에 새로운 투자처를 찾고 있다. 따라서 벤처 투자자나 투자 조합은 그들의 수익률을 극대화하기 위해 혁신적 기술의 가능성을 지속적으로 타진하고 있는 것이다.

이 책으로부터 많은 도움을 얻을 수 있는 또 다른 집단은 정부 기관으로부터 중소기업 혁신상(SBIR, Small Business Innovative Research) 수상이나 중소기업 기술 이전(SBTT, Small Business Technology Transfer) 계약을 원하는 이들이다. SBIR은 중소기업들이 보유한 기술의 잠재적 가능성을 발굴하고 사업화를 장려하는 프로그램이다. STTR은 정부 R&D 돈의 일부를 중소기업 및 비영리 연구 기관에 지원하는 프로그램이다. 연구개발을 수행하는 비용과 위험 부담이 중소기업의 경영 능력을 넘어서는 경우가 많기 때문에 STTR은 연구 기관의 혁신적 기술을 중소기업의 사업화 능력과 결합시켜 성공적으로 시장에 진출시키는 것이다. 미국 중소기업연합 웹사이트(http://www.sba.gov/SBIR/)에서는 SBIR과 STTR에 대한 세부 정보를 제공하고 있다. 또한 유용한 링크 정보도 함께 제공하고 있기 때문에 SBIR/STTR 프로그램에 관심 있는 중소기업은 꼭 방문할 것을 권장한다.

현재 약 10개의 정부 기관에서 비슷한 사업을 추진하고 있으며, 사업 금액도 상당해서 2004년에는 SBIR 프로그램에 약 20억불, STTR에 약 2억불 정도 집행된 것으로 나타났다. SBIR과 STTR 프로그램 모두 한 가지 요구사항이 있는데, 그것은 그들의 노력이 기술 사업화의 성공을 목표로 해야 한다는 것이다.

우리는 이 책이 발명가/혁신가 메뉴얼, 대학 교재, SBIR/STTR 참고 자료, 그리고 기술 투자 핸드북 등의 역할을 충실히 할 것으로 믿는다. 그리고 기업체 임원이나 경영대학 학생들은 이 책을 통해 제품 혁신의 수명 주기나 아이디어를 시장에 내놓은 과정에 대해 상세히 알게 될 것이다.

불행히도 "더 좋은 쥐덫을 만들어라. 그러면 사람들이 당신 집 앞에 줄을 설 것이다."란 옛말이 항상 통하지는 않는다. 좋은 기술적 아이디어를 어떻게 사업화하는지 모른다면 사람들은 공짜로 줘도 가져가지 않는다는 사실을 경험적으로 알 수 있다.

좋은 아이디어의 사업화를 성공적으로 만드는 네 가지 핵심 요소는 팀워크, 전략, 원칙, 그리고 인내이다. 우리는 이 책 내내 첫 세 가지의 중요성을 강조할 것이다. 인내 역시 중요하지만, 이는 주로 경험으로 터득되는 것이다. 그리고 앞에서 언급한 네 가지 중 팀워크가 무엇보다 중요하다. 이는 기술의 상업적 성공을 위해서는 사업화팀 구성이 가장 중요하다고 믿기 때문이다. 물론, 아주 가끔은 혼자서 아이디어부터 사업화까지의 전 과정을 성공적으로 수행할 수 있는 괴물 같은 사람이 있기는 하다. 그러나 이런 천재적 인물은 극소수에 불과하다. 우리는 1.2절에서 팀워크에 관해 좀 더 구체적으로 설명할 것이며, 실리콘 밸리의 탄생과 성공 과정에서 팀워크가 얼마나 중요한 역할을 했는지 사례를 들어 보일 것이다. 그리고 이 책 전 영역에서 우리는 전략과 계획의 중요성을 지속적으로 강조할 것이며, 어떻게 전략을 짜고 계획을 수립하는지에 대해서도 자세히 설명할 것이다. 마지막으로, 계획을 실천하는 데는 원칙이 필요하며, 언제 그 계획을 수정해야 하는지 알기 위해서는 지혜가 필요하다는 점을 강조하고자 한다.

1.1 책의 구성

우리는 창의성과 혁신적 기술의 실행을 통해 인간의 삶의 질이 향상되어 왔다고 믿는다. 글로벌 경쟁이 치열해지고 기술이 급변하는 상황에서 대부분의 사람들은 지적재산의 중요성을 잘 이해하고 있다. 게다가, 새로운 기업을 시작하기 위해서는 기업가 정신이 절대적으로 필요하다는 점도 잘 알고 있다. 그러나 최종 승자는 결국 좋은 아이디어를 남보다 빨리 발굴하고 사업 실행에 옮기는 사람들일 것이다. 이 책은 아이디어 발굴에서 사업화 실행까지의 전 과정에 필요한 전략을 설명하고, 이 전략을 성공적으로 수행하기 위한 전술을 독자들에게 알려줄 것이다.

첫 세 장에서 우리는 다음 질문에 대답할 수 있는 전략적 이슈를 다룰 것이다.

- 이 책의 독자는 누구인가?
- 사업화팀을 구성하는 것이 왜 그렇게 중요한가?
- 사업화팀의 구성원은 누구이고 그들은 각각 어떤 특징을 갖고 있는가?
- 강력하고 유연한 사업화 계획은 어떤 특징이 있는가?
- 성공을 위한 전략 개발의 목적은 무엇이고, 우리는 유망한 기술을 어떻게 평가하고 개발하고 관리할 것인가?
- 최종 목적을 어떻게 정할 것인가?
- 전략적 계획을 실행하기 위해 필요한 요소는 어떤 것인가?

4장부터 17장까지는 주로 어떻게 혁신적 기술을 찾고, 투자금을 모집하고, 평가하고, 제품을 디자인하고, 시연할 것인지와 같은 전술적 이슈를 다룰 것이다. 첫 세 장에서 이사회의 의사결정과 같은 개론을 소개하는 반면, 전술적인 장에서는 현장에서의 문제와 그 해결방법에 더욱 집중할 것이다. 18장에서는 우리의 목표인 성공적인 사업화가 이루어진 후에는 어떤 일들이 발생하는지에 대해 다룰 것이다.

어떤 사람들은 성공적인 기업은 전략, 전술, 그리고 영업으로 이루어진 세 다리 걸상에 지탱되고 있다고 비유한다. 이 책에서는 명시적으로 영업적인 이슈에 대해 구체적으로 언급하지는 않을 것이다. 이 영역은 다른 책에 맡기고, 대신 우리는 (1) 사업화팀의 중요성, (2) 위험을 분산시킬 수 있는 포트폴리오 구축 방법, (3) 성공적 사업화 과정을 위해 필요한 기술자들의 강력한 지원에 대해 중점적으로 다룰 것이다.

1.2 관점의 중요성

한 사람이 아이디어를 떠올리고, 혼자 성공적으로 사업화까지 수행하는 경우는 극히 이례적이다. 기술이 점점 더 복잡해지고 정부 규제 등 비즈니스 환경이 점점 더 까다로워지면서 주위 사람들의 도움없이 아이디어를 시장에 성공적으로 데뷔시키는 것은 점점 더 어려워지고 있다. 이 책의 중요 테마 중 하나는 바로 성공적 사업화는 팀워크를 통해 가장 잘 달성될 수 있다는 점이다. 이런 면에서 성공적 기술사업화를 위해 가장 잘 갖춰진 사업화팀은 하나의 아이디어에 대해서도 다양한 상상을 할 수 있도록 여러 개성과 역할을 지니도록 구성되어야 한다. 일반적으로 사업화팀은 발명가, 투자자, 기술자, 기업가로 구성될 수 있다.

좋은 아이디어를 발견, 평가하고 이를 성공적으로 사업화하기 위해서는 위에서 언급한 네 부류의 사람들이 모두 필요하다. 성공적 기술사업화로 가는 길은 사업화팀이 공동의 목표인 성공적 사업화를 위해 유연성을 발휘하고 상호 협조하는 것이다. 종종 아이디어가 평가되고 발전되면서 각자의 역할이 바뀌는 경우도 있다. 하지만 어떤 역할이든지 성공적 기술사업화를 위해서는 반드시 필요하다는 점을 잊지 말아야 한다.

실리콘 밸리의 탄생: 반역의 8인

1947년 12월, 미국 뉴저지에 소재한 벨 연구소에서 두 명의 과학자 John Bardeen과 Walter Brattain은 전기 신호가 게르마늄 결정에 충돌할 때 출력 신호가 입력 신호보다 더 세다는 점을 발견하였다. 그들의 상사는 다소 고압적인 William Shockley였고, Shockley는 그 현상에 대해 아주 짧은 기간 내에 대단한 통찰력을 발휘하였다. 그 뿐만 아니라, 그와 그의 동료들은 반도체 물질에 대해서도 같은 현상을 설명할 수 있었고, 더 중요한 것은 접합 트랜지스터로 알려진 결정을 개발하게 되었다는 점이다. 1951년경 Shockley와 동료들은 실용화가 가능한 크기로 트랜지스터를 줄이는데 성공하였다. 1956년, Bardeen과 Brattain, 그리고 Shockely는 그들의 업적으로 노벨 물리학상을 공동으로 수상하였다.

이후 Shockley는 벨 연구소가 자신의 업적을 충분히 잘 활용하는데 신속히 움직이고 있지 않다고 판단하였다. 그래서 Beckman 회사로부터 투자를 받아 1956년 2월 샌프란시스코 팔로 알토 인근에서 Shockley 반도체 연구소를 설립하였다. 그리고 그는 새로운 기술을 개발하기 위해 재능있고 젊은 과학자들을 고용하였다. 개발 과정에서 그들은 실리콘이 게르마늄보다 훨씬 많은 이점이 있다는 사실을 알게 되었다. 하지만, Shockley는 건설적인 비판을 하지 않았고, 그의 고압적인 관리 스타일 때문에 연구원들과 잦은 마찰을 빚었다. 이 젊고 유능한 과학자 중 한 명이자 인텔의 창업자인 Gordon Moore는 다음과 같이 회상한다.

"Shockley와 일하는 것은 아주 어려웠다. 그의 경쟁적 기질은 같이 일하는 젊은 과학자들에게도 나쁜 영향을 끼쳤다. 설상가상으로 그는 편집증 기질까지 보였다. 그는 그의 팀원들이 고의적으로 프로젝트를 망치고 있다고 생각했기 때문에 팀원들이 중요한 정보에 접근하는 것을 금지시켰다. 또한 그는 아주 사소한 실수를 악의적인 것으로 받아들이고 팀원들을 맹비난하였다. 결국 그는 새로운 연구 결과들을 예전의 벨 연구소에서 일했던 사람들과 논의하기에 이르렀다."

불행히도 사태는 점점 더 악화되었다. 1957년 5월, 8명의 과학자 Julius Blank, Victor Grinich, Jean Hoerni, Eugene Kleiner, Jay Last, Gordon Moore, Robert Noyce, Sheldon Roberts는 Aronld Beckman을 찾아가 Shockley와 더 이상 함께 일하기 힘들다고 털어놓았다. 대신, 그들은 Shockley는 컨설턴트로만 남고 새로운 매니저를 고용한다면 문제가 해결될 것이라고 말했다. 초기에 Beckman은 동의하는 것처럼 보였지만, 두 달 후 그는 마음을 바꿨다.

그 때 바로 그 8명의 과학자들은 회사를 그만두기로 결심하였다. 1957년 9월이었다. 그들은 각자 조금씩 각출하여 3,500불을 모을 수 있었다. 하지만 더 많은 돈이 필요했기 때문에, Eugene Kleiner는 뉴욕에 있는 주식 브로커에게 편지를 썼다. 결과적으로 그 한 통의 편지는 전설적인 벤처 캐피탈리스트인 Arthur Rock에게 전달되었다. Rock은 곧장 캘리포니아로 달려와 그들을 만났다. 8명의 과학자들이 마음에 들었던 Rock은 항공 카메라 발명가인 Sherman Fairchild를 설득하여 그 8명의 과학자들을 위해 자회사를 만들도록 하였다. 130만불 자본금으로 8명의 과학자들은 Fairchild Semiconductor 회사를 설립하였고 그들의 방식으로 트랜지스터를 설계하였다. 이를 목격한 Shockley는 화가 나서 이들을 '반역의 8인' 이라 불렀다. 그는 이 8명의 재능 있는 과학자들을 잃은 충격을 절대 만회할 수 없었고 1963년 전자 업계를 떠나 스탠포드 대학교로 돌아갔다.

'반역의 8인' 이 이룬 업적은 인류 역사를 바꿀 만한 것이었다. 실리콘 기반의 반도체 개발에 주력한 이들은 살구나무 숲으로 잘 알려진 지역에 상점도 오픈하였다. 그들의 반도체 기술은 전자 스위칭 기계와 가전 제품부터 태동기에 있던 우주항공 산업에 이르기까지 실질적인 표준으로 빠르게 자리 잡았다. 2년도 안되어 Fairchild Semiconductor는 모기업보다 더 많은 수입을 벌어들였다. 그리고 그들은 실질적으로 실리콘 밸리를 탄생시킨 장본인들이다. 그 후 Victor Grinich는 버클리 대학과 스탠포드 대학 교수가 되었고, 나머지 사람들은 계속해서 아주 유명한 회사들을 설립하였다. Robert Noyce와 Gordon Moore는 인텔의 공동 창업자가 되었고, Eugene Kleiner는 아주 유명한 벤처 캐피탈 회사인 Kleiner, Perkins, Caufield, 그리고 Byers의 공동 창업자이다. Sheldon Roberts, Jean Hoerni, 그리고 Jay Last는 나중에 Teledyne이 된 회사를 세웠고, 마지막으로 Julius Blank는 Xicor를 공동 창업하였다.

하이테크 산업에 미친 그들의 영향력은 실로 막대하였다. Jay Last의 말을 빌리면, "트랜지스터의 첫 50년은 구텐베르크 활자 인쇄술의 첫 50년과 매우 유사하다. 이 두 기술은 500년의 차이가 있지만, 거의 동일한 발전 경로를 거쳤다. 두 기술 모두 거의 동일한 시간 안에 성숙한 산업으로 발전했다. 그리고 집적 회로는 구텐베르크 기술이 세상을 바꾼 것과 같이 혹은 그 이상으로 세상 변화를 이끌어냈다. 이것은 우리에게 막대한 커뮤니케이션 능력을 부여함으로써 가능했던 것이다."

이 두 기술 성공의 공통점은 바로 팀워크이다. Shockley 개인적으로는 노벨상을 수상할 수 있었다. 하지만 반역의 8인은 "모두를 위한 하나 그리고 하나를 위한 모두"의 기치 아래 자신들이 가진 기술의 가치에 대한 확신을 가지고 보장된 학문적 성공을 포기한 채 Shockley와 이별을 선언하였다. 이 후 그들은 인류 역사상 가장 위대한 기술적 진보를 달성하였다.

이들의 업적은 팀워크의 중요성을 확실히 보여주고 있으며, 사업화 팀이 추구해야 할 성공적인 모델을 제시하고 있다. 또한 오늘날 하이테크 기술이 융성할 수 있는 토대를 다졌으며, 당분간은 많은 기업가들이 본받아야 할 본보기가 될 것이다.

성공적 팀을 꾸리기 위해 개인별 마음가짐과 역할이 명확히 제시되고 이해되어야 한다. 따라서 여기서는 이들 각 참여자들의 독특한 역할과 특징에 대해 살펴볼 것이다. 각 역할별 간략한 프로파일과 함께 필수적인 역량 또는 성향을 중심으로 설명할 것이다. 아울러 팀원 중 일부는 여러 역할을 동시에 수행할 수도 있음을 가정한다.

1.2.1 발명가/혁신가

발명가는 매우 독특한 부류이다. 그들은 대부분의 사람들과 다른 방식으로 사물을 본다. 그래서 그들은 자신들의 일에서 탁월한 역량을 보인다. 비록 그들의 발명이 기술에 근거하고 있더라도, 그들은 반드시 과학자일 필요는 없다. 그들은 보통 이론보다는 실제에 더 관심이 많다. 이론에 대한 이해가 부족해서가 아니라 이론의 실질적 적용이 그들의 관심을 끌기 때문이다. 대표적인 예가 Thomas Edison이다. 분명히 그의 실험에 접근하는 방식은 극단적이고 문제가 많았다. 하지만 그가 과학적 이론에 대한 이해가 부족했다고 생각하는 것은 아주 큰 실수이다. 우리가 발명가를 생각할 때 마음속에 떠오르는 특징을 간략히 정리해 보자.

창의적임 대부분의 사람들은 발명가하면 창의성을 연상한다. 그들의 아이디어는 대부분 기발하고, "나는 왜 이런 생각을 못했을까?"란 탄식이 절로 나오게 만든다. 그 이유는 바로 그들은 그들의 경험과 교육의 범위 내에서 사물을 다른 각도로 보기 때문이다. 그리고 가장 중요한 것은 그들이 마음 속으로 생각한 것의 유용성과 가치를 시각화할 수 있는 능력이다.

발명가는 종종 다양한 분야에 응용될 수 있는 많은 아이디어를 갖고 있다. 아주 유명한 과학자이자 수소 폭탄의 아버지로 불리는 Edward Teller 박사가 좋은 예이다. 그는 다른 두 화학자인 Brunauer와 Emmett와 협력하여 유명한 BET 공식을 개발하였다. BET 공식은 다층 흡착성 물질의 표면적을 계산하는 데 가장 많이 이용되고 있다. Teller 박사의 가장 큰 장점은 아주 복잡한 문제를 단순화시키는 것이다. 단순화 능력은 발명가들의 공통된 특징이고, 그들이 유용한 개념을 개발하는 데 있어서 뛰어난 가장 중요한 이유이다.

발명가들의 폭넓은 관심사는 그들의 창의성에 방해가 되기도 한다. 그리고 그들은 다양한 아이디어와 빠른 사고로 인해 쉽게 관심사가 바뀌기도 한다. 이런 특징은 한 가지에 집착하는 고집스런 그들의 모습을 생각하면 모순적이기도 하다. 이런 면 때문에 종종 발명가들은 체계적이지 않고 원리 원칙도 없다는 비난을 받곤 한다.

열정적임 사업화팀은 발명가들이 자기들의 아이디어에 매우 열정을 갖고 있다는 사실을 반드시 이해해야 한다. 이런 특징을 잘 이해하면 때로는 괴상해 보이는 그들의 행동이 이해되는 경우가 많기 때문이다. 어떤 대단한 아이디어를 떠올릴 때, 그들은 이 아이디어가 인류 역사상 가장 훌륭하다고 믿는다. 그것은 일종의 축복이다. 수많은 땀과 눈물이 있었기에 하나의 아이디어가 탄생할 수 있었다는 점을 기억해야 한다. 사실 발명가들이 대단히 성공할 것이라 믿는 많은 아이디어는 수많은 실패를 되풀이한 끝에 탄생되었다. 그래서 사업화팀원들이 발명가의 아이디어에 대해 꼬치꼬치 캐물을 때는 마치 그 발명가의 아이가 나중에 어떻게 자랄지를 묻는 것처럼 예의 바르고 무례하지 않게 해야만 한다.

거의 20년 동안 개발한 자신의 발명에 너무나 집착한 나머지 시력을 잃어버린 한 발명가를 떠올릴 수 있다. 그는 어떤 비평도 받아들이지 않았고, 그의 열정은 맹목적이었다. 결국 모든 것을 잃어버릴 처지에 몰리자 그는 한 투자그룹에게 그의 발명 소유권을 넘겼다. 다행히 그 투자그룹은 착한 사람들이어서 그에게 상당한 대가뿐만 아니라 한동안은 보수가 꽤 괜찮은 컨설턴트로 그를 고용하였다. 그러나 이런 좋은 사례는 극소수에 불과하고, 대부분의 맹목적인 발명가는 운이 따르지 않거나 투자자를 내몰게 된다. 결국 그들의 아이디어는 사라지거나 아니면 기껏해야 아주 싼 가격에 거래되는 것이다.

방어적임 발명가들은 그들의 아이디어를 위한 돈을 모집할 때 그들의 상황을 스스로 어렵게 만드는 경향이 있다. 거의 대부분의 발명가들은 만약 그들이 충분히 부유하다면 필요한 모든 돈을 스스로 조달가능하다고 믿는다. 결국 그들은 모든 투자 자금을 날리고 나서야 성공적 사업화를 위해서는 그들 스스로 조달 가능한 것 이상의 자원이 필요하다는 것을 절실히 깨닫게 된다. 문제는 바로 다음에서 발생한다. 그들은 아이디어의 공유를 극도로 꺼리는 것이다. 그들 스스로 조심하지 않으면 누군가가 그들의 아이디어를 훔쳐갈 거라 믿는 경향이 짙다. 그 결과 그들은 모든 것을 공개하기를 꺼려한다. 오히려 그들은 투자자들이 그들을 믿고 돈을 순순히 지원해 주기를 원한다. 하지만 이런 그들의 희망사항은 실현되지 않는다.

발명가들은 그들의 아이디어가 얼마나 훌륭하고 좋은지 잘 알고 있을 것이다. 하지만, 그 아이디어를 개발하고 돈을 투자할 사람들은 그 아이디어가 어떻게 작동하고 왜 그렇게 되는지 자세히 알아야 한다. 발명가들에게 명확할지라도 사업화팀원들에게는 그렇지 않은 경우가 종종 있기 때문이다. 따라서 발명가들은 일종의 행동 규칙이 필요하다. 우선 팀원들을 믿고 반감을 제거해야 한다. 이를 위해 비밀 유지 계약서를 체결하거나 혹은 특허를 등록할 수 있다. 혹은 비밀 조항과 지적재산 권리를 포함하는 개발 계약서를 체결할 수 있다. 그런 후 컨설팅 제공 계약을 맺을 수도 있다.

아이디어 개발 초기 단계에서는 특허가 완벽한 해답이 될 수 없는 경우도 있다. 몇몇 사람들은 특허 출원이 초기 아이디어 보호를 위해 충분하다고 믿는다. 분명 특허 출원은 도움이 되지만, 진정으로 도움되는 것은 바로 발명가의 독점적 지식이다. 만약 그 아이디어가 정말 대단한 것이라면, 특허는 그 아이디어를 리버스 엔지니어링하거나 모방하려는 이들에게 단지 로드맵이 될 뿐이다.

사업화팀이 꾸려진 초기에는 팀원들 간에 서로 잘 모를 뿐만 아니라 팀이 효율적으로 돌아가기 위해 필요한 신뢰조차도 형성되지 않은 경우가 종종 있다. 어떤 종류의 법률 문서도 신뢰를 형성시킬 수 없다. 그래서 팀원들 모두 아이디어에 대해 확신을 갖고 앞으로 한 걸음씩 나아가고 싶어 하지만 발명가가 세부 사항에 대한 공개를 꺼려한다면 우리가 성공적으로 사용한 방법이 있다. 그 개념은 기술적 신탁인데 다음과 같이 작동한다. 예를 들면 발명가와 투자자 모두 제 삼자를 통해 아이디어의 세부 사항을 보관하기로 합의한다. 즉, 발명가는 제 삼자에게 그 아이디어가 어떻게 왜 동작하는지 자세하게 설명한다. 이 때 제 삼자는 기술의 응용에 전문성이 있는 사람으로 철저한 조사를 통해 투자자에게 그 아이디어에 대한 객관적 의견을 제시한다. 이런 식으로 발명가는 기술 피신탁인이 아이디어와 관련된 모든 정보를 비밀로 유지하고 있음을 확신할 수 있고, 투자자는 투자 결정을 내리기에 충분하고 신뢰성 있는 의견을 피신탁인으로부터 들을 수 있다. 이런 과정을 통해 신뢰가 충분히 형성되면 나중에는 피신탁인이 필요치 않고, 사업화팀원 간 직접 정보 교환이 이루어지게 된다.

발명가들에게는 아이디어와 관련된 개념이나 세부 정보 보호가 너무 중요하기 때문에 투자자 그룹과 어떤 공식적인 계약이 이루어지기 전에 실질적으로 작동할 수 있는 전략이 필요하다. 그렇게 함으로써 모든 사람들이 시간을 절약할 수 있고, 우호적인 협상을 진행할 수 있게 된다.

집착 발명가들이 좋아하는 아이디어에 관해 그들은 코끼리나 불독과 같은 면이 있다. 그들은 그 아이디어를 절대 잊지 않으며 포기하지 않는다. 이런 특징은 긍정적이면서도 부정적이다. 참을성은 남들의 비웃음이나 반복되는 실패, 그리고 금전적인 어려움을 극복할 수 있게 도와준다. 그리고 그들의 아이디어에 대한 진정한 평가가 나올 때까지 평생 기다릴 수도 있을 것이다. 반대로, 그들이 한 아이디어에 너무 오래 집착하게 만들기도 한다. 나쁜 아이디어의 경우에는 다른 사업화팀원들보다 훨씬 오랜 시간을 낭비하게 하는 원인이다.

따라서 어떻게 해서든 발명가들은 한 발짝 뒤로 물러나 사업화 가능성을 객관적으로 분석할 수 있는 능력을 배양해야 한다. 게다가 다른 팀원들의 동기 부여도 고려해야만 한다. 그렇게 하는 것이 결국 사업화 과정에 속도를 내는 길이기 때문이다. 헌신과 인내, 그리고 끈질김은 발명가들이 갖춰야 할 필수 덕목이지만, 반대로 그것 때문에 다른 사람들과 함께 일하는 것이 더 어려워질 수도 있다는 점을 반드시 기억해야 한다.

고집 고집은 발명가들의 특징인 열정과 집착과 아주 긴밀한 관련이 있다. 앞서 언급했듯이 발명가들은 아이디어를 구체적으로 누설하는 것을 극도로 꺼려한다. 그리고 그들은 사업화팀을 시작하기로 다른 사람들과 합의한 후에도 초기 아이디어에 대한 어떠한 변경도 싫어한다. 심지어 약간의 변경이 초기 아이디어를 더 명확하고 구체적으로 만들 수 있는 경우에도 그것을 거부하기도 한다. 특히 기술적 배경 지식이나 경험이 없는 사람들의 의견 수용은 더욱 심하게 거부한다. 사실 우리가 만난 아주 천재적인 몇몇 발명가들은 그들을 제외한 다른 사람들은 모두 어리석다고 생각하는 경향이 있었다. 다행히 대부분은 이런 생각을 밖으로 표출하지는 않는다.

그들의 이러한 단점에도 불구하고, 우리가 지금까지 함께 일한 대부분의 발명가들은 훌륭한 협상가들이었다. 그들은 훌륭한 사업가적 기질을 지니지는 않았을지라도 협상에서 불편한 사항을 피해갈 줄 아는 협상가들이었기 때문이다. 발명가들은 하나의 아이디어를 탄생시키기까지 오랜 인고의 시간을 거쳤지만, 그걸로 끝이 아니다. 아이디어에 대해 더 많은 권력이 양을 하는 참을성을 마지막까지 발휘해야 한다. 이런 점을 감안할 때 협상이 필요한 어떤 일이든 발명가들과 조화롭게 진행하기 위해서는 합리적이고 지능적으로 그들에게 접근해야 한다.

16

성공을 위해 실패를 경험한 사람들: Philo T. Farnsworth와 Allen B. DuMont

이 책을 읽고 있는 독자라면 오늘날 모든 가정에 한 대쯤 설치된 텔레비전의 발명가가 누구인지 궁금할 것이다. 텔레비전의 기초 기술은 Philo Taylor Farnsworth가 개발하였고, 이를 대량 생산할 수 있는 기술은 Allen B. DuMont가 개발하였다. DuMont는 DuMont Television Network 회사를 세워 실제로 텔레비전 프로그램을 방송하였다. 이 두 사람은 우리가 지금까지 살펴본 발명가의 특징을 모두 갖춘 전형적 사례이다. Farnsworth와 DuMont는 어린 시절부터 아주 창의적이었다. 유타주 시골에서 태어난 Farnsworth는 14살이 되던 해 텔레비전의 기술적 개념을 개발하였다. 그는 밭을 갈면서 생기는 고랑을 보며, 전자빔을 이용하여 부식 유리에 이미지를 만들 수 있을 것으로 상상하였다. 그는 고등학교 선생님께 그의 아이디어를 설명하였고, 1년 후 Brigham Young 대학교에서는 최초로 전자 텔레비전 영상을 개발하였다. 이와 유사하게, 소아마비에 걸린 DuMont는 어린 시절 전자공학을 독학하면서 그의 천재성을 보였다. 소아마비에서 회복되는 과정에서 그는 반복적으로 라디오를 개조하였고, 14세 되던 해 최연소로 1급 무선통신 자격증을 취득하였다.

이 두 사람은 그들의 업적에 확신을 갖고, 본격적으로 기술 개발에 뛰어 들었다. 대학 1학년을 갓 마친 Farnsworth는 샌프란시스코에 자리잡고 투자자들을 찾아 다녔다. 21살이 되던 해 그는 실제 작동하는 카메라를 개발하고 텔레비전 영상을 송출하였다. DuMont는 Rensselaer Polytechnic Institute를 졸업한 후 천재로서 명성을 계속 쌓아갔다. 졸업 후 Westinghouse에 취직한 그는 브라운관 생산 능력을 하루 500개에서 50,000개로 신속히 늘려 나갔다. DeForest Radio는 그가 Westinghouse를 떠나도록 부추겼고, 곧 그는 Westinghouse에서의 생활에 답답함을 느끼고 그의 회사 DuMont Laboratories를 차리기 위해 회사를 떠났다. 후에 DuMont Laboratories는 세계 최고 품질의 CRT(Cathode Ray Tubes) 생산 회사가 되었다. 이때 그는 막 30살이 되었다.

Farnsworth와 DuMont는 그들의 발명에 대해 매우 방어적이었다. 이는 아마도 그들이 제품 개발과 생산을 독립적으로 수행하기 위해 각자의 연구소를 설립했던 주된 이유일 것이다. 사람들은 일반적으로 발명가들이 그들의 발명을 완성하기까지 수년 간 고생했을 것이라고 생각한다. 이런 면에서 Farnsworth와 DuMont도 예외는 아니었다. Farnsworth의 경우, 실제로 작동하는 텔레비전의 개념으로부터 개발까지 7년이나 걸렸다. 내구성과 품질이 좋은 CRT를 생산하기 위해 뉴저지 집 지하에서 고생한 DuMont는 그의 회사에 몸과 마음을 전부 바쳤다.

이런 그들의 인내력은 그들의 고집스러움과 잘 연결된다. 수년 간 Farnsworth는 RCA(Radio Corporation of America)사와 그 회사의 사장인 David Sarnoff와 수년 간 법정 다툼을 벌였다. RCA 직원인 Vladimir Zworykin은 아이코노스코프(텔레비전 카메라 진공관)로 명명된 기기와 관련된 특허를 취득하였다. 아이러니하게도 아이코노스코

프는 Farnsworth의 Image Dissector와 매우 유사했다. 라디오 제국과 텔레비전 네트워크 확장을 꿈꾸고 있던 Starnoff는 Farnsworth의 발명에 대해 보상은커녕 절대 인정하려 들지 않았다. 결국 미국 특허청은 Farnsworth 편을 들어줬지만, Farnsworth가 RCA로부터 약간의 로열티를 받기까지 수년 간의 소송이 진행되었다.

DuMont 역시 고집스러움으로 마무리되는 탁월함을 보여주었다. DuMont는 세계 최고의 CRT 기술을 바탕으로 DuMont Television Network를 설립함으로써 그의 성공에 정점을 찍었다. 참고로 DuMont Television Network는 세계 최초의 텔레비전 네트워크이다. NBC, CBS, 그리고 ABC 등의 경쟁사로부터의 점점 더 치열한 경쟁에 식면한 DuMont는 강력한 제휴 구조의 부족함을 절실히 느꼈다. 비록 몇몇 유명한 쇼 콘텐츠를 보유하고 있었지만, DuMont는 초기 성공을 지속할 수 없었고 텔레비전 네트워크 사업은 점점 더 어려워졌다. 곧 그는 회사 내의 다른 사업부 자금을 텔레비전 네트워크에 쏟아 부었다. 동료들과 이사회는 텔레비전 네트워크 사업을 매각할 것을 주장하였다. 결국 1956년 DuMont는 Metromedia에 텔레비전 사업 매각을 강요 받았다. 후에 Metromedia는 Fox Broadcasting에 인수되었고, 오늘날 많은 미국인들은 야구나 농구 경기를 보기 위해 Fox 채널을 돌리고 있다. 1965년에 사망한 DuMont이 생전에 그가 옳았음을 알았더라면 그걸로 그는 아마 만족했을 것이다.

인류 역사에는 Farnsworth나 DuMont와 같은 발명가들의 이야기가 수도 없이 많이 있다. 이들의 공통점은 모든 발명가들에게서 찾을 수 있는 점과 동일하다. 창의성, 열정, 아이디어 방어적, 인내성, 고집 등이 그것이다. 그러나 우리가 언급했던 발명가들과 마찬가지로, 이런 특징은 때로는 축복받은 것이지만 적절히 통제되지 않으면 저주로 연결되곤 했다.

1.2.2 투자자

투자자는 좋은 아이디어가 긍정적이건 부정적이건 간에 결과를 맺을 수 있도록 돈을 제공해 주는 사람 혹은 단체이다. 일반적으로 투자자는 발명가에게 돈이나 시간이 부족할 경우 합류한다. 발명가는 자원이 무한하다면 사업화 과정을 전부 혼자 하려 한다는 점을 기억해야 한다. 발명가는 성공 기회가 점점 희박해져 감을 느낄 때, 그들의 인내심과 열정이 바닥을 향해 치달을 때, 또 다른 대성공의 기회를 모색할 때, 그들 아이디어에 무언가 부족함을 깨달을 때, 진심으로 재무적 도움이 필요함을 느낄 때 투자자의 참여를 허락한다. 발명가와 투자자의 차이점은 아주 흥미롭다. 일반적으로 발명가는 창의적이고 감정적인 반면, 투자자는 냉정하고 계산적이다. 하지만, 사업화팀에 있어서 이 두 역할은 나머지 팀원들에게 극히 중요하다.

기술 투자에 있어서 첫 번째 규칙은 가족이나 친구들의 돈을 피하는 것이다. 비록 가족이나 친구가 실패를 감수할 수 있을 정도로 부자라 하더라도, 혹은 먼저 도와주겠다고 안달이 났어도 가급적 그들을 이용하지 않는 것이 최선이다. 최악의 불화는 실패했을 때가 아니라 사업화가 성공해서 이익을 나눠야 할 때나 아니면 아주 중요한 의사 결정을 해야 할 때 발생한다. 게다가, 더욱 중요한 점은 친지들이나 친구들은 우리의 발명, 아이디어, 혁신보다는 우리를 더 사랑한다는 데에 있다. 그래서 우리가 무엇을 하는지 정확히 이해하지 못한 채로 그들의 금전적 투자가 무언가 회사 경영에 특별히 기여할 것이라 막연히 기대하는 것이다.

우리는 기술 사업화를 위해서 가족이나 친구보다 전문적 투자자의 도움을 받을 것을 추천한다. 전문적 투자자는 기술, 사업화 과정, 그리고 그에 따른 위험을 우리보다 더 잘 이해하고 있고, 우리의 가족이나 친구보다 더 객관적이고 경험이 풍부하기 때문에 사업화 과정에서 훨씬 큰 도움이 될 것이기 때문이다. 실리콘 밸리의 엄청난 성공 사례들은 전문 투자자들과 함께 일하는 것이 성공 가능성을 훨씬 높인다는 점을 잘 보여주고 있다. 발명가처럼 투자자도 사업화팀의 다른 구성원들과 차별되는 특징이 있다.

사람을 보는 안목 벤처 캐피탈이란 용어를 처음 사용한 Arthur Rock은 투자자의 가장 큰 능력은 성공적인 사람을 분별하고 그들에게 투자하는 것이라 말한다. "내가 흥미를 갖는 것은 사람에게 투자하는 것이다. 나는 모든 조건을 갖춘 사람을 찾는다. 정직하고 의욕에 불타고 사물을 객관적으로 볼 수 있고 일에 우선순위를 두며 지금 어디로 가고 있고 어떻게 목적지에 도달할 수 있는지를 잘 아는 사람 말이다." 성공적 사업화팀은 이런 비젼있는 사람으로부터 시작되기 때문에 투자자는 항상 이런 사람들을 찾아다닌다.

훌륭한 네트워크 성공적 투자자의 다른 중요한 특징은 다양한 성공의 기회를 제공할 수 있는 사람들과 잘 연결되어 있다는 점이다. 우리 중 상당수는 마이크로소프트나 애플의 최근 성공을 보며 "저런 기업에 일찍 투자할 수 있는 기회가 있었다면 지금쯤 우리 삶은 어떻게 달라졌을까?"라고 상상해 봤을 것이다. 지금까지 우리의 조사에 의하면, 시장에 끊임없이 관심을 두고 연결고리를 찾으려는 투자자는 좋은 아이디어로 무장한 발명가들과 쉽게 만나게 된다. 훌륭한 투자자의 최고 기술은 어떤 아이디어가 블록버스터이고 어떤 것이 쓰레기인지를 잘 판단하는 것이다.

수익률 지향적 많은 발명가들은 투자자를 돈만 세는 사람으로 그리곤 한다. 하지만, 중요한 것은 비록 투자자는 기술에 대한 깊은 이해는 부족할지라도 돈에 대해서는 일가견이 있는 사람이라는 점이다. 그들은 돈을 성과측정 수단으로 이해하고 있으며 이런 점이 반드시 나쁜 것은 아니다. 사실 이런 관점은 모호한 아이디어를 개선시키고 창의적 사고를 이끄는 데 큰 도움이 된다. 사업화팀 구성원들, 특히 발명가는 투자자들의 질문을 주의 깊게 듣고 그들의 의심이나 불안감을 떨쳐버릴 수 있어야 한다. 이유는 간단하다. 게임에서 이기기 위해서는 합리적이고 객관적인 게임의 룰이 필요하기 때문이다.

투자 요청을 받을 때 투자자들이 하는 가장 중요한 질문은 "왜?"이다. 사실 이 질문에 대한 답이야말로 사업화팀 전원을 기술 사업화에 뛰어들게 만든 장본인이다. 또한 사업화팀원 모두를 당초 목적을 향해 열심히 달리도록 채찍질하는 원동력이다. 그 동안 우리의 경험에 의하면, 사실 가장 성공적인 투자자는 금전적 보상만을 최우선시 하지 않는 사람들이었다. 물론 그들은 금전적 성과에 대해서도 중요하게 생각하지만, 그들의 초점은 사업화팀이 목적을 향해 열심히 달릴 수 있도록 물심양면으로 지원하는 것에 있다. 그들은 성공의 핵심이 인적 자원임을 잘 알고 있기 때문이다.

성급함 투자자는 신속히 새 아이디어를 발굴, 분석, 평가, 사업화해야 한다고 믿기 때문에 성급한 모습을 자주 보이는 경향이 있다. 이에 대해 다음의 설명이 가능할 것이다. 첫째, 투자자는 기술을 충분히 잘 이해하지 못하기 때문에 사업화 과정에서 발생하는 기술적 복잡성을 과소평가한다. 둘째, 그들은 초기 아이디어 개발 과정에서 발명가들이 흘린 땀과 눈물 그리고 감정적, 금전적, 지적인 측면에서의 희생에 대해 잘 이해하지 못한다. 셋째, 투자자 관점에서 볼 때, 시간은 바로 돈이다. 목표에 도달하는 데 시간이 오래 걸릴수록 수익률도 자연스레 낮아지게 마련이다. 이런 주된 이유로 인해 투자자들은 성급한 모습을 보이게 된다.

따라서 사업화 초기 단계에 사업화 과정의 여러 단계별로 실행 가능한 스케줄을 설정하고 사업화팀 전원이 동의하는 것이 중요하다. 이런 공식적 일정을 수립하는 과정에서 유연성이 절대적으로 필요하다. 왜냐하면, 특히 발명가는 스케줄과 예산을 세울 때 과도하게 긍정적인 면이 있기 때문이다. 그래서 사업화팀원들은 발명가들과 직접 접촉하는 것을 피하고 싶어 한다. 왜냐하면, 지극히 낙관적인 그들의 계획에 반대하는 것이 어쩌면 그들의 아이디어를 신뢰하고 있지 않다는 것으로 비춰질 수 있기 때문이다. 따라서 사업화팀 모두 사업화 과정의 공식적인 스케줄을 짤 때 유연하게 대처할 필요가 있다.

만약 투자자가 너무 성급하게 수익을 원해 결과를 재촉하고 그래서 팀원간 불화가 생긴다면, 법적 분쟁으로 가기 전에 사업화팀을 해체할 준비를 해야 한다. 사업화팀 전원은 상당수의 혁신적 아이디어가 하찮은 일로 사장되거나 시장 진출 기회를 잃어 실패로 끝났음을 기억해야 한다.

냉정함 투자자는 종종 아이디어나 기술에 냉정하다는 평을 받는다. 하지만 이는 꼭 나쁜 것만은 아니다. 이런 특징이 객관적이고 현실적인 의견을 제공할 수 있기 때문이다.

한 가지 확실한 것은 냉정함은 무관심과 구별되어야 한다는 점이다. 무관심은 결국 집중력 저하나 비효율과 같은 아주 안 좋은 결과를 낳게 된다. 이는 투자자뿐만 아니라 사업화팀 전원에게 아주 치명적인 상처만 주게 된다. 반대로 투자자는 아이디어에 너무 집착하지 않도록 스스로를 통제하는 것도 필요하다. 투자자들 스스로가 기술적 성취감에 도취된 나머지 사업화 과정을 정상적으로 운영하기 위해 필수적인 객관성을 잃어버리는 경우가 비일비재하다.

기술적 세부 사항에는 관심 없음 투자자들은 기술적 세부 사항에는 관심이 없다고 종종 비난 받곤 한다. 하지만 세부 사항에 관심이 없다고 해서 그 기술의 기본 개념을 이해하지 못하는 것은 아니다. 투자자의 주된 역할은 해당 기술의 성공적인 개발과 사업화에 대한 큰 그림을 그리는 것이다. 투자자들이 직접 수학 공식을 개발하고 실험 현장을 재연하는 것은 불필요하다. 대신 그들은 발명가들이 기술적 성과를 내기 위해 노력하는 과정에 대해서는 인정하고 이해할 수 있어야 한다. 사실 가장 성공적인 투자자의 일부는 한 때 발명가 위치에 있다가, 시간이 지나면서 자연스레 투자자의 역할로 옮겨간 경우이다.

기술적으로 부족한 부분을 채워가는 과정에서 투자자가 세부적인 사항까지 일일이 챙기려는 자세는 지양해야 한다. 사업화팀원 모두 강한 의지와 열정을 갖고 있기 때문에 그런 마이크로 매니지먼트 스타일에 강한 거부감을 느낀다는 사실을 명심해야 한다.

투자자 찾기 좋은 아이디어를 찾아다니는 투자자는 수도 없이 많다. 가령 적극적으로 활동하고 있는 엔젤 투자자만 대략 25만 명에 달하는 것으로 알려져 있다(미국 기준). 벤처 캐피탈 단체에서 활동하는 투자자는 제외된 수치이다. 상황이 이렇다 보니 좋은 투자자를 고르는 것이 중요하다.

한 가지 좋은 방법은 우선 해당 기술의 가능한 사업 분야에 대해 가능한 많은 정보를 수집해야 한다. 가령 기술 컨퍼런스에 참석해서 네트워크를 쌓는 것도 좋은 방법이다. 그리고 이 분야에서 유명한 투자자가 누구인지 파악해서 리스트를 만들어라. 마지막으로, 사업화팀원의 개별 네트워크를 이용해 누가 가장 적절한 투자자인지 찾아내는 것이다.

살구나무 과수원을 실리콘 밸리로 탈바꿈시킨 인물: 벤처 캐피탈리스트 Arthur Rock

1957년 노벨상 수상자인 William Shockley의 경영 스타일에 불만을 품은 8명의 과학자는 Shockley 반도체 연구소를 떠났다. 반도체를 사업화할 수 있는 기술로 무장한 이들은 그들의 기술이 세상을 바꿀 수 있다는 확신이 있었다. 우선 그들의 꿈을 실현시키기 위해서는 새로운 회사를 시작할 돈이 필요했다. 이 반역의 8인은 뉴욕 출신의 저명한 투자자인 Arthur Rock을 만나게 된다.

Rock은 캘리포니아를 처음 방문한 자리에서 그들의 비전에 대해 강력한 신봉자가 되었고, 투자자들에게 그 아이디어를 팔러 다녔다. 당시 아이디어 단계에서 투자하는 것은 너무 낯선 개념이었기 때문에 35개의 회사가 그의 제안을 거절했다. 결국 Rock은 집안의 막대한 재산을 벤처에 기꺼이 투자하고자 하는 Sherman Fairchild란 한 발명가를 만나게 된다. 이 두 사람의 만남으로 캘리포니아 북부 지역은 영원히 변하게 되었다. 즉, 실리콘만으로 트랜지스터를 생산하는 최초의 기업인 Fairchild Semiconductor가 탄생한 것이다. 이 후 몇몇 분사 기업이 Rock의 도움으로 태어났다. 오늘날 세계 최대 반도체 기업인 인텔도 그 중 하나였다. 이에 못지않게 중요한 것은 직원들을 위한 스톡옵션 개념과 벤처 캐피탈 파이낸싱이 하이테크 기업들에게 일종의 표준이 된 것이다.

Arthur Rock은 사람을 보는 날카로운 눈을 가졌고 시장과 항상 연결되어 있으며, 투자 수익률을 예측할 수 있고 기술을 객관적으로 보고 사소한 기술적 세부 사항에는 무관심한 이상적 투자자의 표본이다. 벤처 캐피탈의 창립 멤버 중 한 명이자 벤처 캐피탈이란 용어를 만들어 낸 사람으로서 Arthur Rock은 실리콘 밸리 개발의 주역이었다. Rock는 Thomas Davis와 함께 오늘날 실리콘 밸리의 핵심 기업인 Teledyne, Scientific Data Systems, Apple, General Transistor 등을 지원하였다.

Rock은 한 때 벤처 캐피탈리스트를 세상을 바꾸려는 욕심으로 가득 찬 사업가를 사냥하는 역할로 묘사하였다. 그래서 Rock은 사업가의 역량에 집중해서 젊은 기업의 성공 가능성을 분석하였다. Rock은 그가 어떻게 투자 결정을 내리는지 설명할 때 항상 "사람, 사람, 사람"이라고 말하였다. Rock은 일단 투자하고 나면 회사 경영에 적극적으로 관여한다. 예를 들면, 그는 인텔과 애플의 이사였고 Diasonics의 부회장이었다. 그는 회사의 관리자들과 긴밀한 관계를 유지하였고, 관리자들은 그가 투자한 돈보다 오히려 그의 조언이 더 소중했다고 말한다.

Rock은 그가 투자한 회사가 돈을 함부로 쓰는 것을 용납하지 않았고, 항상 위기 의식을 전달하였다. 이사회 회의에서 그는 별로 말을 하지 않았고, 때로는 "그게 무슨 소용있소?"라고 물으며 핀잔을 주곤 하였다. 한 때 Rock의 사업 파트너였던 Thomas Davis는 "그는 항상 올바른 답을 원한다."라고 회상하였다.

Arthur Rock은 다음과 같이 말하였다. "혁신과 새로운 벤처 기업은 글로벌 경제에 활력을 불어넣는다. 하지만 그 불꽃은 투자로부터 나온다. 투자는 신뢰이다. 투자자가 믿고 돈을 투자하는 사람은 도덕적이며 투명하고 효율적으로 사업을 운영한다."

1.2.3. 기술자

독자들은 이 책이 진행되면서 자연스레 알게 되겠지만, 우리의 관점은 기술자들의 역할에 약간 치우쳐져 있다. 이는 우리의 사업화 경험 대부분이 기술자의 관점에 가깝기 때문이다. 기술자는 아이디어를 구체화시키고 프로토 타입을 실용적이고 생산 가능한 상태로 만드는 아주 중요한 역할을 담당한다. 그런 실용성과 비용에 대한 인식 없이는 제품이 성공적으로 사업화될 수 없다. 적절한 시점에 성과를 낼 수 있고, 잘 팔리는 제품을 만들어 사업화팀에서 꼭 필요한 팀원이 되기 위해 기술자는 차분하면서도 합리적인 기질을 길러야 한다.

불행히도 기술자는 역할의 중요성에도 불구하고 사업화 과정에서 소외되곤 하였다. 그 결과는 아이디어의 불완전한 개발, 하자 투성이 제품, 혹은 명백한 실패로 귀결되는 경우가 많다. 사업화팀에 기술자를 초대하지 않는 가장 빈번한 이유는 비용이 많이 든다는 것이다. 하지만 성공적 사업화팀의 대부분은 기술과 기술자의 가치를 잘 이해하고 있었다. 기술자의 특징을 세부적으로 나열해 보면 아래와 같다.

기술 중심적 기술자의 주된 역할은 발명가의 아이디어가 정말 좋은 것인지 평가하는 것이다. 만약 정말 좋은 아이디어로 평가되면, 다음 단계는 최저의 비용으로 안정적으로 동작하도록 만드는 것이다. 몇몇 투자자는 기술자를 살인청부업자 고용하듯이 접근한다. 즉, 아이디어가 정말 투자하기에 적절한지를 기술자들을 통해 빠르게 평가하도록 요청한 후 그걸로 끝내버린다. 하지만 우리의 경험으로 볼 때 이는 그리 좋은 전략은 아닌 것 같다. 왜냐하면 원하는 답만 얻도록 기술자를 고용하면, 우리는 사전 지식이 없는 기술자들이 기본 정보를 파악하도록 매번 시간과 비용을 낭비해야 하기 때문이다. 대신 그들을 사업화팀에 처음부터 관여하도록 만들면 프로젝트의 전체 내용을 일관되게 파악할 수 있어 훨씬 좋은 정보와 평가를 제공할 수 있을 것이다. 게다가 기술자가 해당 아이디어를 정말 좋아하게 되면 비싼 컨설팅 비용을 지불하는 대신 직접 사업화팀의 멤버로 활동할 수도 있을 것이다. 또한 기술자는 사업화팀의 한 구성원으로 참여하게 되면 단순한 계약에 의해서가 아닌 자발적으로 비밀유지 의무도 준수할 것이다.

몇몇 기술자는 공동 발명가 혹은 공동 투자자의 지위를 부여받을 수도 있다. 이런 혜택은 사업화팀 중 가장 객관적이어야 하는 기술자의 주된 역할, 즉 아이디어 평가 및 개발을 고려할 때 꼭 필요한 것이다.

개발 지향적 우리의 경험에 비춰볼 때 아이디어가 정말 대단하면 기술자는 아무런 대가없이 기술 개발에 참여하고자 한다. 왜냐하면 그들에게는 항상 무언가를 더 낮은 비용에 더 잘 작동하도록 만들고자 하는 욕구가 있기 때문이다. 이런 욕구 때문에 기술자의 판단력이 흐려지지 않도록 다른 팀원들이 잘 통제할 필요가 있다. 기술자는 때때로 개발 과정에 너무 몰두한 나머지 위험을 제때 파악하지 못하는 실수를 범하기도 한다.

기술자와 발명가의 우호적인 관계는 사업화 전 과정에서 매우 중요하다. 우리의 경험에 비춰볼 때, 기술자와 발명가의 초기 만남은 순탄치가 않다. 발명가는 기술자의 역할을 '간섭' 으로 받아들이고, 기술자는 발명가와 같은 공상가가 어떻게 모든 일을 도움없이 혼자 해결할 수 있는지 의심한다. 하지만 실제 사업화팀이 가동되면 이런 긴장은 완화되고 서로에 대한 원망과 불평은 오히려 서로에 대한 존중과 이해로 변해가는 경우를 종종 경험하였다. 하나 주의할 점은 기술자와 발명가의 관계가 너무 끈끈하여 사업화팀 내에서 파벌을 형성하지 않도록 하는 것이다. 내부 파벌이 형성되어 투자자와 사업가를 적으로 간주하는 모습은 어떤 경우에도 발생하지 않아야 할 것이다.

개발 과정에서 꼭 필요한 기술자의 성향/능력은 상상력, 프로젝트 관리, 그리고 기술적 아이디어뿐만 아니라 운영, 재무, 마케팅 등의 다양한 아이디어를 하나로 녹이는 것이다. 여기서 프로젝트 관리란 프로젝트 기획 단계에서 합의된 일정을 준수하고 배정된 예산에 맞춰 살림살이를 꾸리는 것을 말한다.

성능 개선과 쉬운 작동에 관심 기술자의 역할은 단순히 기술적인 것에 국한되는 것은 아니다. 기술자는 아이디어에 대해 단기적으로는 구현 가능성을 보여줘야 하고, 장기적으로는 시장에서의 성공 가능성을 보여줄 수 있어야 한다. 다시 말하면, 아이디어가 구현 가능하고 잘 팔릴 것인지에 대한 답을 제시할 수 있어야 한다. 게다가 이런 광범위한 질문에 대한 답을 짧은 시간 안에 내려야 한다. 학계에 종사하는 사람들은 일반적으로 평가 기간을 오래 잡아 비용은 늘어나고 기회는 놓치는 경향이 있다. 기술자는 여유부릴 시간이 없다. 아주 노련하고 경력이 뛰어난 기술자는 예술이나 스포츠에서 차세대 스타를 발굴하는 것과 아주 유사하다. 그들의 풍부한 경험과 사업에 대한 전문 지식 덕분에 적절한 방식으로 승자를 선택할 수 있다. 게다가 그들은 평가 시 초기 아이디어를 개선하려는 눈으로 바라본다. 즉, 훨씬 좋은 제품을 더 저렴하고 안정적으로 동작하게 만들 수 있는 기술을 떠올리려 노력하는 것이다.

기술자의 또 다른 주요 목표는 제품을 쉽게 만들고 쉽게 고칠 수 있게 하는 것이다. 앞에서 언급하였듯이, 초기 아이디어를 개선하려는 기술자의 이런 경향은 발명가들과 많은 충돌을 일으킨다. 따라서 기술자는 발명가의 반감을 최소화하며 그들의 개선 사항을 반영시키도록 노력하는 자세가 필요하다.

기술자와 발명가는 그들의 지적재산 보호에 대해서는 일반적으로 이견이 적다. 기술자의 주요 임무는 제품을 효율적으로 만드는 것뿐만 아니라 다른 사람이 쉽게 복제할 수 없도록 만드는 것이기 때문이다. 특허출원, 영업비밀, 그리고 지속적인 업데이트와 같은 강력한 무기를 잘 활용해야 한다.

비용 최적화에 관심 발명가는 일반적으로 아이디어를 실제 제품화하기 위해 필요한 비용을 예상하는 데 능숙하지 않다. 이는 발명가가 그들의 발명이 최고이며 사업화 과정에서도 아무런 문제없이 진행될 것이라 믿는 것에 일부 기인한다. 따라서 기술자가 비용을 현실적으로 예상해야 하는 아주 중요한 역할을 담당하게 된다. 아이디어에 대해 아주 세부적인 것까지 이해하고 어느 한쪽에 치우치지 않은 관점으로 비용을 예상할 수 있어야 한다. 비용 예상은 크게 기술평가, 시제품 제작 그리고 완성품 제작으로 나눌 수 있다.

비용 예측의 역할을 충실히 잘 수행함과 동시에 기술자는 기술사업화의 다양한 단계를 어떻게 진행할지 계획을 세우는 기획 역할도 해야 한다. 이를 위해서는 커뮤니케이션 기술도 필요하고 사업화팀 내에서 중재 기술도 필요하다. 왜냐하면 기술자는 의사 결정 과정에서 가장 객관적인 입장을 견지해야 하기 때문이다. 이렇게 다양한 역할을 수행해야 할 기술자에게 금전적 보상을 제공하는 것도 동기부여를 위해 적절할 수단이 될 것이다.

교육/훈련 중심 사업화 과정에서 다양한 업무를 수행할 새로운 인력이 많이 충원될 것이다. 새로운 인력이 그들의 업무를 잘 수행할 수 있게 도와주기 위해 교육/훈련 과정이 필요하다. 이런 역할을 수행할 적임자는 바로 기술자이다.

이 책의 저자들이 기술자임을 앞서 밝혔듯이 저자들은 역사상 혁신적이고 훌륭한 기술자들을 많이 보았다. 우리는 이 중 Charles Proteus Steinmetz를 근대 기술자 중 최고라고 생각한다. 교류 전원 모터를 개발한 것으로 가장 유명한 Steinmetz는 다양한 방면의 재능을 보유한 인물로 그의 업적은 전기공학 분야를 재정립하였고 세상을 밝혀주었다.

Steinmetz는 기술자에 내재해 있는 특징을 잘 보여주는 아주 훌륭한 엔지니어였다. 그는 신기술과 새로운 발명에 항상 관심이 있었다. 예를 들면, 1889년 미국으로 이민간 직후, Steinmetz는 Rudolph Eickenmeyer가 운영하는 공장에서 일자리를 구했다. Rudolph Eickenmeyer는 모터 제조 공장을 운영하고 있었지만 발전기나 모터 분야로 사업을 확장하고 싶어했다. Otis는 엘리베이터를 더 높은 층까지

운행하기 위해 더 강력한 모터가 필요했을 때, Steinmetz는 새로운 모터를 디자인 했다. Atlantic Cable 회사 사장 Cyrus Field의 조카인 Stephen Field가 교류 전기로 동작하는 노면 전차(트롤리) 제안서를 갖고 Eickenmeyer를 찾아갔을 때 Steinmetz도 초대받았다. 직류에서 교류로 변환될 때 약간의 시차가 발생하였고, 이 시차는 오작동을 일으키기에 충분했다. Eickenmeyer의 실험실과 그의 집에서 집요하게 연구한 끝에 Steinmetz는 수학적으로 문제를 해결했고 그의 해법은 나중에 이력 현상의 법칙 혹은 Steinmetz의 법칙이 되었다. 이 법칙은 오늘날 전기공학의 토대로 평가 받고 있다.

Steinmetz는 기술자의 중요한 특성을 반영하듯 아주 실용적인 사람이었다. 그는 새로운 기술을 발견하는 것만으로는 충분치 않았다. 새로운 기술은 유용하고 비용 효율적이어야만 했다. 전기 발전 현상에 대해 연구를 지속한 결과 Steinmetz는 교류 회로의 성능을 비싼 테스트 과정 없이도 미리 예측할 수 있는 실용적인 방법을 개발하였다. Steinmetz의 기술은 현대 사회의 기반인 전기 기반 사회 인프라가 구축되는 데 결정적 기여를 했다. Steinmetz 역시 이 기술을 과학 발전에 기여한 그의 가장 중요한 업적으로 평가했다.

다양한 방면에서 기술적으로 조예가 깊었던 Steinmetz는 다른 제품 혹은 기술을 개선하는 임무도 부여 받았다. Thomas Edison에 의해 General Electric에 고용된 Steinmetz는 나이아가라 폭포 발전소 건설 제안서를 작성하는 데 핵심적 역할을 수행하였다. GE의 뉴욕 지역 사장을 담당했던 Steinmetz의 업적은 고전압 송전 선로를 번개로부터 보호하는 장비 개발부터 훗날 레이더나 전자레인지 개발의 토대가 된 고전력 송전 튜브 개발 등이 있었다.

200개 이상의 특허를 보유한 Steinmetz의 기술자로서의 도전은 전설적이다. 이 중 한 일화를 소개하고자 한다. 1999년 6월 4일 MIT 공과

대학 졸업식 때 총장인 Charles Vest가 소개한 내용으로 기술자로서의 한 자질을 잘 보여주고 있다.

"저는 오늘 매우 훌륭한 전기공학자인 Charles Proteus Steinmetz 씨의 한 일화를 소개하고자 합니다. 20세기 초에 Steinmetz씨는 GE의 New York Schenectady 소재 사무실로 발령받았습니다. 당시 GE는 대형 발전기의 성능 문제에 직면해 있었고 이 문제는 거의 해결이 불가능한 것처럼 보였습니다. 전자기 현상에 대해 천재적인 이해 능력이 있었던 Steinmetz씨는 이 문제를 해결하는 프로젝트에 컨설턴트로 참여하였습니다. 오늘날에는 문제 해결을 위한 컨설팅이 보편화되었지만 당시로서는 아주 이례적인 일이었습니다. Steinmetz씨 역시 문제가 아주 복잡함을 깨달았지만 그는 한동안 발전기 시설, 설계도, 종이와 연필에 파묻혀 지냈습니다. 얼마 후 그는 다시 나타나서 문제 해결에 대한 자신감을 보였고, 그가 떠난 후 GE 연구원들은 발전기 케이스에 아주 큰 "X"자 흔적을 발견하였습니다. 그 자국 근처에는 케이스를 열고 발전기의 고정자를 감고있는 수많은 전선을 제거하라는 노트가 있었습니다. 이를 실행한 후 정말로 발전기는 정상적으로 동작하였습니다. Steinmetz씨는 컨설팅 대가로 얼마를 원하는지 요구받았을 때, 그는 1000불을 제시하였습니다. 금액이 너무 적어 공식적 계산서를 요청한 GE 직원은 얼마 후 계산서를 받았는데 계산서에는 두 가지 항목이 적혀 있었습니다.1. 발전기 표면에 "X" 마크에 필요한 분필: 1불 2. "X"자를 어디에 표시해야 하는지 아는 전문 지식: 999불"

1.2.4 사업가

사업가는 사업화팀을 단결시키고 팀원들이 목표에 도달하도록 독려하는 등 사업화팀의 쿼터백(지휘자)이다. 종종 사업가는 사업화팀 내의 다른 역할에서 시작하여 사업화 과정동안 팀원들이 믿고 의지할 수 있는 역할 수행으로 변모하기도 한다. 그래서 사업가는 가끔은 동시에 다른 역할을 수행하기도 하는데 우리의 경험 상 다수의 역할을 동시에 수행하는 것은 바람직하지 않다. 이런 특성 때문에 사업가는 오케스트라의 지휘자에 비교되곤 한다. 진정한 마에스트로는 능숙한 연주자의 역량을 최대한 발휘하여 창의적인 작품을 아름다운 음악으로 탈바꿈시키는 사람이다.

성공지향적 사업화팀의 다른 팀원들처럼 사업가도 독특한 면이 있다. 그들은 주로 하나에 집중하고 목표지향적인 삶을 살며 에너지가 넘치고 다양한 분야에 지적호기심을 보이며 무엇보다 성공에 대한 집념이 강하다. 그들의 성공에 대한 정의는 정말 개인별로 천차만별이다. 일반적인 정의는 "성공 = 목표달성 = 인정"이다. 종종 권위/권력이 인정보다 더 중요한 경우도 있고 돈이 궁극적인 목표인 경우도 있다. 하지만 우리 경험 상 게임에서 이기는 것이 사업가들이 추구하는 바이고 부는 그에 따른 하나의 보상이다. 사업가의 성공 지향적 성향의 보완적 특성이 바로 사회성이다. 사업가는 매우 사교적이고 다른 사람들과 관계를 맺는 것을 좋아한다. 이런 성향이 그들을 쿼터백이나 훌륭한 영업직원으로 만든다. 그들 없이는 성공적 기술사업화 목표는 달성할 수 없을 것이다.

다른 관점으로 보기 사업가는 다른 참여자들의 역할과 의무를 적절히 조화시키는 능력이 좋기 때문에 사업화팀원들이 서로 협력하도록 돕는데 뛰어나다. 게다가 다른 사람들의 역할을 대신 수행하는 것도 가능하다. 하지만 너무 많은 일들을 직접 다 하는 것은 바람직하지 않다. 최고의 사업가는 사업화팀원들의 성향, 강약점, 그리고 역할을 철저히 파악하고 외부 전문가는 누가 있으며 언제 이들을 활용해야 하는지를 잘 아는 사람이다. 사업화 전 과정에 대한 피상적 이해만으로는 이런 역할을 성공적으로 수행할 수 없다. 그들은 아이디어가 어떻게 동작하는지 그 아이디어를 어떻게 팔 수 있는지에 대해 깊이 이해하고 있어야 한다.

돈이 전부는 아니다 우리는 앞서 이런 내용을 언급했었는데, 대부분의 사업가는 단순히 돈을 많이 벌어 만족을 느끼는 것은 아니다. 이런 성향과 성공 지향적 성향 그리고 그들에게 있어서 성공이란 다양하게 정의될 수 있다는 사실 때문에 사업가는 일관된 회계사의 지원이 필요하다. 비록 사업가가 회계상의 책임과 의무에 대해 이해하고 있더라도 꼼꼼하고 체계적인 도움이 필요하다. 돈이 성공의 척도는 아니라고 앞서 언급했지만, 돈이 사업화 과정에서 우리의 현 위치를 가장 객관적으로 파악할 수 있는 방법임은 확실하다.

이유있는 반항: Steve Jobs

방금 컴퓨터로 제작한 애니메이션 한 편을 본 후 아이팟으로 음악을 들으며 노트북으로 작업을 하고 있는 동안 나는 이런 기기들의 개발에 감탄하지 않을 수 없다. 돌이켜 보면 이런 기기들은 수 세기에 걸쳐 많은 사람들의 노력으로 탄생한 것이 아니다. 오히려 열정과 집념으로 똘똘뭉친 한 사업가에 의해 최근에 개발된 것이다. Steve Jobs는 대중들의 손에 가치있는 기술을 전달하려는 끊임없는 열정으로 세상을 바꾸고 있다.

동료 기업가인 Bill Gates처럼, Jobs 역시 대학교 생활의 지루함을 참지 못하고 중퇴하였다. 고등학교 시절 컴퓨터광이었던 Jobs는 대학교 중퇴 후 자아 발견을 위해 인도로 여행을 떠났다. 몇 개월간 인도에 머문 후 Jobs는 널리 보급되어 많은 사람들이 사용할 수 있는 컴퓨터 개발에 대한 열정을 가득 품고 돌아왔다.

고등학교 시절 그는 HP에서 프로그래머로 잠깐 일한 적이 있는데 그 때 만났던 절친한 친구가 바로 천재적 기술자인 Steve Wozniak이다. 오레건주에 있는 Reed 대학에서 만족스럽지 못한 대학생활을 보낸 Jobs는 바로 캘리포니아로 돌아와 Atari사에서 Wozniak과 재결합하여 프로그래머로 함께 일하였다. Atari사에서 일한 지 얼마 되지 않아 Jobs는 Wozniak과 더 많은 일을 할 수 있으리라 생각했다. Wozniak의 컴퓨터를 디자인하고 개발할 수 있는 능력과 그 자신의 훌륭한 프로그래밍과 사업능력으로 중무장한 Jobs는 Atari를 떠나 Apple Computer를 차렸다. 윈도우 화면창에서 클릭하는 마우스 입력 장치와 같은 혁신으로 개발된 Apple이 만든 컴퓨터는 곧 전 세계 시장을 강타하였다. 그런데 과연 이런 혁신적 기술을 Apple이 직접 개발한 것일까? 그렇지 않다. Wozniak은 여기저기서 개발된 기술을 플랫폼에 통합시켰고, Jobs는 제품을 생산하고 마케팅할 팀을 꾸리는 데 천부적이었다.

Wozniak은 조용히 기술 개발에 전념하였고, 반면 성공 지향적인 Jobs는 당시 태동하던 컴퓨터 사업을 급속히 성장시켜 IBM과 같은 괴물에 대적할 정도였다. 회사가 급속도로 성장하자 큰 회사를 운영할 경험이 부족함을 깨달은 Jobs는 Pepsico사의 노련한 임원인 John Scully를 COO(Chief Operating Officer)로 영입하였다. 초기 Apple 컴퓨터의 성공에 힘입어 사업 확장을 위해 Jobs는 Macintosh 브랜드 도입을 강력히 추진하였다. 추진 과정에서 그의 직설적 성격은 이사회 위원들과 많은 충돌을 야기했다. 곧 이사회는 Jobs의 사임을 결정했고, 그는 Apple을 떠나 NeXT라는 새로운 회사를 설립하였다.

NeXT에서 Jobs는 경쟁 제품에서는 찾아볼 수 없는 창조적 활동에 적합한 강력한 컴퓨터 개발을 추진하였다. 비록 많이 판매되지는 않았지만 NeXT 컴퓨터는 가장 성능이 뛰어난 데스크탑으로 인정받았다. NeXT 컴퓨터가 Jobs의 또 다른 얼굴이었지만 Jobs는 우리가 엔터테인먼트를 즐기는 방식을 영원히 바꿀 동력을 준비하고 있었다.

사업가로서 Jobs의 뛰어난 기질은 다양한 경험과 시각을 하나로 통합하여 승리하는 팀을 만드는 그의 능력에서 잘 드러난다. NeXT에서 근무하던 시절, Star Wars를 제작한 Lucas Studios에서 분사한 컴퓨터 애니메이션 제작회사를 인수하여 Pixar Animation Studios로 이름지었다. 나중에 Pixar는 토이 스토리, 니모를 찾아서, 카 등의 흥행작을 제작하였고 엔테테인먼트 왕국인 Disney와도 제휴하였다. NeXT가 Apple에 인수된 후 Jobs는 그가 세운 회사로 다시 돌아왔고 그는 Apple을 부활시켰다. 그는 아이팟 MP3 플레이어와 아이튠스 온라인 음악 상점 개발을 지휘하였다. 그 뒤로도 아이폰과 아이패드가 이어지며 그의 혁신과 창조는 멈추지 않았다.

사업가란 위험 부담이 큰 회사를 초기부터 설립/운영하고 관리하는 사람으로 정의내릴 수 있다. Steve Jobs는 우리가 생각하는 성공적 사업가의 완벽한 본보기이다. 그러나 보기에 따라 그는 미국적 성공 사례일 수도 있을 것이다.

1.2.5 사업화팀 운영하기

똑똑하고 목표 지향적이며 다양한 경험과, 교육 수준, 그리고 배경을 갖고 있는 사람들로 구성된 팀을 잘 운영하기란 상당히 어렵다. 하지만 그들을 하나로 묶고 단결시키는 비결은 그들 모두가 가장 싫어하는 것에 있다. 그들은 모두 지기를 싫어한다는 것이다. 지지않기 위해서는 그들 모두 동의하는 일종의 규칙이 필요하다. 다음은 팀원들 모두가 진지하게 고려해야 할 내용들이다.

- 사업가가 COO가 되어야 한다. 즉, 사업가가 일상적인 의사를 결정하고, 다른 팀원들은 사업가의 방향과 리더십을 받아 들여야 한다.
- 투자자(다수의 두자자일 경우, 최대 투자자 혹은 내부 선출된 투자자)가

이사회의 장이 되어야 한다. 사업화팀 내부에서 의견 일치를 보지 못한 중요한 사항의 경우 결국 이사회 의장이 최종 결정 권한을 갖고 있어야 한다. 왜냐하면 그 회사에 투자한 사람이 결국 궁극적으로 가장 큰 책임이 있기 때문이다.

- 사업화팀 전원의 의견 일치 없이는 한 푼도 사용되어서는 안 된다. 물론 사전에 일정 금액 범위에 대해서는 자율권이 부여되었겠지만, 큰 금액에 대해서는 의사결정 과정을 거쳐야 한다.
- 팀원 중 일부가 교체되거나 아예 팀 자체가 해체될 경우 발생 가능한 상황에 명확히 대처하기 위해 공식적 계약 관계를 맺어야 한다.
- 모든 팀원은 비밀유지 계약서를 맺어야 한다. 그리고 이 계약 조건은 엄격하게 적용되어야 한다.
- 계약과 합의는 모두에게 법적으로나 윤리적으로나 "약속"으로 받아들여져야 한다.

사업화팀 내의 역할 구분은 처음에는 모호한 경우가 많다는 점을 인식해야 한다. 따라서 경쟁적으로보다는 친구처럼 일할 때 더 나은 성과를 낼 수 있는 자발적인 사람들이 최대한 창의성을 발휘할 수 있는 환경을 조성하는 다양한 시도가 필요하다.

1.3 유연함의 중요성

미국 공군에는 이런 교리가 있다. "유연함이 공군력의 핵심이다." 일부는 이 말을 부족한 기획력의 증거라고 트집 잡기도 한다. 하지만 유연함은 미 공군에서는 이미 기획 과정의 일부로 자리 잡았다. 다양한 위기 상황에 대비하는 것은 성공을 준비하는 데 매우 중요하다. Eisenhower 장군은 다음과 같이 말했다. "때로는 무계획이 적과의 첫 대면에서 살아남는 데 도움이 된다." 그는 옳았다. 유연성은 난관을 극복하기 위해 필요한 능력과 아이디어를 제공해주기 때문이다.

이 책에서 우리는 다음을 제안하고 싶다. "기술사업화에 성공하기 위해서는 원칙을 고수하되 느슨하게 유지하라." 여기서 "느슨하게"는 "유연함"을 의미한다. 사업화 과정동안 급속도로 변화하는 기술 환경에서 사업화팀이 현명한 결정을 내리기 위해서는 유연함이 절대적으로 필요하기 때문이다. 그래서 사업화팀은 다가올 변화를 신속히 예상하고 다양한 위기 상황에 맞는 대안을 준비해야 한다.

유연함의 필요성은 아래의 여러 가지 요인에 의해 좌우된다.

- 시간
- 아이디어의 상태
- 기술적 필요와 요구사항
- 재무적 필요와 요구사항
- 진척 속도
- 잠재적 고객

우선 우리는 이 장에서 위에서 언급한 요인을 자세히 살펴보고 나머지는 이 책의 후반부에서 언급할 것이다.

1.3.1 타이밍이 가장 중요하다

Jason Pontin은 그의 사설 "혁신의 법칙"에서 다음을 주장하였다. "발명을 사업화하려는 첫 시도는 대부분 실패한다. 여기에는 두 가지 이유가 있다. 첫째, 기술이 너무 앞서 있기 때문이다. 즉, 그 발명을 위한 시장이 아직 형성되어 있지 않다. 둘째, 발명가는 그 발명을 이용하여 어떻게 돈을 벌지 잘 모르고 있다. 즉 그 발명을 성공적으로 만들 사업 모델이 명확히 이해되지 않는 것이다. 그 결과 보통은 다른 기관이 초기 발명가가 실패한 분야에서 성공을 거둔다. 이런 현상을 후발자의 이익이라 부른다." 나중에 Pontin은 컴퓨터 보안 소프트웨어 창업사인 John McAfee와 점심 대화에서 이런 내용을 발견했다고 밝혔다.

여기에는 두 가지 아주 중요한 점이 함축되어 있다. 첫째, 사업화 과정에서는 타이밍이 엄청나게 중요하다는 점이다. 둘째, 치밀한 계획은 사업 모델을 구성하는 과정에서 치명적인 결함을 드러낼 수 있다는 것이다. 다행히도 많은 발명가는 이런 규칙이 자기들에게도 적용된다는 점을 믿지 않는다. 그래서 발명가는 초기 그들의 아이디어를 철저히 분석한 후 구성된 사업화팀의 일원이 되는 데 아무런 거부 반응을 보이지 않는다.

하지만 여전히 시기상조일 가능성은 남아있다. 같은 사설에서 Pontin은 기술적 혁신의 또 다른 규칙에 대해 서술하였다. "혁신적 발명은 처음에는 사람들에게 조롱거리가 된다. 발명가와 고객 모두가 그 발명을 이해하고 받아들이기 위해서는 시간이 절대적으로 필요하다. 그러나 확실한 것은 발명가의 역할은 그 아이디어를 다듬어 시장에서 성공 가능한 제품이란 점을 사업화팀과 고객들에 설득시키는 것이라는 점이다."

타이밍의 중요성에 대한 논의는 다소 애매한 점도 있다. 시장이 열리기만 기다리다 아무것도 하지 않는 것은 오히려 조기에 시장에 진출하는 것보다 훨씬 더 나쁠 수 있기 때문이다. 따라서 아이디어를 발굴할 때 균형 잡힌 감각이 필요하다. 우리가 사업화팀을 강력히 주장하는 이유도 바로 이것 때문이다. 사업화팀의 핵심 구성원들은(발명가, 투자자, 기술자, 사업가) 그들의 전문성과 경험을 활용하여 다양한 각도에서 타이밍을 평가할 것이다. 물론 가장 좋은 팀도 타이밍 예측을 잘못할 수 있다. 좋은 예로 1990년대 중후반에 수많은 회사들이 엄청난 돈을 쏟아 부었지만 활용도가 미미했던 광섬유 네트워크를 들 수 있다.

1990년대 한껏 부푼 닷컴 경제의 엄청난 데이터 통신 수요 예측을 근거로, 몇몇 통신업체는 미국 전역에 광대역 광섬유 통신 케이블을 설치하였다. 이 업체들은 경쟁사가 그들을 제치고 고객을 확보할까 노심초사했었다. 그 결과 미국에는 데이터 통신 네트워크 성능이 급격히 향상되었지만 시장은 예측대로 성장하지 않았다. 이 책을 저술하고 있는 지금도 광섬유 활용도는 여전히 낮고 투자자들에게 수익을 안겨주고 있지 않다.

사업화 과성에서는 성급한 시장 진출과 지나친 방관 사이에 적절한 균형을 유지할 수 있어야 한다. 만약 아이디어 평가과정에서 사업화팀이 아주 좋은 아이디어이나 아직 미성숙하다고 믿는다면, 아이디어 개발 단계로 진입하면 된다. 이런 식으로 발명가와 기술자는 원래의 아이디어 기반으로 다양한 가능성을 탐구할 수 있게 된다. 그들은 최신 기술을 항상 습득하며 해당 분야의 전문가들과 교류도 지속하면서 덜 흥분된 상태에서 초기 아이디어를 좀 더 현실적으로 개발할 수 있게 된다. 만약 준비하고 있는 제품 환경이 변해서 신속히 시장에 출시해야 한다면 사업화팀 역시 이에 보조를 맞추어 신속히 개발할 수 있어야 한다. 쿼터백인 사업가는 개발 속도를 결정해야 할 중요한 역할을 수행해야 한다.

필요할 때 개발 속도를 내기 위해서는 초기 계획이 탄탄해야 한다. 우리는 다음 장에서 기획의 다양한 요소에 대해 언급할 것이다. 지금은 좋은 아이디어가 있고 효율적인 사업화팀을 꾸리고 신중히 사업화 계획을 준비하고 실행하는 과정에서 타이밍을 우리가 원하는 대로 조절할 수 있는 것이 바로 좋은 기회라고 간략히 요약하도록 하겠다. 타이밍 조절이 필요한 주요 이유는 바로 우리가 원하는 기술 사업화 핵심 요소(가령 사업화팀, 좋은 아이디어 등)를 갖추고 있을 때 사업 환경이 어떻게 바뀌어도 당황하지 않고 차분히 진행할 수 있기 때문이다.

요약하면 언제 얼마나 신속히 사업화 과정을 전진해야 하는지를 판단할 수 있는 마법과도 같은 능력은 바로 타이밍, 기획, 통찰력, 그리고 행운이다. 이 중 행운에 대해 조금 더 언급하자면 우리가 지금 다루고 있는 주제와 관련 있는 두 사람의 말을 인용할 수 있을 것이다.

"더 열심히 일할수록 더 많은 행운을 얻을 수 있다는 사실을 깨달았다."

– Thomas Jefferson

"행운은 철저한 준비의 나머지이다" – Branch Rickey

위의 두 말 모두 노력과 계획의 중요성을 강조하고 있다. 아이디어를 개발하는 데 부진에 빠지더라도 우리는 포기하지 않는다. 왜냐하면 우리가 세운 치밀한 계획 덕분에 예정했던 계획보다 그리 많이 지연되지는 않을 것이기 때문이다. 제품의 품질과 기능을 개선함으로써 단점을 보완하고 차별성을 만들기 위해 더욱 열심히 일할 것이기에 우리는 포기하지 않는다. 마지막으로 다른 사람들 역시 열심히 일하며 행운을 얻을 수 있다는 사실도 명심해야 한다.

1.3.2 가장 적절한 타이밍 결정의 중요성

사업화팀이 아이디어를 개발하는 데 들여야 하는 정성은 그 아이디어가 얼마나 오래된 것인지에 달렸다. 대단히 훌륭하지만 아직도 종이에 그려진 개념 수준에 불과한 아이디어와 반대로 몇 세대에 걸쳐 누군가에 의해 반복적으로 검토된 적이 있는 아이디어는 우리가 들여야 하는 시간과 정성이 분명히 다를 것이다. 문제는 이 두 가지 유형의 아이디어를 신속히 구별하는 것이다. 이런 차이를 구별하는 데 기술자의 역할이 가장 중요한 것은 당연하다.

아이디어의 기술적 상태를 파악하는 것은 사업가에게 아주 중요하다. 왜냐하면 사업가는 적절한 예산과 스케줄을 수립하고 팀 전체가 사업화 진행여부를 빨리 결정할 수 있어야 하기 때문이다. 아이디어를 신중히 파악하기 위해 우선 지금까지 그 아이디어가 어떻게 진행되어 왔는지 성공과 실패를 종합적으로 따져 보아야 한다. 이런 분석에 근거하여 사업화팀은 다음의 세 가지를 결정해야 한다. 첫째 사업화 가부 결정, 둘째 필요한 예산 산정, 그리고 셋째는 첫 이정표까지 예상 소요 시간이다.

일반적으로 대단한 아이디어에 사람들은 열광하지만, 반대로 이런 아이디어는 다양한 문제들을 발생시킬 수도 있다. 첫째 알려진 것이 별로 없다. 이는 과도한 기대와 포장이 아이디어의 진실된 면을 가리고, 발명가는 보통 사실보다 훨씬 앞서서 생각하기 때문이다. 이런 현상은 기술자의 역할을 훨씬 어렵게 만든다. 둘째, 열정이 너무 시장을 앞서있다. Pontin의 첫 번째 혁신 법칙을 기억하라. 셋째, 정말 대단한 아이디어고 많은 것이 알려져 있다면 왜 지금까지 시장에 있을까? 그래서 정말 대단한 아이디어를 다루는 데는 그에 상응하는 위험 부담이 도사리고 있고 열정을 능가하는 주의가 요구된다. 반면, 몇 번씩 포기된 적이 있는 지루한 아이디어는 오히려 완전히 사라지기까지 오래 걸린다. 우리는 35년 전에 포기했던 아이디어를 누군가 재발명해서 새로운 생명력을 불어넣고 있는 경우를 자주 경험하고 있다.

아이디어는 천재적인 발명가가 오늘 아침에 샤워하며 떠올린 갓 구운 빵과 같은 상태부터 수 세대에 걸쳐 회자되고 있는 아이디어까지 다양하게 존재한다. 이런 다양함 속에서 우리가 검토하고 있는 아이디어가 어디에 속하는지를 신속히 파악하고 그에 따라 행동하는 것이 중요하다.

1.3.3 사업화팀 확장하기

사업화팀이 아이디어를 개발하기에 가장 적절한 시기라고 판단했다고 가정하자. '그래! 지금이야!' 라고 말이다. 게다가 그동안 충분히 검토되어 기술적으로도 근거가 명확하다고 추가적인 가정까지 해보자. 그럼 이제 아이디어의 상태를 정확히 파악해서 성공적으로 사업화하기 위해 필요한 기술적 요구 사항을 정의하는 데는 진정한 실력자가 필요하다. 사업화팀 자체로 모든 일을 다 할 수 없기 때문에 종종 외부 전문가의 도움이 필요하다. 다시 말하면 사업화팀 스스로 외부의 적임자를 찾아야 한다.

사실 적절한 순간에 적절한 인물의 도움을 받는 것은 쉬운 일이 아니다. 왜냐하면 사업화팀원들 스스로 잘 모르고 있다는 사실을 인정하기 힘들기 때문이다. 특이한 것은 외부 전문가의 도움을 원치 않는 사람은 기술자가 아니라는 점이다. 기술자는 발명가보다 더 협력하는 분위기에 익숙하며 동료들로부터 그들의 아이디어가 검증되기를 원한다. 앞서 언급했듯이 발명가는 때때로 다른 사람들을 분명한 것도 이해 못하는 바보들로 생각한다. 오히려 투자자와 사업가들이 전문가를 가장 불편해 하는 사람들이다. 사실 그들의 걱정 중 일부는 정당한 것도 있다.

그 중 하나는 기술자와 관련이 있다. "만약 당신이 정말 똑똑하다면, 왜 외부 사람들을 동원해야 됩니까?" 이에 대한 답은 간단하다. 숙련된 기술자라도 종종 성공과 실패를 결정짓는 아주 세부적 사항에 대해 이해할 필요가 있기 때문이다. 때로는 투자자와 사업가에게 자잘하고 하찮아 보이는 것들이 기술자에게는 중요하다. 기술자가 중요한 이유는 그들이 모든 것을 다 알고 있기 때문이 아니라 일을 어떻게 진행하면 되는지 알고 있기 때문임을 기억하라. 따라서 외부 도움이 필요한 부분을 명확히 파악하고 그 부족한 부분을 채워줄 적임자를 찾는 것이 성공에서 매우 중요하다.

사실 사업가와 투자자가 하나의 아이디어에 너무 많은 사람들이 관여하는 것을 걱정하는 것은 당연하다. 여기에는 몇 가지 이유가 있는데, 우선 외부 전문가가 비용 대신 지분을 원하면 지분율이 낮아질 가능성이 있다. 둘째 너무 많은 정보를 외부에 유출하면 비밀 유지가 어렵게 된다. 특히 몇몇 팀원들이 외부 전문가와 안면이 없는 경우라면 더욱 그렇다. 셋째 팀원 간 충돌을 일으킬 만한 인물이 올 수 있다. 우리의 경험상 발명가는 외부 전문가를 가장 싫어한다. 넷째 비록 모든 사람들과 잘 지낼 수 있고 좋은 조언을 줄 수 있는 외부 전문가를 찾았더라도 아이디어에 대한 중요 정보가 누설될 수 있다.

외부 전문가들을 통제 가능한 상태로 두는 한 방법은 소수의 전문가 풀을 구성하고 그 풀 내에서만 활용하는 것이다. 사업화팀이 선택한 아이디어가 너무 광범위하지 않으면 이 방법은 가능성이 있다. 다른 방법은 사업화팀원들의 능력을 믿고 외부인을 활용하지 않는 것이다. 사실 우리는 전자를 선호한다.

발명가의 주장에도 불구하고 사실 훌륭한 아이디어가 태어나면서부터 걸어 다닐 수는 없다. 시장에 성공적으로 데뷔하기 전에 수많은 다듬기 과정을 거쳐야만 하는 것이다. 그런 다듬기의 성격을 결정하는 과정이 이 장에서 가장 중요한 부분이다. 좀 더 쉽게 말하면, 기술적 필요와 요구사항이 어떤 것인지 평가하는 능력은 아이디어를 상업적 성공으로 만드는 데 핵심 요소이라는 것이다. 그런 부분은 초반에는 기술자가 대신할 수 있지만 궁극적으로는 사업화팀 전원이 맡아야 할 역할이다.

오늘날 많이 이용되는 또 다른 전술은 우리의 노력을 다양한 각도에서 살펴보고 잘못된 점을 가감없이 일러주는 붉은팀이다. 이렇게 함으로써 우리는 우리의 약점을 객관적으로 파악하여 더 많이 노력할 수 있게 된다. 붉은팀을 선정할 때도 역시 비밀유지에 대해 주의해야 한다.

1.3.4 필요한 투자금 산정하기

일단 기술적 요구 사항이 결정되고 나면, 이제는 돈에 대해 이야기할 시간이다. 사업화팀은 아이디어를 성공적으로 시장에 데뷔시키기 위해 얼마만큼의 시간과 돈이 필요한지 신중하게 산정해야 한다. 우리는 사업화팀이 이 부분에서 정말로 많은 노력을 들일 것을 강조한다. 왜냐하면 시간과 돈에 대한 예상을 기반으로 성공과 실패를 가를 다음 단계인 기획과 실제 운영 단계로 넘어가기 때문이다.

팀 전원이 시간과 예산 산정에 동일하게 참여해야 한다. 또한 최종적인 예산과 스케줄 결정은 만장일치로 이뤄져야 한다. 여기에는 많은 이유가 있지만 가장 중요한 것은 사업화 과정에서 스케줄 지연과 예산 증액은 보편적이기 때문이다. 사업화팀은 가장 우선적으로 팀원 중 누군가 “내가 그렇게 말했잖아!”라고 하는 상황만은 피해야 한다. 사업화팀원 모두 좋든 싫든 예상치 못한 상황이 생길 수밖에 없고 그에 따라 초기 계획을 수정해야 한다는 사실을 명확히 이해해야 한다. 다시 한 번 강조하지만 유연함은 성공적 사업화를 위해 반드시 필요하다. 사람과 계획 모두 유연해야 하는 것이다.

여기서 중요한 것은 변화를 예상하더라도 당초에 예상했던 스케줄과 예산의 차이를 최소화하는 것이다. 어떠한 변화가 예상되는지는 최대한 예측하고 그에 따른 대안을 마련해야 한다. 여기서 대안은 문제 발생 상황에 대한 추가적 계획이 아니라 원래 계획의 중요한 한 부분으로 인식해야 한다. 모순적인 상황이지만 우리는 예상치 못한 좋은 일이 발생할 때 가장 안 좋은 상황이 생긴다는 것을 경험을 통해 알고 있다. 우리는 상황이 잘못된 경우에 대비하여 무엇을 할지에 많은 시간을 투자하는 반면 행운이 발생했을 때는 어떻게 할지 충분히 생각하지 않기 때문이다.

그리고 강력한 프로젝트 원칙이 필요하다. 실제 사업화팀을 운영하다 보면 천천히 차근차근 진행하기는 정말 어렵다. 왜냐하면 지름길로 가고 싶은 욕구가 너무 강력함을 느끼기 때문이다. 하지만 우리 경험에 비추어 보면 계획된 일정을 건너뛰는 것은 대부분 제대로 수행되지 않는다. 게다가 세부 일정을 잘 짜놓고 그것을 무시하는 것은 너무나 한심한 일이다.

1.3.5 적절한 진행 속도 유지하기

사업화 과정의 진행 속도는 사업화팀원들이 후퇴나 지연을 얼마나 받아들일 수 있는지 테스트하기에 좋은 척도이다. 유연성과 참을성의 정도는 사업화팀 내에서도 너무나 다양하다. 이는 사업화팀원 개개인이 얼마나 다양한 관점을 견지하고 있는지 알게 되면 그리 놀랄 일은 아니다. 가령, 투자자는 얼마나 더 많은 돈이 필요한지 알고 싶을 것이다. 반면 사업가는 얼마나 더 오래 걸리는지 알고 싶어 한다. 발명가는 기술자가 언제 쓸데없는 소리를 그만두고 신속히 움직일 것인지 알고 싶어 할 것이며, 기술자는 모두가 불평 없이 계획대로 잘 진행되고 있다는 점을 이해하길 바란다.

그럼 팀원들의 인내력을 시험하지 않고 똘똘 뭉치게 할 수 있는 방법은 없을까? 몇 번씩 반복했지만 가장 좋은 방법은 상황 변화를 예상하여 탄탄하고 사려 깊으며 유연한 계획을 세우는 것이다.

사업화팀은 모든 사람들이 진행 상황을 공유할 수 있도록 공식적인 업무 회의를 진행해야 한다. 만약 계획에서 예상치 못한 심각한 상황이 발생하면 계획 자체를 수정해야 한다. 이 수정 과정에도 팀원 모두가 초기 계획 수립과 동일하게 독립적으로 참여해야 한다. 그리고 이런 계획 수정의 필요성은 정기적으로 점검해야 하며 적절한 시점에서 이뤄져야 할 것이다.

1.3.6 고객 파악하기

보통 발명가는 그들이 발견한 것을 모든 사람들이 원한다고 강력히 믿는 경향이 있다. 하지만 이는 아주 위험한 발상이다. 청각에 문제가 있는 사람들은 아이팟을 사용하지 않을 것이고, 우리 중 누군가는 비디오 게임기를 선물 받아도 즐기지 않을 것이다. 사업화를 준비하려면 우선 목표 시장부터 잘 알아야 한다. 사업가는 팀원들이 목표로 하는 시장에 집중할 수 있도록 이끌어야 하며, 개발 결과에 따라 목표 시장은 상당히 수정될 수도 있다.

우리가 한때 참여했던 R&D 프로젝트는 자연적으로 발생하는 이온 교환 미네랄을 시험하는 것이었다. 프로젝트 매니저는 테스트 환경에 일반적으로 사용되는 다른 이온에 의해 이온 교환 성능이 급격히 저하되는 현상을 발견하고 좌절했었다. 그의 동료는 그를 다독거리며 왜 간섭하는 이온이 성능을 급격히 떨어뜨리는지를 물었다. 이런 대화 도중 그들은 원래의 기술보다는 오히려 이온 교환 성능을 저하시키는 간섭 이온을 통해 더 많은 돈을 벌 수 있음을 발견했다. 그래서 그들은 방향을 선회하여 전혀 새로운 시장에서 아주 큰 성공을 거두었다.

이 사례의 중요한 점은 고객을 아는 것이 엄청나게 중요함을 보여준다. 이런 과정에서 때로는 완전히 다른 시각에서 기술을 바라볼 때 새로운 기회가 찾아온다. 만약 당신이 유연하게 생각하지 않으면 인생에서 한 번 올까 말까하는 기회를 놓치게 되는 것이다.

1.4 사업가는 양성될 수 있는가?

1.4.1 재능과 기술의 차이

우리가 이 책을 쓰는 동안 아주 통찰력 있는 친구가 다음과 같은 질문을 던졌다. "사업가를 교육을 통해 양성할 수 있을까?" 그의 이론은 지도자, 운동선수, 음악가, 그리고 예술가처럼 사업가도 타고난 재능이 필요하기 때문에 교육을 통해 양성될 수 없다는 것이다. 이런 논리를 펼치면서 우리가 쓰고 있는 책의 필요성에 의문을 제기했다. 그의 이론에 대해 토론하면서 우리는 "재능"과 "기술" 사이에 엄청난 차이가 있음에 동의했고 앞서 언급했던 팀워크, 전략, 그리고 인내에 더해 경험, 원칙 그리고 지식이 타고난 재능이 있는 사업가를 더욱 완벽하게 만들어 준다는 결론에 도달했다. 그래서 이 책에서 우리는 사업화를 위한 기술적 부분에 집중하여 혁신적 기술의 사업화를 원하는 독자들의 능력을 배가시키는 데 도움을 주고자 한다.

게다가 그 친구와 토론하면서 우리는 재능있는 사람들의 업적을 더 잘 이해하기 위한 강의도 필요하다는 결론에 도달했다. 가령, 음악과 미술, 조각을 가르친다고 누구나 모차르트, 렘브란트, 휴든과 같은 사람이 되지는 않는다. 하지만 그들의 재능이 우리들의 삶을 얼마나 풍성하게 만들었는지에 대한 이해는 충분히 향상시킬 수 있을 것이다. 요약하면, 사업가에게는 일정 수준의 타고난 재능이 필요하지만, 우리 책은 성공적 사업가가 되기 위해 반드시 알아야 기본적 지식, 즉 어떻게 좋은 아이디어가 결실을 맺고 사람들과 어떻게 열심히 일해야 하는지를 알고자 하는 사람들의 욕구를 충족시켜 주리라 생각한다.

1.4.2 주요 대학의 기업가 정신 교육 프로그램

이 책을 막 저술하기 시작했을 때, 우리는 기업가정신에 대해 집중적으로 다루고 있는 정규 과정에 대해 막연하게 알고 있었다. MIT와 스탠포드 대학에서 제공하는 훌륭한 과정은 알고 있었지만 미국과 전 세계적으로 제공되는 프로그램에 대해 상세히 알지 못하였다. 확실한 것은 대학에서 제공하는 프로그램의 범위에 따라 우리의 잠재적 독자층은 혁신적 기술의 사업화에 관심 있는 교수와 학생들로 확대될 수 있다는 것이다.

그래서 우리는 얼마나 많은 이공계 및 경영대학원 과정에서 구체적으로 기업가정신에 집중한 과정을 개설/제공하고 있는지 알아보기로 결정하였다. 우리는 우선 탐색 대학을 선정하기 위해 다음의 세 가지 대학 평가 자료를 활용하였다.

1) U.S News and World Report(USNWR)의 America' s Best Graduate Schools 2007 "Top Engineering Schools"
2) USNWR, "Top Business Schools"
3) Wall Street Journal "Back on Top"

위 자료를 근거로 우리는 각각의 리스트에서 최고 10개 대학을 선정하였다. 그리고 리스트에 Rensselaer Polytechnic Institute를 추가하였다. 시간과 지면의 제약으로 인해 우리는 미국에 있는 대학들로 범위를 한정하였다. 우리는 조사 과정에서 다른 국가에도 훌륭한 프로그램들이 많이 있는 것을 알게 되었다. 가령, 스위스의 IMD, 스페인 바르셀로나의 ESADE, 멕시코의 IPADE, 캐나다 온타리오 대학 등은 기업가정신에 집중된 훌륭한 프로그램을 제공하고 있다.

표 1.1에서는 앞서 언급한 방법으로 조사한 미국 대학들이 기업가정신과 혁신 연구를 위해 제공하고 있는 프로그램들을 정리하였다. 흥미로운

것은 표 1.1에 언급된 20개 대학 중 한 곳을 제외하고는 모두 기업가정신에 특화된 연구 센터를 운영하고 있었고 20개 대학 모두 기술과 혁신 분야에 아주 훌륭한 프로그램을 제공하고 있었다. 표 1.2에서는 기업가정신 센터에서 제공하는 과목 등 세부 내용을 정리하였다.

표 1-1 | 최고 공과대 및 경영대에서 제공하는 기업가정신 프로그램

대학	USNWR 공과대 순위	USNWR 경영대 순위	WSJ 경영대 순위
Cal - Berkeley	3	7	7
Cal Tech	10		
Carnegie Mellon	8		3
Chicago		6	
Columbia		7	8
Dartmouth		9	1
Georgia Tech	4		
Harvard		1	
Illinois	5		
Michigan	7		2
MIT	1	4	
North Carolina			9
Northwestern		4	4
Penn		3	6
Purdue	6		
Rensselaer	37		
Stanford	2	2	
UCLA		10	
USC	9		10
Yale			5

표 1-2 | 대학별 기업가정신 프로그램 세부 내용

대학	프로그램 및 센터	주요 과목	비고
MIT	Deshpande Center for Technological Innovation and the MIT Entrepreneurship Center	– 기업가를 위한 기초 법률 – 혁신 프로세스 경영 – 혁신 관리: 최근 트렌드 – 제품 디자인과 개발 – 혁신적 제품과 서비스 개발하기 – 글로벌 기업가 랩 – 벤처 기업형 조직 디자인 및 경영하기 – 벤처 기업 재무 관리 – 지적재산권법(특허, 저작권 등) – 기업가정신 양성 – 사회적 기업가정신 – 국경없는 기업가정신/벤처 캐피탈 – 기술과 벤처기업 전략	슬론 경영대학원에서 강의 진행
Stanford	Center for Entrepreneurial Studies	– 투자 및 벤처 기업 재무 관리 – 가족 기업 및 폐쇄 기업의 전략과 실제 – 지적재산권 및 이의 사업에의 영향	경영대학원에서 강의 진행

대학	프로그램 및 센터	주요 과목	비고
		– 기업가정신: 새로운 벤처 기업 창업 – 기업가정신과 벤처 캐피탈 – 사회적 기업가정신 – 기술과 혁신의 전략적 경영	
University of California – Berkeley	Center for Entrepreneurship and Technology	– 이공계 기업가정신 – 벤처 기업형 마케팅 및 재무 관리 – 성공한 벤처 기업인 초청 강의	공과대학에 소속, 공과대학은 공학 및 혁신 인증서 부여하는 프로그램 운영
Georgia Tech	Lester Center for Entrepreneurship and Innovation TI:GER(Technological Innovation: Generating Economic Results)	– 조직적 리더십 – 혁신의 기초 I & II – 기술 사업화를 위한 특별한 이슈 – 벤처 기업 재무 관리 – 기업가 행동의 혁신 – 벤처 기업 창업 – 대기업의 기업가정신 – 기술 이전의 법률적 이슈	경영대학에서 "이공계 기업가정신 프로그램" 운영

대학	프로그램 및 센터	주요 과목	비고
University of Illinois – Champaign/Urbana	Office of Business Innovation and Entrepreneurship	– 소규모 사업 컨설팅 – 기업가정신: 소규모 사업 시작하기 – 소규모 사업에 투자하기	경영대학에서 학부생들 대상으로 소규모 사업에 집중하는 기업가정신 프로그램 제공
Purdue	Burton D. Morgan Center for Entrepreneurship	– 기업과 정신과 혁신 기초 – 기업과 정신과 혁신 II	모든 학부생들 대상으로 '기업과 정신과 혁신' 인증서 수여되는 프로그램 제공
University of Michigan – AnnArbor	Sam Zell and Robert H. Lurie Institute for Entrepreneurial Studies	– 벤처 기업 경영 – 벤처 캐피탈, 사모 투자 I & II – 벤처 기업의 성장 경영 – 기업가를 위한 마케팅 – 벤처 기업의 위기 전환 관리 – 벤처 기업의 법률적 기초 – 기업가를 위한 작문 기초	ROSS 경영대학원에서 강의 진행

대학	프로그램 및 센터	주요 과목	비고
Carnegie Mellon	전략, 기업가정신, 기술적 변화에 대한 박사 과정 프로그램	- 기업가정신의 경제학 - 기술적 변화의 경제학 - 기업가정신, 회사 설립, 그리고 신생 벤처 기업의 자금 조달 - 기술 정책과 혁신	Tepper 경영대학원, Heinz 정책대학원, 사회과학대의 연결 프로그램
	Donald H. Jones center for Entrepreneurship	- 기업가정신 소개 - 기업가적 사고와 행동 - 벤처 기업에서의 기술 사업화 - 벤처 기업의 사업 계획 - 벤처 기업 경영	Tepper 경영대학원 프로그램
University of Southern California	Lloyd Grief Center for Entrepreneurial Studies	- 기술적 가능성 - 기술 사업화 - 신생 벤처 기업에 투자하기 - 급성장하는 벤처 기업 경영 - 개발 프로젝트 관리 - 발명과 기술 개발 - 기술의 전략적 경영 - 하이테크 기술 전략	Marshall 경영대학원에서 '기술 사업화' 인증서 수여하는 프로그램

대학	프로그램 및 센터	주요 과목	비고
Cal Tech		– 이공계 기업가정신 – 기술 경영	기업가정신 관련하여 공식 프로그램은 없으나, 다양한 벤처 기업 관련 워크샵 및 세미나 기회
Rensselaer	Severino Center for Technological Entrepreneurship	– 벤처 기업의 재무 관리 – 발명, 혁신, 그리고 기업가정신 – 신생 벤처 기업 시작하기 – 대기업의 기업가정신 – 하이테크 제품 마케팅 – 연구개발 프로젝트 관리	Lally 경영대학 프로그램
Harvard	Technology and Entrepreneurship Center in Harvard	– 바이오 벤처 기업 – 바이오 기술 소개 – 과학과 공학 분야의 혁신 컨퍼런스	
	Arthur Rock Center for Entrepreneurship	– 벤처 기업 재무 관리 – 벤처 기업 마케팅 – 창의성 경영 – 성공적 기업 설립 및 유지	Harvard 경영대학원에서 강의 진행

대학	프로그램 및 센터	주요 과목	비고
		– 혁신과 변화 주도 – 기업가정신과 글로벌 자본주의 – 국제적 기업가정신 – 혁신과 제품 개발 경영 – 과학 기술 사업화 – 창업 기회 평가하기	
Penn	Sol C. Snider Entrepreneurial Research Center		Wharton 경영대학원의 기업가정신 연구 센터
	Goergen Entrepreneurial Management Program	– 기술 전략 – 기업가정신 – 변화, 혁신 그리고 기업가정신 – 벤처 캐피탈과 벤처 기업 경영 – 벤처 기업 설립과 운영 – 신흥 시장의 사모 투자 – M&A를 통한 기업가정신	
	Minor in Engineering Entrepreneurship	– 이공계 기업가정신 I & II – 하이테크 벤처 기업 설립 – 연구실에서 시장으로	공과대학에서 강의 진행

대학	프로그램 및 센터	주요 과목	비고
Northwestern	Larry and Carol Levy Institute for Entrepreneurial Practice	– 성공적 기업가정신 – 기업과 정신과 새로운 벤처 기업 창업 – 리스크 이해와 관리 – 벤처 기업 재무관리 – 기술 경영 – 기술 마케팅 – 인터넷 마케팅	켈로그 경영대학원의 '기업가정신과 혁신 프로그램 '에서 제공
Chicago	Policy Center for Entrepreneurship	– 벤처 기업 재무관리와 사모 투자 – 벤처 기업 경영 전략 – 벤처 기업 창업 – 혁신적 기술 사업화 – 새로운 제품과 서비스 개발 – 기술 전략 – 벤처 캐피탈 자금 투자받기 – 마케팅, 컨설팅, 그리고 기업가정신에 관한 전략적 고찰	경영대학원에서 강의 진행

대학	프로그램 및 센터	주요 과목	비고
Dartmouth	Center for Private Equity and Entrepreneurship	– 기업가정신 소개 – 사모 투자 재무 기초 – 기업가정신 심화 과정 – 벤처 기업 경영 – 신생 기업의 성장 전략	Tuck 경영대학원에서 강의 진행
UCLA	Harold Price Center for Entrepreneurial Studies	– 벤처 기업 경영 – 재무 관리 및 신생 기업 자금 조달 – 기업가를 위한 기초 법률 – 기술 경영	Anderson 경영대학원에서 강의 진행
Yale	공식 프로그램 및 센터 없음	– 벤처 기업 사업 계획 – 벤처 캐피탈과 사모 투자 – 기업가정신팀별 제품 디자인	Yale 경영대학원에서 강의 진행
Columbia	Eugene M. Lang Center for Entrepreneurship	– 기업가정신 소개 – 벤처 기업 재무 관리 – 신생 벤처 기업 설립 – 신흥 시장에서의 기업가정신과 사모 투자 – 기술 전략	Columbia 경영대학원에서 강의 진행

대학	프로그램 및 센터	주요 과목	비고
		– 하이테크 기술 마케팅과 기업가정신 – 신제품 개발 – 관리자와 기업가를 위한 기초 법률	
North Carolina	Center for Entrepreneurial Studies	– 기업가정신 소개 – 사업 계획서 작성 – 벤처 캐피탈 경영 – 벤처 기업형 마케팅 – 혁신과 제품 개발 – 하이테크 분야 경영 – 벤처 캐피탈 밸류에이션과 구조화 – 상용 기술 매입 – 벤처 기업 창업 I & II – M&A	Kenan-Flagler 경영대학원에서 강의 진행

미국 내 최고의 대학들은 기업가를 양성하기 위해 노력하고 있었으며 국가 경제의 건강한 성장을 위해 신생 기업의 중요성을 널리 알리고 있었다. 그리고 표 1.1과 표 1.2에 언급된 프로그램 외에도 훨씬 더 많은 프로그램들이 제공되고 있었고, 대부분의 프로그램은 대학원 과정에 집중되어 있음을 발견하였다.

미주리주 캔자스시에 있는 Ewing Marion Kauffman Foundation은 기업가정신 교육 활성화에 전념하고 있었다. 그 재단에서는 '2006년 미국 고등 교육의 기업가정신 프로그램 현황' 을 발표하였다. Frank가 기고한 글을 보면 이 현황 자료의 중요 내용을 잘 요약하고 있다. 아래는 그 중 일부 내용을 발췌한 것이다.

- 기업가정신 교육은 2006년 가장 빠르게 성장하는 학문 분야이다.
- 2006년, 적어도 300여개 이상의 4년제 정규 교육기관에서 비 경영대 학생들을 위해 기업가정신 강의를 제공하였다.
- 2006년, 1600여개 이상의 대학에서 기업가정신 프로그램을 제공하였다.
- 1990년대 초반에 약 1050여개 대학에서 기업가정신 프로그램을 제공하였다.
- 1980년대 약 300여개 대학에서 기업가정신 프로그램을 제공하였다.

Kauffman 재단의 연구 결과에 우리도 다소 놀랐지만, 전반적으로 학교에서는 기업가정신 교육 프로그램을 적극적으로 지원하고 있었다. 이런 현상은 최근 참석한 National Science Foundation 주최 환경 공학 워크샵에서 만난 교수들의 기업가정신 교육에 대한 적극적 관심에서도 확인할 수 있었다.

1.4.3 기업의 R&D 프로그램

컴퓨터, 의약품, 의료기기, 자동차, 면도날 등을 판매하는 회사들도 그들 회사의 성장을 지속할 수 있는 기술적 혁신을 찾아 매년 수십억불 이상을 투자한다. 이런 투자 과정이 우리가 앞서 설명한 기술사업화 과정과 유사하지 않을까? 이에 대한 대답은 일반적으로 부정적이다. 보통 이런 회사들은 그들의 제품군을 다양하게 확보하기 위해 잘 짜인 프로세스에 의해 움직이는 연구소를 위한 전용 예산을 확보하고 있다. 기술사업화는 모든 제품 개발단계에서 이루어질 수 있다. 그래서 기업 연구소에서도 이제 막 눈을 뜨는 기업가를 도울 수 있는 면도 있지만, 연구에 몰두하는 환경이 기업가들이 실질적으로 제품을 개발하고 판매하는 데 많은 도움이 되지는 못한다.

이 장을 마치기 전에, 몇몇 회사들이 공식적으로 운영하고 있는 기술사업화 프로그램들이 문제에 봉착한 원인에 대해 언급하고자 한다. 첫째, 창의적인 연구원들이 혁신적 아이디어를 개발하도록 장려하기 위해, 회사에서는 아이디어 사업화를 장려하기 위한 돈을 확보하고 있다. 하지만 많은 경우 이런 돈은 집행되지 않은 채 남아있다. 왜냐하면, 내부 프로세스가 너무 복잡하고 회사를 떠나 새로운 도전을 감행하려는 문화가 부족하기 때문이다.

둘째, 오래 전에 세계적인 연구기관이 혁신적 기술에 초기 투자하여 큰 성공을 거두었다. 그들은 초기 성공에서 거둔 수익으로 외부 발명가, 내부 과학자와 연구원을 모아 새로운 성공에 도전하기 위해 자회사을 설립하였다. 하지만 불행히도 60년이 지나도 그들은 초기에 버금가는 성공에 도달하지 못했다. 여기에는 몇 가지 문제가 있었다. 초기 성공은 정말 행운이었고 제대로 작동하는 기술사업화 시스템을 구축하지 않았던 것이다. 그들 시스템은 너무나 관료적이었고 내/외부 발명가들 눈에 그들은 너무 많은 소유권을 원했다.

마지막으로, SBIR/STTR 심사위원인 우리는 수시로 검토 명단에 오르는 제안자들이 많다는 사실을 깨달았다. 그들의 주목적은 기술사업화가 아니라 SBIR/STTR 심사를 통과하는 일종의 제안서 제조기이다. 이런 제안서들의 특징은 나노, 바이오, 국토보안과 같은 인기 분야 기술에 집중되어 있다. 그 중 일부 제안서는 잘 작성되었고 꽤 만족스러운 것들도 있다. 하지만 과거 기술사업화 경력이 판단 기준이라면 그들은 좋은 점수를 얻지 못할 것이다. 문제는 그들이 진정으로 원하는 것은 SBIR/STTR 자금이지 새로운 기술의 성공적 사업화가 아니라는 것이다.

1.5 핵심사항

- 이 책은 좋은 아이디어를 사업화하는 데 열정이 있는 사람들에게 많은 통찰력과 지식을 제공하기 위해 저술되었다. 그래서 이 책은 발명가들을 위한 교양도서, 대학 교재, SBIR/STTR 참고 도서, 혹은 기술 투자를 위한 가이드 역할을 충실히 수행할 것이다. 그리고 회사 경영진이나 경영대학 학생들이 혁신적 제품 개발 과정이나 기술사업화에 대한 전반적인 프로세스를 이해하는 데 많은 도움이 될 것이다.
- 좋은 아이디어의 성공적 사업화를 위한 네 가지 핵심 요소는 팀워크, 전략, 원칙, 그리고 인내이다.
- 사업화팀을 구성하는 것이 기술사업화 과정에서 가장 중요하다. 기술사업화를 위한 완벽한 사업화팀은 발명가, 투자자, 기술자, 그리고 사업가로 구성된 서로 다른 네 가지 성향이 필요하다.

- 성공적 사업화팀을 구성하기 위해, 개별 구성원들의 성향과 역할을 명확히 이해해야 한다.
- 발명가, 투자자, 기술자, 그리고 사업가의 특성을 가장 잘 보여주는 성공적 사람들에 대해 이 장에서 간략히 설명하였다.
- 혁신적 기술의 변화 속도가 너무 빠르기 때문에 사업화 과정에서 유연함이 매우 중요하다. 변화를 준비하기 위해 사업계획서 준비 단계에서부터 변화를 예상하고 이에 맞는 다양한 계획을 세워야 한다. 유연함이 필요한 정도는 타이밍, 아이디어의 상태, 기술적 요구 사항, 재무적 요구 사항, 진행 속도, 잠재적 고객에 따라 달라진다.
- 거의 모든 주요 이공계 대학과 경영대학에서 기업가정신을 가르치는 공식 프로그램과 연구 센터를 운영하고 있다.

chapter 02

우리의 관점

독자들에게 사업화 과정에 대한 현실적인 시각을 제공하기 위해 초기부터 우리의 관점을 설명할 수 있다면 아주 유용할 것으로 생각된다. 만약 이러한 우리의 의도가 실패한다면 우리의 메시지가 모호해지거나 실질적인 단계별 가이드이기보다는 이론에 그칠 가능성이 있기에 조금은 걱정된다. 우리의 경험과 성향은 기술자들의 것이며 이 관점에서 아이디어와 조언을 서술할 것이다. 우리의 관점을 잘 인지하는 것은 독자들이 우리의 동기나 부분적 편파성을 보다 잘 이해하는 데 큰 도움이 될 것이다. 우리는 이렇게 하는 것이 사업화팀의 다른 구성원의 역할을 과소평가하는 것은 아니라고 믿는다. 오히려 이와는 반대로 팀원간의 상호 관계가 성공에 있어 얼마나 중요한지를 잘 보여주리라 생각한다.

이 책의 목적을 위해 우리는 사업화팀의 기본 전략을 구체적이고 한정된 분야의 사업 포트폴리오를 구성하기 위해 다수의 후보 기술군을 탐색하는 것이라 가정한다. 이런 전략을 채택하는 근거는 이 책이 전개되면서 점점 더 명확해질 것이다. 다음은 주요 이유 중 몇 가지를 우선 나열한 것이다.

1. 기술자로서 우리의 관점은 자연스레 다양한 아이디어의 발굴과 개선, 그리고 활용의 과정을 거치게 된다. 이런 작업을 잘 할수록 우리는 단 한 번의 게임이 아니라 계속해서 이런 일을 하고자 할 것이다. 사실 가장 뛰어난 발명가들은 하나의 기발한 아이디어만 구상하고, 하와이에서 나머지 인생을 보내려 하지 않는다. 그들은 그들의 상상력을 충족시킬 다른 아이디어를 끊임없이 추구한다. 투자자나 사업가 역시 이런 유사한 특징을 갖고 있다.
2. 모든 아이디어가 성공적이지는 않다. 혁신적 기술에 투자하는 것은 다른 형태의 투자와 동일하다. 즉, 분산투자가 반드시 필요하다.

3. 당연하겠지만 관심분야 내에서 더 많은 기회를 발굴하기 위해서 큰 비전과 넓은 안목을 가져야 한다. 사업화팀이 단 하나의 아이디어를 사업화하기 위해 모이는 경우는 매우 드물다. 우리는 사업화 전략을 잘 수행하기 위해 리스크 분산이 얼마나 중요한지 보여줄 것이다.
4. 투자자는 모든 아이디어가 성공적이지는 않다는 점을 잘 알고 있다. 그래서 그들은 한 아이디어에 그들의 모든 자금을 쏟아 붓지 않을 것이다. 사실 하나의 안정적인 아이디어에 집중하는 것이 사업화팀에 대한 투자자의 신뢰성을 높일 수 있다. 이런 방법이 투자자의 지갑을 좀 더 빨리 열게 할 수도 있을 것이다.
5. 하나 이상의 아이디어가 포함된 포트폴리오는 다양한 단계의 연구, 개발, 그리고 시연이 동시에 진행되기 때문에 사업화팀원들이 열정적이고 집중한 상태로 유지되기가 더 쉬울 것이다.

이 장의 남은 부분에서는 사업화팀이 어떻게 전략을 짜고 적절한 아이디어를 선택하여 사업화 성공을 위해 앞으로 나아갈 수 있는지를 설명할 것이다.

2.1 전략 개발

앞서 언급했던 '혁신적 기술에 투자하는 것은 다른 형태의 투자와 동일하다' 는 선상에서 우리는 주식, 채권, 외환, 부동산 등의 투자에 성공했던 투자자들의 투자 원칙을 우선 언급하면서 이 절을 시작할 것이다. 우리의 원칙은 일반적으로 모든 형태의 투자에 적용된다. 다음으로 수익성이 좋은 기술 사업화 분야를 소개한 후, 리스크의 개념에 대해 다룰 것이다. 마지막으로 전략 실행 과정에서 유연성의 필요에 대해 다시 한 번 강조할 것이다.

2.1.1 투자 원칙

가장 성공적인 사람들은 성공적 투자 전략의 공식을 기꺼이 공유하고자 한다. 이러한 공식들은 다양한 책이나 여러 인터넷 사이트에서 찾을 수 있고, 최근에는 개인 블로그에서도 많이 발견할 수 있다. 우리는 활용 가능한 자원을 최대한 동원하여 성공적 투자자와 사업가의 지혜를 다양한 출처에서 찾아보았다. 다음의 내용은 일반적으로 합의된 투자 규칙을 정리한 것이다. 각각의 규칙들은 그 자체가 명확한 의미를 보여주기 때문에 여기서 구체적인 설명은 필요치 않으리라 생각한다. 대신 이어지는 장에서 더 자세히 설명할 것이다.

좋은 아이디어에 투자하는 규칙

1. 당신의 목표를 설정하라
2. 위험 요소를 사전에 파악하라
3. 당신이 잘 아는 분야에 투자하라
4. 기술 분야, 투자 기간, 재무적 역량을 다양하게 가져가라
5. 목표에 도달하기 위해 충분한 자금을 확보하라
6. 가능한 최고의 전문가로부터 자문을 구하라
7. 최신 유행을 따라 잡아라
8. 좋다고 해서 너무 많은 대가를 지불하지 마라
9. 일정과 예산 계획을 짜고 비용을 관리하라

10. 열정을 가져라
11. 집중하라
12. 인내심을 가져라
13. 감정이 아닌 정보의 지배를 받아라
14. 잘 되는 아이템에 집중하고 실패한 아이템은 즉시 버려라
15. 손실은 즉각 파악하고 이익은 천천히 거두어라
16. 계획에 따라 운영하라
17. 포트폴리오의 균형을 맞춰라
18. 항상 당신이 옳지는 않다. 그리고 당신이 옳은 결정을 내릴 때만 돈을 벌 수 있다.

2.1.2 관심 분야

뉴욕 양키즈의 전설적 포수 Yogi Berra는 다음과 같이 말하였다. "당신이 어디로 가고 있는지 모르면 그곳에 절대 도착하지 못할 것이다."

Berra의 말처럼 성공하기 위해서는 우리가 지금 무엇을 하고 있고 앞으로 그것을 어떻게 할지에 대해 명확히 알고 있어야 한다. 표 2.1은 2004, 2005, 2006년도에 월스트리트저널에서 선정한 기술혁신상 분야의 수상자들이다. 우리는 이 수상 분야에 많은 관심을 가져야 한다. 우선 투자자 커뮤니티에서 관심을 보이고 있는 기술분야에 대한 힌트를 주고 있기 때문이다. 그리고 그런 아이디어가 어떤 규모나 유형의 회사에서 나오고 있는지, 또한 월스트리트저널 심사단이 가치 있다고 평가한 아이디어의 유형에 대한 일반적인 정보를 제공하고 있기 때문이다.

우리의 경우 관심 분야는 주로 사업화팀원들에 의해 선정될 것이다. 물론 사업화 분야 선정 원칙은 사업화팀의 강점에 잘 부합하는 아이디어에

집중하는 것이다. 그리고 다양한 사업화 포트폴리오를 구성하는 것도 좋지만 전체 사업화 전략에 부합하지 않는 아이디어에 너무 분산되는 것은 좋지 않다.

2006년 9월 월스트리트저널은 기술혁신상 수상팀들의 최근 상황에 대해 보도하였다. 아래는 이 중 일부를 발췌한 것이다.

Witten Technologies(소프트웨어 분야 수상, *2004*)는 기술적 검증을 완료하고 벤처캐피탈 자금을 구하고 있으나 투자자를 모집하는 데 어려움을 겪고 있음. 플로리다주 교통국이 유일한 기술사용자임.

Poseidon Technologies(혁신상 수상, *2001*)는 *2001*년 *6*대에 불과했던 익사 탐지 시스템을 *150*대까지 설치함. *2006*년에는 아틀란타 지역의 *20*여개 *YMCA* 수영장과 대규모 계약을 체결함. 회사 관계자는 느린 판매 증가는 투자자들이 투자금을 회수하기 위해서 요구한 높은 가격 때문이라 생각함. 최근 프랑스 국회의원들과 모든 공공 수영장에 익사 탐지 시스템 설치를 의무화하는 법안 통과를 준비하고 있음.

454 Life Sciences Corporation(금메달 수상, *2005*) 인력은 *2006*년에 약 *50%* 늘어 *150*여명임. *2005*년 가을에서 *2006*년 가을까지 약 *3*천만불 수입을 올림. 주요 고객은 유전자 연구소나 바이오 기업임.

Optimyst Systems Inc.(의료기기 수상, *2005*)은 여전히 감독당국의 허가를 기다리고 있음, 초기의 엔젤 투자 자금으로 운영 중이며 *2*차 투자금 유치 중임.

Ecology Coatings(재료 및 기초 기술 수상, *2005*)은 듀퐁과 기술사용권 계약을 맺음.

표 2-1 | Wall Street Journal의 기술 혁신상 수상자

구분	회사명	국가	기술 혁신
생명공학			
2004	Given Imaging Ltd.	Israel	알약 모양의 위 내시경
2005	454 Life Sciences (Gold medal)	U.S.	저비용 유전자 서열분석 기술
2006	Pfizer/Nektar Therapeutics, Inc.	U.S.	엑주베라(Exubera), 당뇨병 치료를 위한 흡입형 인슐린
소비자 가전			
2006	Sonos	U.S.	무선 망을 통한 댁내 음악 전송 시스템
전자상거래			
2004	Galp Energia SGPS SA	Portugal	주유소에서 엄지손가락을 이용한 비용지불 시스템
에너지			
2005	Solar Integrated Technologies	U.S.	단일 가닥의 멤브레인을 통한 솔라 루프
2006	Helio Volt	U.S.	초박막 태양광 분말재료 제조방법
환경			
2004	Ferrate Treatment Technologies LLC	U.S.	독성 부산물 없는 폐수 처리
2005	MIT/Environment and Public Health Organization	U.S. and Nepal	저렴한 정수필터 시스템
2006	ET Water Systems	U.S.	날씨 정보와 네트웍을 활용한 자동 관개 시스템

구분	회사명	국가	기술 혁신
IT 보안 정보보호			
2006	AuthenTec	U.S.	지문 인식 기술
재료 및 기타 기반기술			
2004	Startech Environmental Corporation	U.S.	이온화된 초고온 가스를 이용하여 폐기물을 파괴하는 재활용 시스템
2005	Ecology Coatings	U.S.	친환경 코팅 기술
2006	Eikos	U.S.	데스스폿이 적은 디스플레이용 투명도전코팅 기술
의료기기			
2005	Optimyst Systems Inc.	U.S.	점안제보다 성능이 뛰어난 스프레이형의 안과 약물치료 장치
2006	Incisive Surgical	U.S.	흡수성 봉합선을 이용하는 수술용 자동 봉합기
멀티미디어			
2004	International Business Machines Corporation	U.S.	오디오, 비디오, 텍스트의 분석을 통한 컨텐츠 검색 시스템
인터넷 네트웍			
2004	Flarion Technologies Inc.	U.S.	IP를 이용한 새로운 무선 광대역 네트웍
광대역 인터넷 네트웍			
2005	Riverbed Technology	U.S.	중앙 서버와 원격 오피스 사이의 데이터 전송속도를

구분	회사명	국가	기술 혁신
			향상시킨 새로운 네트워 장비
보안(설비)			
2004	Nomadics Inc.	U.S.	휴대용 폭발물 탐지기
2005	ObjectVideo	U.S.	다수의 카메라를 감시하고 위협을 감지하는 소프트웨어
2006	axonX	U.S.	연기와 화재를 감지하는 인공지능 카메라 장치
보안(네트워)			
2004	Sana Security Inc.	U.S.	인간이 침입자를 격퇴하는 방법으로 해커를 차단하는 제품
2005	Fujitsu Laboratories	Japan	손바닥 정맥을 읽을 수 있는 장치
반도체-전자공학			
2004	Sun Microsystems Laboratories (Gold Medal)	U.S.	칩간 데이터 전송속도를 기존 대비 100배 이상의 올리는 기술
반도체			
2005	Allen Technology	U.S.	비용 절감 전자태그 제조방법
2006	Semprius	U.S.	임의의 표면에 적용 가능한 전기회로 제작방법
소프트웨어			
2004	Witten Technologies Inc.	U.S.	지하 공간의 상세 이미지 생성 기술

구분	회사명	국가	기술 혁신
2005	Agitar Software	U.S.	소프트웨어 개발자를 위한 버그 수정 툴
2006	Sun Microsystems (Gold Medal)	U.S.	D-Trace, 실시간 문제를 해결하는 오픈소스 소프트웨어
기술설계			
2006	Seagate Technology	U.S.	보다 큰 저장공간을 제공하는 하드디스크에의 수직기록기술
운송			
2004	Toyota Motor Corporation	Japan	Hybrid Synergy Drive, 도요타 자동차의 프리우스 모델에 적용된 새로운 하이브리드 파워 트레인 기술
2005	QinetiQ	U.K.	활주로 파편 탐지를 위한 레이더 시스템
무선통신			
2004	Mesh Networks Inc.	U.S.	소방관이나 기타 응급 구조요원의 실시간 추적을 위한 관리 시스템
2005	Freescale Semi-conductor	U.S.	초광대역 무선 통신 시스템 개발
2006	Zensys	U.S.	가정용 조명, 전자기기 및 보안용을 제어를 위한 무선 통신 기술

월스트리트저널 기술혁신상은 시장 진출에 매우 근접한 아이디어를 보여준다. 만약 사업화팀이 이보다 한 단계 더 앞선 혁신에 집중한다면 아주 좋을 것이다. 매년 Technology Review 잡지는 주목할 만한 가치가 있는 10가지 기술을 소개한다. 표 2.2는 2006년과 2007년에 선정된 10가지 기술들이다.

표 2-2 | Technology Review가 선정한 10대 Emerging Technologies

기술	설명
	2006
비교 상호작용체학	인체 내 단백질의 복잡한 상호 작용을 시각화하고 도식화하는 기술
나노의약품	정확한 위치로 약물을 전달하는 기술
나노바이오기계	세포에 작용하는 아주 정밀한 힘을 측정하는 기술
후생유전학	화학 물질이 DNA 발현에 미치는 영향을 분석하는 기술
인지라디오	사용되지 않은 주파수 대역을 스스로 발굴 및 활용하는 무선 통신 기술
핵 유전정보 복제	줄기세포의 윤리적 활용 방법을 고안하는 기술
4차원 뇌영상	초정밀 뇌 영상 이미지를 촬영하는 기술
범용인증	한 번의 사용자 인증으로 여러 웹사이트를 이용할 수 있는 기술
편재형 무선 유비쿼터스	다중 무선 기기 통합 기술
신축적 실리콘	신축성 있는 전자 칩 생산 기술
	2007
P2P 네트워크을 통한 영상데이터 전송	인터넷 이용 효율성 제고 기술
나노결정체 태양전지	저비용 태양열 발전 기술

기술	설명
뉴런제어	뇌의 일부 기능을 선택적으로 활성/비활성화 시키는 기술
나노기술을 이용한 치료 영상분석을 통한 정보 제공	사고로 인한 뇌지혈 및 회복을 돕는 기술 센싱 데이타를 이용한 물체 위치 추적 기술
메타물질	투명소재 개발 기술
디지털 이미지 재현 알고리즘	한 개의 이미지 센서만으로 초고해상도의 디지털 이미지를 저장할 수 있는 기술
컴퓨터를 이용한 환자 최적화 모니터링	컴퓨터를 이용한 자동 진단 기술
광학안테나	데이터 저장 용량을 획기적으로 늘리는 기술
세포단위 분석	임상시험 및 환자 치료를 개선하기 위한 세포 단위 분석 기술

물론 다른 곳에서도 이머징 기술들을 찾을 수 있을 것이다. 하지만 중요한 점은 사업화팀이 지금 기술이 어떻게 변하고 있는지 파악하는 것이다. 그리고 사업화팀은 니즈가 있는 곳을 파악하고 적절한 기술을 이용하여 어떻게 그 니즈를 충족시킬 수 있는지를 알 수 있어야 한다. 보통은 사업화팀을 출범시킨 주역이 특정 사업 분야에서 많은 활동을 해왔기 때문에 관심 기술 분야는 정해져 있다. 우리의 경우 대부분의 사업화팀 구성자는 발명가가 아닌 기술자, 투자자, 혹은 사업가였다. 물론 그 이유는 일반적으로 발명가는 1장에서 설명한 것처럼 한 가지에만 몰두하는 성향이 있기 때문이다. 사고가 개방적인 발명가가 다양성의 가치를 인식하고 그들의 아이디어를 비평하고 개발시킬 팀을 구성하는 경우가 있긴 하지만 아주 예외적이다.

사업화팀은 보통 좋은 아이디어를 알아본 사람이 사업화를 결정하게 될 때 구성된다. 그래서 사업화팀의 주도자는 자신의 경험을 기초로 아이디어에서 상당한 가치를 발견했기 때문에 한 단계 앞으로 나아가길 원한다. 기술자는 기술에 대한 호기심으로 한걸음 더 나아가기를 원하지만, 투자자와 사업가는 보통 발명가의 예전 성공 사례 때문에 도전할 필요성을 느낀다. 만약 사업화팀이 기존 포트폴리오의 빈 구석을 메우기 위해 아이디어를 찾고 있다면 그 빈 구석은 기존 기술을 보완할 수 있는 아이디어에 의해 채워질 것이다. 기술 개발에서 적극적이고 식견이 풍부한 사람은 사업화팀이 감정이 아닌 과학적 사업 감각에 근거하여 큰 성공을 거둘 아이디어를 선택하는 데 많은 도움을 줄 것이다. 예를 들면, 나노기술은 과학의 끝이 어디인지 알고 싶어 미치는 사람들이 파고들 분야이다.

요약하면, 사업화팀이 가장 잘 알고 있고 경험이 풍부한 분야를 선정하여 사업화 과정동안 집중하고 원칙대로 진행할 수 있어야 한다.

2.1.3 위험

이제 사업화팀은 사업화 가능성을 탐색할 수 있는 양질의 아이디어들을 모으기 위해 특정 분야를 선택하였다. 이제 다음 질문은 "얼마 정도의 위험부담을 감수해야 하는가?"이다. 우리의 경험으로 볼 때, 큰 조직의 경우 사업화 비용이 체계적이고 계획된 형태로 R&D 예산에 포함되어 있지 않으면 충분한 위험을 감수하려 하지 않는다. 반대로 작은 조직의 경우는 투자 가능한 자금의 규모에 따라 움직인다. 모순되게도 우리는 작은 조직이 오히려 훨씬 더 보수적임을 알게 되었다. 왜냐하면 아주 작은 실패라도 조직에 훨씬 큰 피해를 초래하기 때문이다. 이런 이유 때문에 발명가는 훨씬 초기에 투자자에게 찾아가게 된다. 실패하는 것보다 성공을 나누는 것이 더 낫다는 점을 어쩔 수 없이 받아들이는 것이다.

위험에 대한 판단이 매우 중요한 이유는 위험 요소가 거의 모든 사업화

단계의 중요 의사 결정에 영향을 미치기 때문이다. 여기서 우리는 위험에 대한 아주 흥미로운 관점을 소개하고자 한다. 캐나다의 Preimeter 이론 물리학 연구소의 이론 물리학자 Lee Smolin은 Physics Today 저널에 "왜 새로운 Einstein의 탄생이 없는가?" 이란 제목의 창의성에 관한 기고를 하였다. 이 기사에 대해 다음호에는 독자들의 다양한 찬반 의견이 개진되었다. 독자들의 다양한 의견에 Smolin은 최신 기술과 바이오 의료 연구 분야에서 위험과 발전 속도의 관계에 대해 의견을 제시하였다. "나는 한 때 아주 성공적인 벤처 캐피탈 투자자에게 어느 정도의 위험 부담을 감수할 수 있는지 물어본 적이 있다. 그는 '우리가 투자한 벤처 기업의 10% 이상이 5년 후 수익이 난다면 우리는 투자 수익률을 극대화시키기 위해 위험을 충분히 감수할 것이다" 라고 대답하였다.

우리는 벤처 투자자의 발언에 100% 동의하지는 않지만 그렇다고 그리 틀린 말 역시 아니라고 생각한다. 혁신적 기술에 투자하는 것은 다른 유형의 투자와 별반 다르지 않다는 점을 명심해야 한다. 투자 전문가들이 조언하는 첫 번째는 투자에 따른 위험을 잘 이해하는 것이다. Smolin이 질문했던 벤처 투자자가 언급한 그 숫자는 그의 경험에 근거하여 위험을 감수할 수 있는 나름의 투자 수익률을 산출한 것이다.

최근 이 책의 공저자 중 한 명과 그의 상사가 하이테크 업종의 포천 100대 기업 중 한 기업의 최고경영자를 방문하는 동안 다음과 같은 질문을 던졌다. "전략적 계획을 수립하면서 위험을 어떻게 평가하고 관리합니까?" 예리한 판단력으로 유명한 그답게 아주 적절한 대답을 신속히 하였다. "좋은 질문입니다. 위험을 평가하는데 정형화된 방법은 없습니다. 왜냐하면 너무나 다양한 위험이 있기 때문입니다. 다시 말하면, 법률적 위험을 볼 때는, 이 이슈가 우리를 곤란한 상황에 빠뜨릴 수 있는지를 봅니다. 재무적 위험을 볼 때는 우리가 돈을 벌 수 있는지, 충분히 할 만한 가치가 있는지를 봅니다. 추가적으로 운영 상의 위험을 볼 때는 수행 가능한지, 우리의 기존 체계에 잘 통합되는지를 봅니다. 마지막으로 우리는 전략적 위험을 포함시킵니다. 가령, 이 사업이 우리 회사의 명성에 도움이 되는지 아니면 해가 되는지를 보는 것입니다." 우리는 그 최고경영자가 혁신적 아이디어로 사업화를 진행해야 할지를 평가할 때 반드시 고려해야 할 다양한 유형의 위험을 간단 명료하게 잘 설명했다고 생각한다.

- 법률적 위험
- 재무적 위험
- 운영적 위험
- 전략적 위험

우리가 보유한 아이디어 포트폴리오 중 다음 정도를 예상하는 것이 적절하다고 생각한다. 10% 정도는 큰 성공, 20% 정도는 상당한 수준의 시장 점유율을 차지하며 안정적인 수익 창출, 40% 정도는 적절한 수준으로 매각이나 분사의 후보군, 20% 정도는 기대치를 만족시키지 못하고 포기해야 할 대상, 나머지 10%는 완전한 실패로 판명날 것이다. 따라서 장기적으로 볼 때 포트폴리오 중 30% 정도만 유지하게 되는 것이다. 사실 30% 정도만 하더라도 대단한 성과이다. 대부분의 사업가들에게 이러한 수치는 훨씬 낮을 것이다. 좋은 전략, 팀워크가 좋은 사업화팀, 엄격한 관리, 그리고 능력있는 자문단이 있다는 가정 하에서 30% 수준을 예상하는 것이다. 기술 사업화는 원래 위험한 비즈니스이며 아무리 좋은 아이디어, 체계적 계획, 그리고 좋은 사람들이 있어도 얼마든지 잘못될 가능성이 있다.

2.1.4 유연성

앞서 우리는 사업화 계획을 실행하는 데 있어 유연성의 필요성을 강조한 적이 있다. 특정 전략을 선택하는 것은 우리가 다른 대안을 선택할 수 없음을 의미하는 것은 아니다. 그러나 일단 전략을 선택하고 나면, 우리가 원래 계획에서 벗어나면 그것은 우리의 선택이지 우연이 아님을 명심해야 한다. 가령, 기술 시연까지 하고 나서 회사를 매각하는 것이 우리의 원래 계획이었다고 하자. 하지만 기술 시연 결과가 너무나 좋아서 실제 제품 생산까지 실행하는 것이 매각하는 것보다 훨씬 좋은 선택이라면 어떻게 할지를 생각해보라. 전략 설정과 계획 수립 때 이런 결과까지 예상했었다면 물론 아무런 문제가 없을 것이다. 우리가 걸어갈 길의 굴곡이나 우회길처럼 다양한 대안을 가져가는 것은 아주 좋은 생각이다. 이렇게 하면 우리의 시간과 자금을 절약할 수 있고 성공할 확률도 훨씬 높아지기 때문이다.

전략을 설정할 때 반드시 염두에 두어야할 핵심 요소는 다음과 같다. "실패를 준비하는 그 누구도 성공하지 못한다." 우리는 계획했던 것보다 일이 더 잘 풀리면 어떻게 할지를 준비하는 것보다, 무언가 잘못될 때 무엇을 할지에 너무 집중하기 때문에 좋은 아이디어를 사업화하는데 실패한 사례를 많이 보았다.

2.1.5 다른 사람들의 경험

Wiefels은 그의 저서 "The Chasm Companion"에서 개인적으로 혹은 동료들로부터 배운 혁신적 기술의 개발, 관리, 그리고 마케팅에 필요한 교훈을 잘 정리하였다. 우리는 Wiefels의 교훈이 우리의 전략 개발에도 잘 적용된다고 생각한다. 아래는 그의 책 중 일부를 발췌한 것이다.

최첨단 기술 시장에서 전략을 결정하는 것은 아주 어렵고 신뢰할 만한 데이터도 부족하다. 시장의 역동성에 대한 성공적 패턴을 파악하는 것이 매우 중요하다. Maynard Keynes의 말을 빌리면 "나는 정확하게 틀리는 것보다 애매모호하게 맞는 것이 차라리 낫다고 생각한다."라고 할 수 있다.

회사의 경쟁 우위는 종합적으로 보면 시간이 지나면서 유지 가능하다. 하지만, 이런 경쟁 우위를 구성하는 요소들을 부분적으로 개별적으로 보면 유지 가능하지 않다. 전략이 성공적으로 실행되려면 다른 많은 조직에 의해 이해되고 지지되어야 한다. 이런 면에서 마케팅과 전략 그룹이 전략의 실행을 주도하겠지만 그 결과를 책임져야 할 유일한 주체는 아닌 것이다.

수시로 변하는 애매모호한 시장에 신속하고 단호히 대응하고, 이런 대응에 팀 전체의 지지를 얻기 위해 신속하고 반복적으로 전략적 대안을 마련하는 것이 필요하다.

시장에서 승리하기 위해서는 전략 수립 시 설정한 핵심 가정에 근거하여 전략이 일관되게 실행되어야 한다. 어설픈 실행력은 뛰어난 전략을 빛바래게 하고 뛰어난 실행력은 어설픈 전략을 보완할 수 있다.

마지막으로 전략이 좋은 아이디어에 방해되지 않도록 하라. 그러기 위해서는 무엇이 진정으로 좋은 아이디어인지, 무엇이 좋은 아이디어를 가장하고 있는지 확실히 파악하라.

2.2 기술 평가

사업화팀이 전략 개발과 계획 수립을 완성하고 나면, 이제부터 본게임이 시작된다. 우리는 다양한 아이디어를 모아 평가한다. 평가의 객관적 목표는 아이디어에 대한 모든 면을 완벽하게 이해하는 것이다. 독자들도 잘 알고 있겠지만, 투자의 기본원칙은 "단순하게 하라"이다. 우리의 경험도 이와 일치한다. 비전문가들도 이해할 수 있도록 아주 쉬운 용어로 설명할 수 없으면 공부를 더해야 한다. 그렇지 않으면 우리가 보기에 아무리 좋은 아이디어라도 빛을 볼 수 없을 것이다.

2.2.1 발견

아이디어 분석 과정은 아주 민감한 부분이다. 사업화팀원들 간에 아무리 서로를 잘 알고 있더라도 발명가는 쉽게 그들의 아이디어를 거리낌 없이 공유하지 않을 것이다. 상호 신뢰가 물론 중요하지만, 초기 아이디어 개발 과정에서 발명가들이 투자한 노력이 발명가들을 본능적으로 움츠러들게 만드는 경향이 있다. 하지만 사업화팀은 발명가가 모든 것을 공유하도록 일관되게 주장해야 한다. 반대로 팀원들은 비밀유지 약속을 반드시 지켜야 하며 발명가를 만족시킬 수 있는 계약 조건을 위해 최대한 노력해야 한다.

기술 평가 과정에서 발명가가 여전히 정보를 공유하는 데 불편하게 생각하면, 기술 신탁 제도를 활용하는 것도 좋은 방법이다. 기술 신탁 제도는 발명가와 사업화팀 사이의 간격을 메우는 데 아주 좋은 방법이다. 우리는 1장에서 기술적 신탁에 대해 언급하였는데 다시 한 번 간략히 요약하면 다음과 같다. 양자(가령 발명가와 사업화팀)는 그 기술 분야의 전문가로 인정되는 제 삼자에게 아이디어에 대한 모든 정보를 신탁하기로 합의한다. 그런 후 기술 피신탁인은 철저한 조사를 통해 그 아이디어에 대한 의견을 수립하고 사업화팀과 공유한다. 이렇게 함으로써 발명가는 기밀 누설을 걱정할 필요가 없고, 사업화팀은 아이디어에 대한 외부 전문가의 객관적 견해를 들어 향후 방향을 결정할 수 있다. 만약, 발명가가 비밀유지 약속이나 기술 신탁제도를 거부하면 우리는 더 이상 시간을 낭비할 필요가 없다. 여기서 끝내야 한다.

2.2.2 가치 평가

사업화팀은 아이디어를 냉정하게 평가할 수 있는 역량과 툴이 있어야 한다. 보통 기술자가 아이디어의 평가를 제대로 해주길 기대한다. 기술자가 아이디어 평가를 완성하기 위해서는 외부의 도움이 필요할 수 있고, 발명가는 도움을 줄 수 있는 적절한 외부 전문가를 소개시켜 줘야 한다. 이런 방법에는 장단점이 있다. 장점은 발명가는 해당 분야의 전문가들에 대해 매우 잘 알고 있다는 것이다. 이에 반해, 단점은 발명가가 신뢰하고 추천하는 외부 전문가 역시 발명가의 주장에 동의할 가능성이 높다는 것이다. 외부 전문가를 활용하는 가장 좋은 방법은 발명가에게 3명을 추천받아 기술자가 직접 그들을 면접한 후 그들 중 일부를 선발하던지 아니면 그들이 신뢰하고 추천하는 제 삼자를 선발하는 것이다. 시간이 조금만 지나면 기술자는 누가 이 분야의 진정한 전문가인지를 쉽게 알게 된다.

몇몇 아이디어는 직접 연구소에서 검증해볼 필요가 있다. 가장 단순한 방법은 만약 발명가의 연구소가 있다면 직접 이를 활용하는 것이다. 만약 그 연구소가 여의치 않으면, 다른 방법도 있다. 가령, 일부 대학교는 계약 기반으로 연구소 사용을 허락한다. 가끔은 테스트 과정에서 대학교 학생이나 교수를 참여시킬 것을 요구하는 경우도 있다. 이럴 경우 추가 비용과 시간이 소요되면 비밀유지 문제가 발생한다. 몇몇 대학에서는 이런 문제점을 잘 인식하여 부담을 최대한 덜어주려 노력하고 있다.

다른 가능한 곳은 Battelle, Midwest Research, SRI 같은 민간 연구소를 이용하는 것이다. 이런 곳을 이용할 때 문제는 비용이다. 그래서 이런 연구소에서만 사용할 수 있는 장비가 있는 경우에만 활용할 것을 권장한다.

또 다른 방법은 직접 테스트 시설을 구비하는 것이다. 사업화팀이 향후에도 시설 구비 비용을 만회할 수 있는 충분한 테스트 수요가 있을 것으로 판단하면 이는 가능한 선택이다. 기술자 입장에서 이는 어쩌면 최상의 선택일 수 있다. 왜냐하면 아이디어에 대한 비밀유지뿐만 아니라 행동의 자유도를 최대한 확보할 수 있기 때문이다. 반면, 투자자는 가능한 고정비용을 최소화하고 싶어 하기 때문에 이 선택을 싫어할 것이다.

발명가의 관점에서 생각해보자. 그들은 아이디어에 대해 가급적 적은 정보를 공유하고 싶어 한다. 왜냐하면, 그들이 생각하는 최악의 시나리오는 모든 정보를 공유했는데 사업화팀은 그들의 기대치에 부합하지 않는다고 결정하는 것이다. 이보다 더 나쁜 상황은 초기 평가 결과는 좋았지만, 사업화팀이 아이디어에 대해 파악해 갈수록 점점 부정적으로 변하는 것이다.

발명가는 이런 상황을 미리 예상하고 최악의 상황에 대비한 보상 규정을 마련해야 한다. 예를 들면, 발명가는 비밀유지 계약서 외에 추가적으로 적절한 수준의 보상금을 요구할 수 있을 것이다. 양쪽 모두 사업화 과정에서 도사리고 있는 위험을 충분히 인지해야 하며, 계약서는 계약 파기 시에도 공정하게 마무리될 수 있도록 작성되어야 한다. 사업화 과정에 참여하는 모든 주체는 처음부터 하나하나 꼼꼼히 시작해야 한다.

2.3 기술 개발

우리는 이미 관심분야를 정했고, 사업화팀도 구성했고, 좋은 아이디어도 발견했으며, 그 아이디어가 정말로 성공할 가능성이 있다는 점도 검증했다고 가정하자. 그럼 다음에 무엇을 해야 할까? 우리 경험에 의하면 직접 기술 개발 단계로 넘어가는 것이 가장 좋다. 일부 벤처 캐피탈 투자자는 개념 검증만 끝나면 바로 다른 사람에게 팔아버리는 경우가 있다. 이런 접근법에 문제가 있는 것은 아니지만, 이 책에서 이야기하고자 하는 방법과는 거리가 멀다. 초기에 검증된 아이디어를 파는 것은 위험 부담도 적지만 수익률도 낮다. 게다가 사업화 과정에서 얻을 수 있는 다양한 즐거움도 누릴 수 없다.

기술 개발을 위한 상세 내용은 나중에 다룰 것이다. 이 장에서 우리가 의도하는 바는 기술 개발 과정과 관련있는 우리의 경험을 간략하게 소개하고자 하는 것이다. 매우 중요한 기술 개발 단계를 무난히 진행하기 위해서는 발명가와 기술자의 관계가 무엇보다 중요하다. 서로에 대한 존중이 양자관계 기반이다. 이들의 관계가 원만하면 기술자가 제안한 개선 사항에 기초하여 발명가는 더 좋은 아이디어를 제안하는 등 상호보완적인 역할을 수행할 것이다. 반면, 다른 사업화팀원들은 발명가와 기술자의 사이가 너무 좋아 서로의 의견을 무조건적으로 지지하는 상황을 피할 수 있도록 주시해야 한다. 다시 한 번 강조하지만 사업화 과정의 모든 단계에서 객관적 시각을 잃어버려서는 안 된다.

기술 개발이 진행되면서 다른 사람들과의 관계도 사업화팀을 벗어나 점점 확대될 것이다. 외부인과의 관계에서는 항상 어떤 정보를, 얼만큼 공유할 것인지에 관하여 유의해야 한다. 외부 사람과의 관계가 시작되기 전에 이와 관련한 의사 결정을 내려야 하는 것이다.

2.4 기술 경영

우리의 경우 기술사업화 과정은 사업화팀에 의해 이뤄진다. 1장에서 강조했듯이 사업가가 쿼터백의 역할, 즉 일상적 업무뿐만 아니라 중요 의사 결정을 주도하는 가장 중요한 역할을 맞고 있다. 그리고 최대 투자자는 이사회 의장을 맡으며 전략이나 정책 결정 회의에서 의장직을 수행한다. 확실한 것은 이사회와 사업화팀은 각자의 역할이 명확히 있는, 상호 보완적인 관계여야 한다. 이사회와 경영진간의 관계에 대해 아주 오래된 격언을 기억하라. "이사회는 결정하고 경영진은 실행한다."

기술경영이 효율적이기 위해서는 전문적인 프로젝트 관리 기술이 필요하며, 전문적인 서비스(예: 회계, 법률, 마케팅 등)도 적절히 도입되어야 한다. 그리고 기술 개발을 R&D와 동일하게 다루는 것은 최대한 지양해야 한다. 왜냐하면 우리는 지금 사업을 하고 있고 모든 경영은 사업적 마인드로 이뤄야 하기 때문이다.

2.5 핵심사항

- 우리는 사업화팀의 기본적 전략을 관련 사업의 포트폴리오를 구성하기 위해 특정 분야의 다양한 기술 후보군을 찾는 것으로 가정한다.
- 기술 혁신에 투자하는 것은 분산 투자의 관점에서 다른 유형의 투자와 유사하다. 다양한 기술군에 투자하는 것은 위험을 분산시키고 더 많은

기회를 발굴하며 사업화팀의 집중력을 유지할 수 있는 방법이다.

- 일반적 투자 원칙은 기술적 아이디어를 포함하여 거의 모든 유형의 투자에 적용된다. 우리는 이 책에서 다양한 원칙을 제시하였다.
- 포트폴리오는 사업화팀원 전원의 지식과 경험을 반영해야 한다.
- 아이디어를 평가할 때 반드시 법률, 재무, 운영, 그리고 전략적 요소의 위험을 고려해야 한다.
- 우리의 경험에 근거할 때, 평가된 아이디어의 30% 정도를 포트폴리오로 관리하는 것이 적절하다.
- 전략적 계획을 수립할 때 반드시 기억해야 할 사항은 "실패를 준비하는 그 누구도 성공하지 못한다."이다.
- Paul Wiefel의 책 "The Chasm Companion"의 일부 중 전략 개발에 관한 주요 교훈 몇 가지를 살펴보았다.
- 기술 평가 및 개발 과정에서 사업화팀원 모두의 긴밀한 협력이 필요하지만, 특히 발명가와 기술자의 협력이 더 중요하다.
- 사업화 과정에서 전문적 경영 기술이 도입될 때 가장 효율적인 결과를 얻을 수 있다.

chapter 03

최종목표 설정

이번 장에서 우리는 일반적으로 선택가능한 다양한 최종목표에 대해 알아보겠다. 이러한 논의는 이 책의 나머지 부분에서의 논의를 위한 기초가 될 것이다. 어떻게 목표 달성여부를 판단할 수 있는가, 목표에 도달하기 위해 어떤 전략을 취해야 하는가, 어떻게 사업화 과정을 운영할 것인가 등이 이러한 논의이다. 그리고 우리는 이번 장에서 사람들이 어떻게 최종목표에 접근하고 그 성취를 이뤄냈는지에 관하여 몇 가지 사례를 소개할 것이다. 이를 통해 우리는 독자들에게 혁신적인 아이디어에 대한 통찰력을 제공함으로써, 성공적인 사업화를 수행할 수 있는 통찰력을 제공하고자 한다.

3.1 선택 가능한 최종목표

기술의 가치를 평가할 때 잠정적 혹은 최종목표를 염두에 두고 생각하는 것은 매우 중요하다. 모든 혁신적인 아이디어가 제록스나 구글과 같은 회사로 발전하는 것은 아니다. 그러나 우리가 어떠한 기술을 처음으로 접하게 되는 경우 그 기술로부터 사업화에 대한 강한 잠재력을 발견하지 못한다면, 우리는 그 기술에 우리의 중요한 자원을 투여하지 않을 것이다. 이 책을 통하여 우리는 다음의 2가지 사항을 자주 강조하게 될 것이다.

1. 기술이 대박을 거두는 상황을 구체화하여 거기에 모든 행동을 맞추어라.
2. 우리의 모든 행동들이 생각보다 훨씬 더 좋은 성과를 내는 경우에 무엇을 할 것인지를 미리 파악해야 한다. 실패할 수 있는 것에 집중하는 경우 기회도 날아가 버린다.

그러므로 우리는 성공했다고 믿는 경우에 무엇을 할 것인지를 정확히 예측해야만 한다. 즉, 우리는 새로운 기술을 우리의 포트폴리오에 편입시키는 경우에, 그것이 대단한 성공이든, 실패작이든 혹은 그 중간의 어떠한 것이라도 최종단계에서의 전략을 갖고 있어야 한다. 우리는 변호사도, 투자은행가도 아니므로 여기서의 선택 가능한 최종목표의 논의는 우리가 원하는 결과물이 무엇인지에 대해 초점을 맞출 것이다. 그리고 그러한 최종목표로 어떻게 진행할 것인가에 대한 실무적인 대응은 우리가 고용할 전문가(변호사나 투자은행가)들의 몫으로 남겨두면 된다.

최종목표는 상당부분 사업화팀의 이해관계와 능력에 달려있다. 가령, 수석 기술자가 세계적으로 명성이 있는 기계공학자이고 고려 중인 기술과 관련된 기계에 대하여 충분한 경험을 갖고 있다면, 우리는 그 기술을 팔거나 라이센싱하기 보다는 직접 제품까지 생산하기를 원할 것이다. 반대로 어떤 사업화팀은 개발을 피하고 그들의 활동이 단순히 지적재산권 중개로 국한되더라도 편안하게 생각할 수도 있다.

우리가 최종목표를 명확히 하게 되면 여러 가지 사건이 발생한다. 첫째, 기술평가에의 초점 및 기준을 제공하는 것을 도와준다. 둘째, 다음의 단계를 위하여 아이디어를 구조화하는 것을 도와준다. 가령, 우리의 최종목표가 아이디어의 타당성 검증 후에 아이디어를 매각하는 것이라면, 우리는 그러한 명확한 검증 기록과 잠재 고객에의 매각을 위해 잘 만들어진 자료들을 필요로 하게 될 것이다. 다음에서 여러 가지 적절한 최종목표 전략에 대해 기술하겠다.

3.1.1 성숙한 기업으로 성장시키기

좋은 아이디어를 갖고 있는 발명자들은 자신들이 미래의 Michael S.

Dell(Dell사의 창업자)이 되기를 희망한다. 이것은 나쁜 목표가 아니다. Dell은 1984년 Austin에 소재한 University of Texas의 기숙사 방에서 PC' s Limited라는 작은 컴퓨터 회사를 시작하였다. 그 회사는 Dell이 그의 나이 19세에 그의 조부모로부터 도움을 받아, 대학교를 그만두고 전업으로 사업에 매진할 만큼 성공적이었다. 그리고 Dell사는 현재 2007년도 2월말을 기준으로 연매출 570억불과 수익 26억불을 달성한, 전세계 PC 제조회사 중에서 가장 수익성 있는 회사가 되었고, Dell을 미국에서 가장 부유한 사람 중 하나로 만들어 주었다. 비록 최근의 Dell사는 다른 사업영역(예를 들어 플라즈마 텔레비전)을 인수하고 사업을 확장하고 있으나, Dell은 그의 초기 아이디어가 컴퓨터 거대기업으로 되는 과정을 직접 지휘했다.

Dell의 성공은 장치로부터 나온 것이 아니라, 고객의 주문을 받아 고객이 원하는 형태로 주문 제작하여 개인용 컴퓨터를 제공한다는 아이디어로부터 나온 것이다. 누구나 알다시피 그의 아이디어는 좋은 것이었다. Dell은 그의 조부모와 자신의 예금으로부터 필요한 자금을 충당하였으며, 그 자신이 매우 훌륭한 사업가이자 혁신가였으므로 사업화팀이 필요하지 않았다. 사업가로서 그는 자신이 최신 기술에 깊이 관여하는 대신 자신이 최신 기술에 뒤떨어지지 않도록 기술전문가를 고용하였다.

Dell은 기술 하나로 성숙한 거대 기업을 성장시킨 성공한 일련의 사업가들 중에서 가장 최근의 인물이다. 다른 예로는 Dupont사의 Eleuthere Irenee du Pont, General Electric사를 포함한 여러 회사를 성장시킨 Thomas Edison, Ford 자동차의 Henry Ford와 Microsoft의 Bill Gates를 들 수 있겠다. 상기의 각각의 회사들은 초기에는 아이디어에 기반하여 회사를 성장시켰고, 회사가 성장하고 난 후에야 인수, 합병 및 사업의 다각화를 통해 연관된 전략적인 사업분야로 팽창해 나갔다는 점을 명심할 필요가 있다.

이러한 회사들은 여러 가지 공통점을 가지고 있다. 첫 번째는 회사의 초기단계에서는 회사의 설립자 혹은 그들의 가족과 같이 유대가 긴밀한 핵심 그룹이 주체가 되어 회사를 열심히 이끌어 간다는 점이다. 두 번째는 회사를 성공으로 이끈 것은 주로 창업자의 기업가로서의 재능, 사업적 재능이나 다른 사람들의 그러한 능력을 이끌어내는 능력에 기인하였다는 점이다. 세 번째는 그들이 훈련받은 매우 유능한 사람들의 도움을 받았고, 그들에게 매우 적절한 대우를 해 주었다는 점이다. 네 번째로는 언제 그리고 어떻게 사업화팀과 사업화팀 구성원의 역할을 재구성할 것인지를 알았다는 점이다.

우리의 포트폴리오들 가운데 초대형 시장의 관심을 끌 수 있는 훌륭한 아이디어에 대해서는 성숙을 향한 성장이라는 최종목표를 보유한다. 이 경우, 시장은 발전 단계에 있어야 하며, 새로운 기술개발의 출현과 시간적으로 일치해야 하며 또한 시장이 수십 년 동안 지속될 것이라는 전망이 있어야 한다. 우리는 과학적으로 굉장한 아이디어를 다루지 않을 것이며, 시장도 크지 않으며 부적당한 타이밍을 갖는 기술들에 대해서는 다른 다양한 최종목표가 필요할 것이다.

아이디어를 그 분야의 최고기업으로 성장시키는 것은 모든 사업화팀의 바램이겠지만, 이런 일은 매우 드물며 실제로는 거의 일어나지 않는다는 것을 명심해야 한다. 그러나 만약 우리가 바라는 대로 이루어지지 않는다고 해도 우리는 최종목표를 수정하면 되기 때문에 이처럼 아이디어를 성숙시켜 나가는 것이 손실이라고 할 수 없다. 가령 IPO(initial public offering), 분사(spin-off)나 인수, 합병 등 다양한 수정된 최종목표를 실행할 수 있다.

3.1.2 목표지점까지 기업 성장시키기

여기서 이야기하는 최종목표는 우리가 벤처기업의 일부를 정리하려는 분명한 목적을 가지고 있는 경우이다. 우리는 회사의 일부를 다른 파트너에게 매각할 수 있고, 이렇게 되면 새로운 최종목표를 더 이상 사업화팀과 공유할 수 없게 된다. 이번에는 소유권이 변경될 수 있는 몇 가지 가능성에 대해 살펴보겠다. 물론 이와 관련된 상세한 내용은 변호사나 투자은행가들에게 조언을 구해야 한다.

매각(Acquisition by Others) 이러한 방법은 사업화 노력에 대하여 현금을 원하는 경우에 가장 일반적인 방법이다. 매각은 현금으로 이루어지거나 주식으로 이루어지기도 하고, 두 가지의 조합일 수도 있다. 일반적으로 이러한 매각의 경우에 모든 책임자들은 바뀌게 되고 회사의 설립 운영진은 최소한의 지위만을 갖고 떠나게 된다. 사업화팀이 지분을 보유할 것이냐 혹은 어느 정도의 지분을 보유할 것이냐 하는 것은 그들에게 달려 있다. 이것은 그들이 얼마나 많은 자금을 원하는지, 그들이 새로운 회사에 얼마나 영향을 미칠 수 있다고 믿는지 혹은 새로운 회사에 대하여 어떠한 비전을 갖고 있는지에 따라 정해질 것이다.

창업 당시 사업화팀의 일부 구성원이 새로운 회사에 남기를 희망하는 경우라면 아래의 몇 가지를 꼭 명심해야 한다. 첫째로, 창업 멤버가 더 이상 책임자가 아니라는 점이다. 만약 사업화팀이 아이디어에 감정적으로 남다른 애착을 갖고 있는 경우라고 한다면, 이러한 상황은 매우 힘들 것이다. 그리고 자존심에 심한 타격을 입게 될 것이다. 둘째로, 새로운 회사에 남는 사람들은 일반적으로 겸업금지를 포함하는, 미리 정해진 조건에 따라 계약해야 할 것이다. 특히, 이러한 계약에서는 신구 소유자 간의 관계가 불편해질 수 있으므로 고용계약 해지 조건을 구체적으로 정하는 것이 좋다. 반대로 새로운 소유자는 이러한 기업인수가 과거 소유자의 고급 은퇴전략으로 전락하지 않도록 주의할 필요가 있다.

바람직한 최선의 조합은 현금과 주식의 조합일 것이다. 대부분을 현금으로 하되 주식은 단지 이사회에서의 지위를 확보할 만큼이면 충분할 것이다. 더불어 사업화팀의 멤버는 더 이상 새로운 회사의 종업원으로 남아있지 말아야 하고, 차라리 정해진 기간 동안 최소한의 보장되는 비용이나 자문료를 받는 외부 컨설턴트로 기여해야 한다. 우리의 견해로는 이런 방법이 향후 발생될 갈등의 소지를 최소화할 수 있고, 서로를 위한 최선의 융통성 있는 해결책이 될 것이다.

기업공개(IPO, Initial Public Offering) 새로운 회사를 설립하기 위해 성숙한 아이디어의 주식을 일반에게 제공하는 것은 그 자체로 실질적인 최종목적이라기보다는 중간단계일 것이다. 이러한 단계를 거치는 이유는 크게 두 가지이다. 첫 번째는 새로운 회사에 대한 가치를 확립하기 위함이고, 두 번째는 주식의 소유자가 그들의 주식을 점진적으로 그리고 더 높은 가격에 팔기를 원하기 때문이다. 반대로 만약 회사가 지속적으로 성장한다면, 그들은 주식을 공개시장에 내다 팔기 전까지의 준비과정을 즐기며 계속 그 주식을 보유할 수도 있다.

IPO는 불리한 점이 많이 있음을 기억해야 한다. 기업공개의 경우에는 따라야 할 많은 정부 규제(rules and regulations)가 있다. 이러한 제한이나 규제는 개인회사로 남아 있을 때에 비해 회사에게 더 많은 법률가, 회계사 혹은 정부 관련된 전문가로부터의 전문적인 서비스가 필요하게 만든다. 이것은 결국 비용 증가로 연결된다.

새로운 회사를 단독으로 지속 성장시키려는 명확한 목적이 없는 한, 과거에는 주로 IPO를 통해 기업을 공개하는 것은 결국에는 더 큰 회사로 새로운 회사를 넘기는 것이 목적이었다. 그러나 현재는 일반 투자자를 보호하려는 법안들로 인해 IPO 없이 회사를 파는 것이 더 쉬워진 것으로 보인다.

전문경영인(Professional Management) 앞서 우리는 사업화팀의 구성원들이 모두 슈퍼맨이나 슈퍼우먼이 아니라고 하였다. 그들은 오히려 당신이나 우리와 같이 자신만의 강점과 단점을 갖고 있는 사람들이다. 막 싹이 트기 시작하는 새로운 회사로부터 최대한의 결실을 얻기 위해서는 종종 회사를 전문경영인에게 넘겨주는 것이 가장 좋은 방법이다. 이는 사업화팀이 다른 프로젝트들로 인해 바쁘고, 사업화팀의 어떠한 구성원도 새로운 회사가 필요로 하는 만큼 회사에 집중하지 못하는 경우가 발생하기 때문이다. 간단히 말하면 사업화팀의 어느 누구도 아이디어의 개발을 관리할 정도의 자격이나 경험이 없을 수 있는데다 오히려 외부에 탁월한 관리자가 있어 회사를 환상적으로 운영할 수도 있을 것이다. 회사를 전문경영인에게 넘겨주는 또 다른 상황은 회사가 초기 사업화팀이 관리할 수 있는 능력이나 경험의 한계까지 성장을 하는 경우이다. Wendy사의 Dave Thomas가 본인보다 탁월한 능력을 가진 경영진에게 회사를 넘긴 것이 좋은 예이다. 외부의 누군가에게 자식 같은 회사의 경영을 넘기는 것은 용기가 필요한 일이다. 또한, 그러한 때를 아는 지혜가 필요하다.

동반관계의 청산 이는 매우 특수한 최종단계의 모습이며 자주 발생하는 형태는 아니다. 그러나 때때로 상황에 따라 타당한 방법이 될 수 있다. 실질적으로는 아래와 같이 이루어진다. 사업화 전략을 설정하는 초기단계에서 매우 상세한 조건으로 최종목표를 설정한다. 그러한 상세 조건이 모두 만족하는 경우에 관계의 청산이 이루어지게 된다. 청산의 구체적인 방법은 미리 구체적으로 정할 필요는 없다. 실제 동업자들은 동업자 지분을 우선적으로 매입할 수 있는 권한을 요구할 수도 있다. 이러한 경우에 어려운 점은 적절한 가치평가 방법을 찾는 것이다. 이러한 경우에는 내부보다는 외부에서 적절한 시장가치를 산정하도록 하는 것이 바람직할 것이다. 그러면 우리는 어떠한 경우에 이러한 선택을 하는 것일까? 일반적으로는 사업화팀이 오직 특정한 하나 혹은 제한된 몇몇의 아이디어에만 집중을 하고 있는 경우나 단지 기술의 개발을 완료하는 것만을 목적으로 하고, 그 이후에는 다른 일을 위해 나아가는 경우가 될 것이다.

분사 자회사로의 분사는 일반적으로 자주 활용되는 최종단계의 전략이 될 수 있다. 이러한 경우, 비공개 기업이든 공개된 기업이든 사업화팀 구성원 중 누군가 혹은 외부의 전문 경영인이 회사를 경영하게 된다. 어느 경우이든 사업화팀은 이사회의 중역으로 활동하게 되고 그 회사는 실질적인 자회사가 된다. 이러한 최종단계의 전략은 아래와 같은 이유로 매우 효율적인 방법이 된다.

- 회사는 이해관계인인 전문경영인에 의해 집중 관리를 받게 된다.
- 보다 나은 통제력을 갖게 된다.
- 위험이 완화된다.
- 사업화 과정을 진행할 시간을 벌 수 있다.

3.1.3 특허권 및 영업 비밀 매각하기

어떤 경우 사업화팀은 초기부터 단순히 IP에만 투자하는 것을 목적으로 하고 기술을 개발하는 것에는 전혀 관심이 없는 경우도 있다. 또한 위험부담을 줄이거나 적절한 정도의 이익률만을 위해 아이디어를 개발하는 데 비용투자하기를 원하지 않는 경우도 있다. 비록 아이디어가 상당한 잠재력을 갖는 경우라 하더라도, 그들은 다른 기회로 넘어가기를 원한다. 이러한 경우 아이디에 대한 특허권이나 영업 비밀의 매각을 고려하게 된다. 영업비밀 거래에서는 우선 그 영업비밀을 기밀로 유지하는 것이 매우 어렵다. 현재의 분석 장비나 역설계 기술이 매우 정교하고 복잡해져서 실제로 영업비밀을 비밀로 유지하는 것이 거의 불가능한 경우가 많다. 따라서 우리는 영업비밀을 고집하기보다는 오히려 혁신적인 아이디어를 특허나 다른 지적재산권으로 보호하는 것을 추천한다.

만약에 기술을 개발하지 않고 특허를 매각하게 되면, 예상되는 성공의 이득을 완전히 누리는 것이 어렵다. 그 이유는 크게 다음의 2가지이다.

- 이러한 선택은 우리가 위험을 감수할 때의 보상을 포기하는 것이다.
- 기술 개발단계를 거치지 않고서는 아이디어의 정확한 잠재력을 측정하는 것이 불가능하다.

특허를 매입하는 사람의 입장에서는 매수자가 아이디어의 실현에 따른 위험을 온전히 부담하기 때문에 그 후의 이익을 매도자와 공유하는 것은 나쁜 선택이다. 따라서 그러한 조건의 거래는 반드시 피해야 한다.

3.1.4 특허권 및 영업 비밀 라이센싱하기

특허나 영업비밀의 라이센싱은 초기의 기술평가 단계에서나 기술 개발이 완료된 후 혹은 제품 생산 초기 단계 등 사업화 과정의 어느 시기에서나 가능하다. 그러나 가장 일반적인 라이센싱의 시기는 기술 평가 후나 개발 초기 단계이다. 매수자가 일정 부분 개발의 부담을 안게 되는 것이다.

라이센싱은 매우 수익성이 좋은 합의가 될 수 있지만 일반적으로 많은 감시와 통제가 요구된다. 그리고 복잡한 계약이나 감시는 많은 관리상의 비용을 초래한다. 때때로 라이센스를 받은 사람이 매출이나 수익을 정확하게 신고하지 않는 경우도 있다. 매수자나 매도자 모두 라이센싱 계약의 관리에 매우 주의해야 한다. 그리고 라이센스는 독점적이거나 비독점적일 수 있다.

독점적 라이센스(Exclusive License) 독점적 라이센스는 비독점적 라이센스에 비해 매수자를 구하는 것이나 협상하는 것 그리고 라이센싱 이후의 관리측면에서 훨씬 용이하다. 독점적 라이센스를 받은 권리자는 해당 지적재산권에 대하여 유일한 권한을 갖기 때문에 일반적으로 비독점 라이센스에 비해 많은 자금을 지불하게 된다. 그리고 계약이 고유하고, 다양한 이해관계와 특징을 갖는 여러 주체들을 고려할 필요가 없기 때문에 계약서는 훨씬 간단하다. 그리고 독점적 라이센스 계약은 피허가자가 유일하거나 혹은 소수로 제한되기 때문에 추후에 추적 관찰이 비교적 용이하다.

만약 독점적 라이센스가 독점이 아닌 소수에게 발급되는 경우에는 라이센스가 중첩되는 경우가 없도록 주의해야 한다. 라이센스를 부여하는 지역적 범위가 명확하게 확정되지 않는다면, 추후 관리 상의 어려움뿐만 아니라 법적으로도 매우 어려운 상황에 놓이게 될 것이다.

비독점적 라이센스(Nonexclusive License) 상기에서 설명한 바와 같이 잠재적인 관리의 어려움이나 복잡한 법적인 이슈들에도 불구하고 어떤 경우에 비독점적 라이센스를 원하게 되는 것일까? 가령 예를 들어 아직까지 아이디어에 약점이 많은 단계에 있거나 혹은 지적재산권의 획득 가능성이 낮은 경우 등의 특별한 경우에는 매수자나 매도자에게 이러한 비독점적 라이센싱이 더욱 유리할 것이다. 만약에 이러한 계약의 당사자들 사이의 신뢰관계가 매우 돈독한 경우라면 이러한 라이센싱에 아무런 문제가 없을 것이다. 그러나 실제로는 첨단 기술분야에서 이러한 비독점적 라이센싱은 흔하지 않다.

3.1.5 기술 개발 후 특허권 매각 혹은 라이센싱

만약 누군가가 기술의 개발이 완성되기 전에 특허를 사거나 라이센스를 받으려고 한다면 이는 매우 신나는 일일 것이다. 그러나 현실적으로 매수자는 그들이 구매하기 전에 아이디어가 최대한 많이 개발되고 검증되기를 원한다. 따라서, 이러한 기술 개발 후에 특허권을 매각하거나 라이센싱하는 것은 사업화팀에서 가장 흔히 발생하는 최종목표가 된다. 의심이 많은 매수자들은 예외없이 사업화팀과 이야기를 시작하기 전에 잘 개발된 시제품(prototype)이나 검증된 베타테스트 결과(상업용으로 배포하기 전단계의 실험결과)를 요구하게 된다. 개발자들은 개발 비용을 만회하고, 그들이 기술을 평가하고 검증하고 개발하기 위해 감수한 위험을 보상받기 위해 보상프로그램에 대한 윤곽을 세워두어야 한다. 잠재적인 구매자나 피허가자와의 계약의 내용에 합의를 하는 것은 매우 복잡한 것처럼 보이지만 실제로는 그렇지 않다. 왜냐하면 우리는 개발자로서 협상에서의 패를 보유하고 있기 때문이다. 우리는 이미 위험을 감수하였으며 이에 따라 적절히 보상을 받아야만 한다.

분사 형태의 자회사나 기업공개와 마찬가지로 특허권을 팔거나 라이센싱을 하는 것은 사업화팀이 선호하는 최종단계 전략의 하나이고, 이는 경제적으로도 많은 이익을 가져다 준다. 기술 포트폴리오의 각 기술에 대하여 개발 목표를 설정하는 것은 필수적이다. 많은 경우에 개발단계의 결과는 예상한 것처럼 더없이 훌륭하기만 한 것은 아니다. 그러나 우리는 그러한 위험을 감수했다는 점을 명심해야 하고, 그것이 기술 포트폴리오를 다양하게 가져가야 하는 이유이다. 우리의 경험 상, 기술 개발의 노력은 투입된 비용과 감수한 위험만큼의 가치가 있다. 이러한 철칙을 지키는 사업화팀은 단순한 브로커보다 항상 좋은 성과를 내게 된다.

3.2 인수 전략

기술 개발 동향을 지속적으로 모니터링 하는 것은 사업화 단계에서 반드시 필요한 부분이며, 이를 통해 우리는 종종 우리가 갖고 있는 기술의 포트폴리오에 매우 적합한 좋은 기술을 우연히 접할 수가 있다. 최종목표로 기술의 매각이나 라이센싱을 목표로 하는 경우에도 기술을 인수하는 것이 현명한 선택인 경우가 종종 있다. 기술 습득이 좋은 전략인지 아닌지를 결정하는 좋은 방법의 하나는 기술을 획득하기 위해 드는 비용과 그것을 자체 개발하는 데 드는 비용을 비교하는 것이다. 이 경우 시간이 비용 산정의 가장 중요한 요소 중의 하나임을 잊으면 안 된다. 가령, 우리의 인수 대상이 현재 개념만 정립된 상태이고 내부적으로 개발해서 부족한 부분을 채우는 데에는 수년의 시간이 걸린다면, 회사를 사는 것이 매우 좋은 선택일 것이다. 신속한 인수 결정은 제품이나 제품군을 적기에 시장에 내놓기 위해서 매우 중요하다.

우리의 경험 상, 인수 대상의 질적인 부분에 관하여 숙고하는 것이 매우 중요하다. 많은 경우에 함께 일할 해당 기술분야의 전문가를 얻는 것이 장치나 서비스를 습득하는 것보다 훨씬 더 중요하다. 지적재산권도 그 회사나 벤처를 운영하는 사람들에 의해 개발된 것임을 명심해야 한다. 이와 같이 인수는 우리가 갖고 있는 기술의 포트폴리오를 좀 더 순조롭고 효율적으로 운영하는 데 도움이 되는 관리 역량을 획득할 수 있는 중요한 원천인 것이다.

3.3 뛰어난 사업가

이 책의 저자 중 한 명은 1977년에 처음으로 Touhill, Shuckrow and Associates라는 회사를 설립하였다. 이 회사는 위험한 쓰레기 처리, 폐수처리, 물리화학적 처리 및 통합 환경 제어 등의 빠르게 성장하는 직업적 영역에 대한 환경 기술 컨설팅을 제공하였다. 우리는 당시 타이밍이 아주 절묘했었다고 생각했다. 회사의 첫 번째 계약 중의 하나는 바로 유해 폐기물 침출수의 처리에 적합한 방법을 찾기 위한 것으로, 미국 환경보호국(U.S. Environmental Protection Agency(EPA))과 체결한 것이었다. 계약 체결 후 몇 달 지나지 않아 독성폐기물 매립으로 인한 토양오염이 문제된 Love Canal 사건이 사회적 쟁점화되었다. 이후 얼마 지나지 않아 수많은 유해 폐기물 부지들이 전국의 주요 뉴스를 장식하였다. 이러한 대중의 관심은 자연스럽게 슈퍼펀드(Superfund)라 불리는 법률의 통과를 이끌어냈다. 그 결과 회사는 당시 가장 수익성이 좋은 엔지니어링 회사의 하나로 성공가도를 달리게 되었다. 이후에 우리는 어떻게 대응했을까? 결과적으로 우리가 바라는 대로 된 것 같지는 않다.

우리의 본래 최종목표는 사업을 성숙시키고 높은 품질의 혁신적인 서비스를 제공하면서, 우리가 관리할 수 있는 큰 회사로 발전시키는 것이었다. 회사는 일을 잘하는 것으로 널리 알려지게 되었고, 고객과 경쟁자들로부터 높은 평가를 받았다(대체적으로 그들과 매우 가깝고 우호적인 관계를 유지하였다). 이러한 많은 장점들에도 불구하고, 4년 후 회사는 단지 7명의 직원만을 가진 회사로밖에 성장하지 못하였다. 그리고 1981년 중반 회사는 Michael Baker Corporation에 인수되었다. 무슨 일이 일어난 것일까?

여기에는 여러 가지 이유가 있었다. 가장 큰 두 가지 이유는 충분한 투자 자금을 받지 않은 것과 마케팅이 적절하지 못했다는 것이다. 이 회사는 오로지 2명의 창업자로부터만 투자를 받았다. 1977년 본서의 주저자는 줄줄이 4명의 자녀를 대학에 보내야 했다. 따라서, 30대 후반에 회사를 설립한 2명의 창업자로부터의 자금조달은 매우 어려웠다. 하지만 우리는 항상 이익을 냈고, 천천히 회사를 성장시킬 수 있으리라 믿었다. 회사의 고객들조차도 즉시 대금을 지불함으로써 매우 협조적이었고 현금 유동성의 문제는 거의 없었다. 그러나 실제로 이 회사는 사업을 성장시키는 일이 아니라 오히려 다른 사람들을 위해 많은 일을 하고 있었다는 것이다.

돌이켜보면 당시 우리는 사업을 개발하고 발전시키기 위해 필요한 자금을 제공할 외부의 투자자를 찾는데 많은 노력을 기울였어야 했다. 그리고 사업을 수행하기 위한 공격적인 마케팅 도구와 보다 정교한 시스템이 필요했고, 직원들이 근무하기 위한 더 나은 장소가 필요했었다. 초기에 우리가 외부의 자금을 완강히 거부한 것은 큰 실수였다. 외부 자금을 받아 회사를 더 크게 성장시킬 수 있었다면, 우리는 작은 회사의 전체 주식 대신에 훨씬 큰 회사의 상당한 지분을 가질 수 있었을 것이다.

일반적으로 성공한 사업가는 대단한 성과를 내야 한다는 것뿐만 아니라 제품을 충분히 빨리 팔아야 한다는 것을 잘 알고 있다. 그래야 하나의 프로젝트가 완료되었을 때도 모든 사람들에게 충분한 일거리가 유지될 수 있다. 우리는 일하는 것과 마케팅을 별개로 진행한 것이 문제였다. 프로젝트의 마감시간을 맞춰야 하는 중대한 일이 있는 경우에 마케팅은 전혀 이루어지지 못했다. 그래서 프로젝트가 서서히 줄게 되면 마케팅은 절실한 마음으로 시작되었다. 당연히 공백은 매우 커졌다. 결국 우리에게는 회사를 파는 것이 유일한 선택이었다. 그러나 다른 누군가를 상사로 모시고 일하는 것은 우리들에게 매우 고통스러운 일이었다.

결국 어떻게 되었을까? 매매 계약의 일부로 우리는 인수기업에서 5년 동안 함께 하기로 약속하였다. 그리고 Shuckrow는 5년 후 회사를 떠나 경쟁회사의 책임자로 옮겼고, Touhill은 9년 동안 그 회사에 머물렀으며 직원이 7명인 회사를 미해군과의 1억불짜리 계약을 체결한 300명 이상의 직원을 거느린 자회사로 만들고 ICF Kaiser Engineer사의 선임 부사장으로 나갔다.

여기서의 교훈은 무엇인가? 우리가 회사에 대한 100%의 소유권에 집착한 것은 명백한 실수였다. 그로 인해 우리는 회사의 훌륭한 기술과 환상적인 타이밍을 활용할 수 있는 기회를 잃었다. 만약 우리가 투자자와 우리의 비전을 공유할 수 있었다면 분명 300명 규모의 자회사보다 훨씬 큰 회사를 만들 수 있었을 것이다. 그리고 계속해서 그 회사에 상당한 영향력을 가졌을 것이다. 마케팅은 성공의 핵심이다. 비록 당시 타이밍이 매우 절묘했음에도 우리는 그 이점을 전혀 활용하지 못했다. 대기업들은 빠르게 우리를 따라 잡았고 우리 회사가 인수되기 전에 고객들은 우리 회사가 매우 좋은 회사라고 믿고 있었지만, 복잡하고 위험한 쓰레기 처리 시설을 직원 7명의 회사에 맡기려 하지 않았다. 우리가 "당신은 우리에게 사업을 맡기실 겁니까?"라고 물으면, 잠재적 구매자는 "나는 당신이 매우 좋은 기술을 갖고 있다고 생각합니다. 그러나 내가 만약 당신의 경쟁사인 대기업에 업무를 맡겨 그들이 실패한다면 나는 상사에게 그 업무를 가장 크고 좋은 회사에게 맡겼고 다시는 그들에게 업무를 맡기지 않겠다고 말해도 됩니다. 하지만 내가 당신에게 그 업무를 맡겨 당신이 실패한다면 아마도 상사는 나를 해고할 것입니다."라고 말했다.

따라서 교훈은 다음과 같다. (1) 기업에 충분한 자금을 공급하라 (2) 공격적인 마케팅 프로그램을 준비하라 (3) 타이밍의 이점을 잘 활용하라 (4) 기술뿐만 아니라 재무적으로도 신뢰를 구축하라 (5) 최적의 성공을 달성하기 위해 다른 사람들과 함께 하는 것을 배워라

3.4 최종목표 실현

"당신이 원하는 것을 이룰 때까지 주의를 기울여라." 이 유명한 문장은 종종 오래된 중국의 속담에서 유래한 것이라고도 하지만 명확하지 않다. 그러나 대부분의 사람들은 이 문장이 인생에서 매우 중요한 가르침을 축약하고 있다는 데 동의할 것이다. 최종목표에 대한 다음의 일화는 이러한 가르침의 적절한 예이다. 비록 회사의 이름이나 주역들에 대해서는 드러나지 않을 지라도 흔히 일어날 수 있는 일이다.

닷컴이 대유행하던 시기에 어떤 똑똑한 청년이 인터넷을 통해 접속되는 스트리밍 오디오나 비디오에 광고를 삽입하는 방법을 개발했다. 한 발명자에 의해 고안된 이 기술은 기존의 방송용 광고를 온라인 시청자들을 위한 광고로 대체하면서 새로운 광고 수입을 창출해내는 방안으로 온라인 라디오 방송국에 채택되었다. 이것은 방송국들이 그들의 온라인 스트리밍을 통해 합법적으로 돈을 벌게 해 주었다. 당시에는 온라인 매체를 전혀 고려하지 않는 광고주 협회의 계약 조건들로 인해 온라인 방송 광고에 대한 규정이 명확하지 않았다. 이러한 기술을 이용하여 회사는 광고를 팔고 그 수익을 방송국과 공유하는 권한을 갖게 되었다.

이러한 라디오 방송국들의 긍정적인 반응은 사업가가 초기 투자자들의

재정적인 도움을 받아 머지않은 스트리밍 오디오 시장의 호황에 대비하기 위해 꽤 많은 영업 직원을 채용하도록 만들었다. 그러나 불행하게도 광대역 인터넷 기술은 새로운 벤처 기업이 예상한 것보다 훨씬 느리게 개발되었고 수입은 사업을 확장하는 데 소요된 비용을 감당하기에 턱없이 부족했다. 온라인 매체의 청취자 수는 유력 광고주들이 원하는 정도에까지 도달하지 못했고, 오디오 광고를 통한 수익은 오랜 기간이 지나도 늘어날 기미가 보이지 않았다.

회사는 수포로 돌아간 오디오 방송에 수백만 달러를 써버린 후에 재정비되었다. 투자자들에게 그 회사의 대표는 탁월한 기술자이지만 관리자로서는 매우 부족하다는 것이 명확해졌다. 결국 그들은 그러한 광대역 기반 기술의 선도적인 지위를 좀 더 빨리 효율적으로 발전시킬 수 있는 전문적인 경영인을 영입하였다. 새로운 CEO는 벤처 투자자, 사업가 및 변호사의 경험이 있고, 신설 벤처기업을 수익성 있는 회사로 성장시킨 경험을 갖고 있었다.

새 경영진은 광고 영업팀을 폐지하고, 오디오보다 더 높은 수익성을 갖는 비디오 시장을 지원하는 기술 솔루션 제공업체로 새롭게 자리매김 시켰다. 그리고 대형 통신회사의 투자 자회사(최대 투자지분), 작은 벤처 투자회사 및 몇몇 엔젤투자자를 포함한 새로운 투자자 및 경영대학원 교수 그룹이 새롭게 회사에 이사진으로 합류하였다.

원래의 최종목표는 기술을 입증시키고 기술의 선두주자로서의 확실한 기반을 다지며 회사의 수익성을 제고하여, 인터넷 대기업에 회사를 파는 것이었다. 새로운 투자자들은 이러한 최종목표에 동의하였고, 초기 투자자들은 그들의 초기 투자를 회복하고 적절한 수준의 이익을 위해 열정적으로 참여하였다.

미국 가정에 광대역 인터넷 보급률은 결국 일정 수준 이상에 도달하였으며, 다시 활기를 되찾은 스트리밍 비디오 광고 회사는 많은 거대 미디어 회사들과 함께 새로운 비즈니스에 성공적으로 안착했다. 그러나 투자자들은 온라인 비디오 광고의 밝은 전망에도 불구하고 여전히 재정적으로는 어려웠다. 마침내 이사회를 통제하는 투자자들은 비록 기술의 가치가 검증되고 전망이 밝지만, 더 규모가 크고 자본금이 풍부한 회사들의 출현에 따른 위협에 혼자 대응하지 않기로 결정했다. 그들은 지쳤고 회사를 파는 것이 모든 구성원들에게 재정적으로 훨씬 유리하고, 결과적으로 회사도 재정적으로나 기술적으로 경쟁력 있는 회사로 남을 수 있을 것이라 믿었다. 결국 이 회사는 인터넷 대기업에게 팔렸다. 인수 조건의 세부사항은 공개되지 않았지만, 모두가 적절한 이익을 얻는 수준이었다고 한다. 이렇게 최종목표가 현실화되었다.

여기서 다음과 같은 몇 가지 교훈을 얻을 수 있다.

- 처음에는 타이밍이 부적절했었다. 고속데이터 통신망에 대한 전망이 적절히 이루어지지 못했기 때문이다.
- 예상처럼 커지지 못한 오디오 시장을 준비하는 데 너무나 많은 비용을 소비해 버렸다.
- 회사를 이끌 적절한 사업가의 선택에 문제가 있었다.
- 계속되는 손실에 지친 투자자들은 회사의 전망이 밝음에도 불구하고 그들의 투자를 회수하기로 결정하였다. 왜냐하면 그들은 다른 벤처회사에 투자하는 것이 더욱 매력적이며 투자 회수도 빠를 것이라고 생각했기 때문이다.

3.5 위젯

진행과정에서 최종목표의 결말을 보는 기회를 갖는 것은 흔한 일은 아니지만, 모범적인 사례들은 자주 접하게 된다. 첨단 기술을 주제로 하는 책을 쓰는 경우 종종 모든 것이 너무 빨리 변하기 때문에 그 책이 출판되기도 전에 저자의 견해가 진부해지거나 시대에 뒤떨어지게 되기도 한다. 여러분들이 이 책을 읽을 무렵에는 기술에 관심이 있는 사람이라면 누구나 위젯이 무엇인지 알지도 모르겠다. 그러나 지금(2006년 11월) 기준으로 볼 때 위젯은 웹 페이지, 개인의 홈페이지 혹은 MySpace.com과 같은 소셜 네트워크 페이지와 연계하여 새롭게 만들어지고 적용되고 있다.

위젯은 "소위 전문적인 주제에 관한 콘텐츠를 사람들의 컴퓨터나 개인 웹 페이지에 매일매일 나타내 주는 작은 컴퓨터 프로그램"이라고 정의된다. 가장 보편적으로 사용되는 위젯으로 뉴스의 헤드라인, 시간, 계산기나 날씨 정보 같은 것들이 있다. Yahoo나 Google은 시험 서비스로 광고를 포함하는 주식 시세표나 비행기 시간표를 제공한다. 위젯은 동영상, 여론조사, 비디오 게임뿐 아니라 웹 페이지에서 제공 가능한 어떠한 콘텐츠도 포함할 수 있다. 위젯의 가장 중요한 기능 중 하나는 마케팅 담당자들이 사용자들의 선호도를 직접적으로 모니터링할 수 있도록 해주는 것이다.

2006년 11월, 월스트리트저널은 위젯의 잠재적인 중요성에 대한 하나의 기사를 게재했다. 그 기사는 Viacom사의 마케팅 담당 부사장이 새로운 영화의 개봉을 위해 어떻게 차세대 웹 광고기법에서 위젯을 사용했는지를 보여준다. 영화 "Freedom Writers"에서 여주인공 Hillary Swank는 학생들이 신문을 만들도록 돕는 선생님으로 나온다. Paramount사는 사용자들이 무료로 웹사이트를 만들 수 있는 도구를 제공하는 Freewebs라는 회사와 함께 작업하였다. Freewebs의 사이트에서 방문자들은 영화의 주제인 자기표현에 관한 다양한 위젯을 포함하는 "toolkit"을 업로드할 수 있었다.

기사는 이어서 크게 성공한 날씨 위젯에서 대하여 다뤘다. 이 위젯은 사용자들에게 국립 기상국에서 제공하는 실시간 날씨가 반영되는, Microsoft사의 Xbox용 Flight Simulator X를 테스트할 수 있는 기회를 제공하였다. 이 기사가 게재되기 전 2달 동안, 이 위젯은 150,000회 다운로드 되었다. 그리고 사용자들은 평균 23분 동안 Flight Simulator X를 사용하였다. 우리는 Microsoft사의 Flight Simulator X의 판매가 이렇게 성공을 거둔 것은 이러한 사용자들의 경험 때문이었다고 짐작한다.

한 달 후인 2006년 12월, Newsweek는 "올해의 위젯"이라는 기사를 게재했다. 이 기사는 2006년도는 MySpace와 같이 웹사이트에서 사용자들에 의해 만들어진 콘텐츠로 특징지어지고, 2007년도에는 수천 개의 새로운 위젯을 이용한 사용자별 소셜 네트워킹이 급격히 발전할 것이라고 전망했다. 확실히 이러한 개념은 순식간에 유행하게 되었다. 대부분의 위젯 사용자들은 자신들이 위젯을 통해 받는 이득은 광고를 봄으로써 지불한다고 생각한다. 우리는 그들이, 온라인 상에서 자신들의 선호도에 대한 구체적이고 통계적인 정보들이 광고주들에 의해 수집되고 있다는 사실까지는 상세히 알지 못하고 있다고 생각한다. 그러나 이러한 사실을 안다고 하더라도 이것이 위젯의 사용을 줄어들게 하지는 않을 것이다. 간단히 말해, 위젯은 누구나 사용하기 쉬운 도구를 사용하여도 일류 웹 디자이너로 보이게 할 만큼 매력적인 것이다.

몇몇 새로운 회사들이 이러한 위젯을 만들고, 확산시켜 추적하는 기술을 개발하였다. 아래의 언론 보도자료와 블로그는 여러분들에게 한 회사가 개발한 기술이 어떻게 적용될 수 있고 위젯 개발자들에게 어떠한 가치를 제공할 수 있는지에 대한 간단한 내용을 보여줄 것이다. 아래의 언론 보도 자료와 블로그에 이어 그 회사의 초기 전략과 현재의 전략에 대한 최종단계의 전략에 대한 몇 가지 이슈들을 다룰 것이다.

- 언론 보도자료
- 위젯 신디케이션 서비스를 내놓은 벤처기업 CLEARSPRING TECHNOLOGIES 소개
- 콘텐츠 제공자를 위한 추적, 분석 도구 및 플랫폼
- 새로운 독자 끌어들이기

ARLINGTON, VA—2006년 11월 6일—위젯 신디케이션 서비스 제공의 선두업체인 Clearspring Technologies는 콘텐츠 공급자가 일괄 관리를 통해 위젯 형태의 콘텐츠를 쉽게 분석, 추적 및 이용할 수 있는 플랫폼을 소개했습니다. 핵심 파트너들의 초기 평가단계를 거쳐 Clearspring사는 이 플랫폼을 개발자들을 위해 제공할 것입니다.

올해 초 Clearspring사는 Novak Biddle Venture Partners의 Bethesda, MD 및 몇몇 전략적인 투자자들로부터 자금을 확보했습니다. 뛰어난 기술 전문가인 Miles Gilburne와 Novak Biddle와 Phil Bronner이 Clearspring사의 이사회에 합류하였습니다.

Clearspring은 콘텐츠와 서비스를 포착할 수 있는데, 이는 소셜 네트워크, 블로그, 시작 페이지, 개인 웹사이트 등을 이용한 위젯의 배포 추적을 통해 체계적으로 이루어집니다. 확장성이 좋은 데이터 수집 엔진은 정보를 수집하여 Clearspring사의 사용하기 쉬운 분석/보고 툴을 통해 콘텐츠의 상업적 매력에 대한 전망을 제공합니다.

"위젯 관련 기술은 콘텐츠 소유자들이 자신들이 가진 자산의 가치를 활용할 수 있는 다양한 가능성을 제공한다. 개인맞춤형 웹에 대한 수요는 폭발적으로 증가하고 있고, 위젯은 새로운 청중을 끌어들이기 위한 새로운 유통 방식이다"고 Clearspring사의 CEO인 Chris Marentis가 말했다. "Clearspring사의 플랫폼은 콘텐츠의 공개와 여러 채널을 통한 콘텐츠와 서비스의 추적을 간소화하고, 콘텐츠 소유자나 배포자가 온라인 소비자의 행위변화를 이윤으로 연결할 수 있도록 해준다."

Clearspring사는 콘텐츠 제공자 및 개발자들과 협력하여 그들의 서비스를 디자인했다. 플랫폼의 핵심적 기능은 아래와 같다.

- 비디오, 이미지 및 텍스트와 같은 매체를 포터블 어플리케이션과 같은 새로운 형태로 개인 웹사이트를 통해 배포할 수 있는 기능
- 사용자, 상호작용, 접속 횟수, 전파 범위 등의 중요한 사용기록을 추적할 수 있는 기능
- 창작, 배포 및 수익을 최적화하기 위한 방대한 분석 툴
- 다양한 채널(블로그, 웹사이트, 소셜 네트워크) 및 콘텐츠 타입에 상관없이 위젯 관리의 복잡성을 줄이고, 일관되게 관리할 수 있는 일괄 관리 방법

"NetVibes나 MySpace와 같은 사이트는 시작에 불과합니다. 웹이 공개수단에서 온라인 서비스 플랫폼으로 변화하게 되면 위젯은 더욱 중요하게 될 것입니다."라고 Clearspring사의 공동창업자인 Hooman Radfar은 말했다. "우리의 플랫폼을 통해 개발자들은 열린 환경에서 위젯을 추적하고 관리하는 툴을 활용하여 개인화된 웹을 활용하는 능력을 갖게 될 것입니다." "Dennis Digital은 우리가 갖고 있는 콘텐츠들을 제공할 다양한 혁신적인 방법들을 찾고 있고, Clearspring사의 위젯 플랫폼은 블로그나 소셜 네트워크 및 기타 적절한 웹사이트의 새로운 독자들에게 다가갈 수 있는 유용

한 툴을 제공할 것으로 생각된다."고 Dennis Digital의 사업개발담당 이사인 Russell Kern이 말했다.

Clearspring Technology사에 대한 보다 상세한 정보는 홈페이지 www.clearspring.com을 참조하기 바란다.

Clearspring Technology사 소개

Clearspring사는 추적 및 분석 기능을 갖는 호스팅 위젯 신디케이션 서비스를 제공하는 최초의 기업이다. Clearspring사는 고객들에게 서비스, 툴, 시장정보의 풀세트를 제공함으로서 그들이 가진 콘텐츠를 위젯으로 변경하고, 그들을 다양한 플랫폼을 통해 공개하며, 위젯의 분포를 웹을 통해 실시간으로 추적하고 분석하도록 해준다. Clearspring사는 Novak Biddle Venture Partner, Joel Adams, Miles Gilburne 및 Bobby Yazdani로부터 투자를 받았다.

VCMike의 블로그

가장 흥미로운 web 2.0 기업은? 2006년 11월 12일

3일 동안 Web 2.0 컨퍼런스에 참가해서 대략 50여개의 Web 2.0과 관련된 초기 기업들을 본 것 같다.

대부분의 컨퍼런스에서와 마찬가지로 나는 이러한 수많은 초기 기업들이 실제 사업의 성공과는 상반된 특징을 갖는 것을 보게 되었다. 그럼에도 불구하고 한 회사가 나를 흥분하게 만들었다. 바로 Clearspring Technologies사였다. WebMethod의 창립자 멤버인 이들의 기술적인

측면을 강조하여 "위젯타이저"라고 불렀다. 다시 말해, 그들은 콘텐츠 소유자나 웹 개발자들이 쉽게 위젯을 만들 수 있도록 함으로써, 사용자들이 그들의 콘텐츠나 응용프로그램들을 자신들의 사이트, 블로그, 공간 등에 포함시킬 수 있도록 해준다.

내가 전에 언급한 것처럼, 향후 2~3년 이내에 웹 콘텐츠를 유통시키고 판매한다는 개념은 매우 중요한 경향의 하나가 될 것이다. 그리고 이러한 가치 사슬에서 어떠한 부가가치를 더할 수 있다면 매우 좋은 기회를 갖게 될 것이다.

컨퍼런스에서 VC들이 이들의 주위로 모여들고 있어서 개인적으로는 매우 유감이었다. 실제 내가 그곳에서 Clearspring의 CEO인 Chris Marentis에게 한 마디 말을 걸었을 때, Khosla가 나타나서 나에게는 한 마디도 하지 않고, 그를 다른 방으로 끌고 갔다. 기이한 것은 나는 Vinod가 요즘에는 web이 아니라 energy에 투자한다고 생각했었다.

이제 무엇을 할 것인가? Clearspring사의 원래 아이디어는 두 명의 Carnegie Mellon 대학원생인 Hooman Radfar과 Austin Fath에 의해 개발되었다. 그들의 첫 번째 아이디어는 인큐베이션 파운드리로부터 종자 자금을 지원받아, 새로운 Web 2.0을 활용하는 사용자 중심의 소셜 네트워크를 만들어 내는 것이었다. 시간이 흐르면서 새로운 벤처 투자자들의 영향을 받아, 회사는 콘텐츠를 위젯과 같은 포터블 어플리케이션을 통해 소셜 네트워크로 제공하려는 콘텐츠 배포자를 위한 호스트 서비스를 제공하는 것으로 사업의 방향을 바꾸었다. 또한, 벤처 투자자들은 경험과 경력을 가진 AOL 출신의 Chris Marentis를 CEO로 선발하였다. 흥미로운 것은, 그 새로운 CEO는 재빨리 회사를 Google, Yahoo 및 Microsoft와 같은 회사와 직접적인 경쟁을 하지 않도록 모든 사용자들에게 위젯을 상업적으로 이용할 수 있도록 인프라스트럭처를 제공하는 것으로 비전을 재설정했다. Wall Street Journal에 소개된

Feewebs와 Clearspring Technologies사는 동일한 투자자, Novak Biddle에 의해 투자를 받은 회사라는 점은 매우 흥미롭다.

이러한 목표의 변경에 따라 회사의 최종목표도 오랜 시간을 들여 경쟁력 있는 소셜 네트워크를 만드는 것에서 잠재력 있는 기술이나 회사를 인수하는 전략으로 바뀐 것으로 짐작이 된다. 이러한 최종목표는 Google이 2006년도 YouTube를 인수한 것과 매우 유사하다. 벤처 투자자들은 아이디어의 사업화를 위한 자금을 지원할 뿐만 아니라, 기술의 비전을 명확히 하고 보다 현실적인 최종목표를 설정하는 데 기여한다.

이 책이 시장에 나간 후에 실제로 Clearspring Technologies사에 어떠한 일이 일어나는지를 보는 것은 우리에게도 매우 흥미로운 일일 것이다. 회사의 최종목표는 보다 나은 기술과 소비자를 발굴하는 그들의 능력에 따라 새롭게 바뀔 것인가? 경쟁기업들은 어떻게 나올 것인가? 예상되는 폭발적인 성장에 적절히 대응할 수 있을 것인가? 우리는 이 신나는 사업을 계속해서 주의깊게 관찰할 것이다. 그리고 여러분들도 다양한 최종목표가 어떻게 발전되어 가는지에 관심을 가지길 바란다.

3.6 실행하기

사업화 프로세스가 원활히 진행되도록 하기 위해서는 전문성과 정도 경영 원칙이 필수적이다. 직감적이고 직관적이며 즉흥적인 사업 스타일은 결국 실패하기 마련이다. 다음에서 우리는 어떻게 사업화 프로세스에 대한 전략을 수립할지에 대해 간략히 논의하도록 하겠다. 각각에 대한 상세한 내용은 다음의 장들을 통해서 별도로 다룰 것이다.

3.6.1 팀 구성하기

사업화팀을 구성할 때 팀워크를 고취하고 사업화 과정을 성공적으로 이끌기 위해 열심히 일할 유기적인 조직을 원한다. 이런 경우 핵심 멤버들 각각의 배경과 개성을 고려하는 것이 매우 중요하다. 팀 구성원들의 강점과 약점을 파악하고 그들의 동기를 이해하는 것이 핵심이다. 이러한 기준을 명확히 하기 위해 우리는 여러분이 1, 2장을 다시 한 번 확인하기를 바란다. 팀이 최상의 효율성을 갖고 운영되기 위해서는 개인적인 자존심은 뒤로 남겨 두어야 한다. 이것은 사업이며, 개인별 경쟁이나 인기 경쟁이 아님을 명심해야 한다.

3.6.2 목표 일정

사업화 과정에서 어떠한 상사나 동료도 깜짝 파티를 좋아하지 않는다. 우리는 미리 무엇을 할 것이며 언제 할 것인지에 대해 서로 합의함으로써 이러한 깜짝 파티를 피할 수가 있다. 우리는 계획을 진행해 나감에 있어, 일정을 명확히 함으로써 혼란과 놀라움을 방지할 수 있다. 만약 우리가 일정의 하나를 달성하는 업무를 부여 받았다면, 우리는 그것을 실행에 옮겨야 하고 그렇지 못한 경우에는 그 이유를 설명해야 한다. 만약 우리가 그 과업을 달성할 수 없음을 설명해야 하는 경우라면, 우리는 다른 팀 구성원에게 가능한 해결 방안을 제시함으로써 문제를 해결하도록 해야 할 것이다.

3.6.3 진척도 평가하기

기술사업화의 성공을 위해서는 팀 구성원들 사이의 원활한 의사소통이 매우 중요하다. 이것은 충분한 구두 보고와 정기적인 보고를 통해 가능할 것이다. 음성 메일이나 이메일은 매우 유용한 도구가 될 것이나 이는 단지 도구일 뿐이다. 그것들이 정기적인 접촉이나 전화 통화 또는 얼굴을 마주보는 토론과 같은 전통적인 방법을 대체할 수는 없다. 오늘날 많은 사람들은 전자 기기들이 의사결정을 빠르게 하고 인간적인 접촉의 필요성을 없앨 수 있을 것이라 믿는다. 또한 우리 역시 그러한 도구들이 정보를 공유하는 데 매우 유용하다고 생각한다. 그러나 우리는 중요한 전략, 계획이나 의사결정은 적어도 동료들의 소리를 듣고 난 후 혹은 서로 마주보고 결정해야 한다고 믿는다. 최근의 진행상황에 대한 정보를 공유하고자 하는 경우 음성 메일이나 이메일로 충분하나, 의견의 일치나 검증이 필요한 경우에는 다른 사람들과 함께 이야기를 하는 과정이 반드시 필요하다.

3.6.4 의사 결정하기

누가, 어떠한 방법으로 의사 결정을 할 것인지를 미리 결정하는 것은 매우 중요하다. 위원회라고 하는 것이 참여자들을 매우 짜증나게 한다는 것을 우리는 잘 안다. 우리의 목적을 달성하기 위해 두 가지의 중요한 의사결정 형태가 있다. 하나는 자금을 사용하는 것에 대한 것이고, 다른 하나는 기술의 발전에 대한 평가이다. 첫 번째 경우에 있어서, 자금을 투자한 사람이 다른 사람들의 의견을 반영하여 그 자금을 사용할 것인지를 결정한다. 다른 사람들은 자금을 사용해야 하는지에 대한 충분한 조언이나 동의를 제공하게 된다.

이에 반해 기술의 발전에 대한 평가는 단지 기술과 관련된 사람뿐만 아니라 모든 참가자들에 의해 이뤄져야 한다. 기술적 혁신은 단순히 그것이 동작을 하느냐 하지 않느냐 보다는 훨씬 더 많은 검증이 이뤄져야 하고 모든 멤버들은 평가를 위한 고유의 역할을 갖고 있어야 한다. 예를 들면 사업적, 법적, 재무적, 마케팅적인 측면 등의 다양한 고려사항들이 있다.

3.6.5 축하파티 준비하기

사업화 과정에서 발생하는 가장 큰 실수중의 하나는 언제가 끝인지를 모른다는 것이다. 다시 말하면 우리가 목적한 바를 이루었을 때를 모른다는 것이다. 따라서 모든 사람들이 종착점에 도착했다는 것을 명확히 이해할 수 있도록 하는 것은 반드시 필요한 일이다. 가령, 기업이 인수될 때라던가, IPO를 하게 될 때, 자회사로 분사될 때 혹은 특허를 팔거나 라이센싱을 하는 때가 될 것이다.

종종 많은 투자자나 기술자들은 지나친 완벽을 추구하는 우를 범하게 된다. 95%라도 종종 충분한 경우가 많다. 개발 관점에서, 기술이 완벽한 것보다는 그것을 적절한 시기에 시장에 내놓는 것이 더욱 중요하다. 완벽함의 추구는 종종 기하급수적인 비용의 증가를 가져오게 된다. 이것은 결함이 있는 기술을 용인해야 한다는 것이 아니라, 지속적인 기술의 개선이나 향상이 이루어져야 한다는 것이다. 그러나 이것이 흠잡을 데 없는 완벽함을 의미하는 것은 아니다. 따라서 우리는 우리가 원하는 지점에 도착하게 되면, 즐거운 파티를 갖고 다른 아이디어로 넘어가야 할 것이다.

3.7 핵심사항

- 기술 개발의 사전 평가나 가치 평가 과정의 기준을 설정하기 위해서는 그 기술의 최종목표를 우선 결정하는 것이 매우 중요하다.
- 시장이 크고, 성장 단계에 있으며, 향후 수십 년 동안 지속 가능할 것으로 예상되는 분야의 아이디어는 성숙한 기업으로 성장시키는 것이 가장 좋은 방법일 것이다.
- 기업 매각, IPO, 분사는 가장 일반적인 최종목표이다.
- 특허를 양도하거나 라이센싱하는 것을 목적으로 기술을 개발하는 것도 좋은 대안이 될 수 있다.
- 기술이나 기업의 인수가 내부적으로 그것을 개발하는 것보다 시간적으로나 경제적으로 우리 기술 포트폴리오를 강화하는 더 좋은 방법이 될 수 있다. 그리고, 그러한 인수를 통해 추가적으로 뛰어난 기술적 인재나 경영자를 얻을 수도 있다.
- 기업에 충분한 자금을 제공하지 못하고, 적절한 마케팅이 이루어지지 않는 것은 목적 달성을 방해하는 가장 중요한 요인이다.
- 기업의 최종목표에 대한 두 가지 사례를 보여주었다. 첫 번째 경우, 일반적인 관점에서 원하는 목적은 어느 정도 달성되었지만, 기대하던 수준에는 맞질 않았다. 두 번째 경우, 혁신은 현재 진행 중이며, 독자들이 원래의 최종목표와 차후의 변화를 비교해 보기 바란다.
- 사업화 과정이 제대로 진행되도록 하기 위해서는 일정을 수립하고, 일의 진척을 평가해야 한다. 그리고 중대한 결정을 하는 사업화팀을 구성함에 있어 전문적이고 정도 경영의 원칙을 지켜야 한다.

- 모든 사람들이 최종목표를 달성했다라는 것을 명확히 인식할 수 있도록 하는 것은 절대적으로 필요한 일이다. 가령 기업이 인수될 때라던가, IPO를 하게 될 때, 자회사로 분사될 때 혹은 특허를 팔거나 라이센싱을 하는 때가 될 것이다.

chapter 04

아이디어 발굴

1장에서 3장을 통해 전략적인 관점에서 기술사업화에 대해 알아 보았고, 다양한 사업화팀 구성원들이 사업화 과정에서 갖게 될 다양한 관점에 대한 통찰을 제공하려 노력하였다. 그리고 3장에서는 최종목표를 수립하는 것의 중요성에 대해 알아보았다. 이번 장부터는 전략적인 고려 사항을 집중적으로 살펴보겠다. 우선 이번 장에서는 어떻게 가능성 있는 개별 기술들을 검증할 것이고 어떻게 이를 운영할 것인지에 대해 알아보겠다.

4.1 자금이 있으면 아이디어가 당신을 찾을 것이다

빌명가/혁신가는 외부의 도움없이 자신의 아이디어에 자금을 투자힐 수 없다는 것을 아는 순간부터 외부 자금을 찾게 될 것이다. 우리는 앞서 가능하면 친척들로부터 자금을 빌리는 것은 피해야 한다고 언급했다. 그리고 일반적으로 은행들은 발명가가 담보로 제공하고자 하는 것 이상을 담보로 제공하지 않으면 자금을 빌려주려 하지 않는다. 그래서 발명가들은 벤처캐피탈이나 최근에 유행하는 엔젤 투자자들을 향하게 된다. 엔젤 투자그룹은 수백에서 수천 달러정도의 자금을 필요로 하는 초기 단계에 있는 소규모 기업들에게 자금을 투자하게 된다. Vienna와 Virginia에 여러 개의 현지 엔젤투자 그룹을 설립한 John May, 본 저자 그리고 엔젤 투자의 전문가들은 "구조화된 엔젤 그룹은 친구, 가족 그리고 벤처 캐피탈 사이의 가교역할을 한다."고 언급했다. 그는 벤처 캐피탈은 개발이 더 많이 진척된 회사를 선호하며 투자규모는 보통 수백만 달러에 달한다고 언급했다.

이 책의 나머지 부분에서 우리는 벤처 캐피탈을 통한 투자에 중점을 둘 것이다. 왜냐하면 오늘날의 혁신적인 기술들은 대부분의 엔젤 그룹들이 투자할 수 있는 것보다 훨씬 많은 자금을 필요로 하기 때문이다. 그러나 우리는 엔젤 투자그룹들이 어떤 형태로 역할을 하는지 좀 더 상세히 설명할 것이다. 왜냐하면 그들은 여전히 기술 투자의 중요한 역할을 맡고 있기 때문이다. 특히, 발명가가 스스로 개발을 상당히 진행한 경우이거나 혁신이 비교적 단순해서 기술을 사업화하는 데 필요한 자금이 비교적 적은 경우이다. 오늘날, 엔젤 그룹은 일반적으로 순자산이 적어도 1백만 불 이상이거나 연 소득이 20만 불에서 공동 수입이 적어도 30만 불정도의 사람들로 구성된다.

어떤 사람들은 이들 그룹을 "매력적 투자 그룹"이라고 부른다. 왜냐하면 어떤 엔젤 투자자는 리스크에도 불구하고 일반 주식투자에 비해 훨씬 만족도가 높고, 더불어 아이디어의 개발단계에서나 혹은 신규 기업단계에서 그들의 전문지식과 조언을 통해 참여할 수 있는 것을 의미있게 생각한다. 일반적으로 발명가나 혁신가가 미리 정해진 양식에 따라 그들의 사업계획서를 제출하게 되면, 그 사업계획서는 투자그룹의 위원회를 통해 심사가 진행되고 단지 몇 개의 사업계획서만이 선택되게 된다. 이렇게 선택된 기업들은 공식적인 프리젠테이션을 하게 되고, 이후에 엔젤 그룹은 협의를 계속 진행할 것인지를 결정하게 되며, 계속 진행하기로 결정이 되면 그들이 참여하고자 하는 수준이나 규모를 협상하게 된다. 이러한 엔젤 그룹은 흥미롭고 유용한 것이나, 우리가 여기에서 논의하는 투자의 기회는 일반적인 엔젤 그룹이 다루는 것보다는 규모가 크며 기술적으로 훨씬 복잡한 것들이다.

좀 더 수준이 높은 엔젤 투자자들 중에서는 벤처 캐피탈과 함께 편승하는 경우도 있다. 이러한 방법을 통해 엔젤 투자자는 더 큰 수익의 잠재력을 갖는 벤처 회사에 참여할 수 있고, 벤처 캐피탈은 일정 정도의 위험을 분산할 수 있다. 대형 보험회사가 재보험 컨소시엄을 활용하여 그들의 위험을 다각화하는 것처럼, 벤처 캐피탈들은 다른 그룹들을 그들이 투자하는 벤처에 참여하게 함으로써 위험을 완화시킨다. 엔젤 투자자들도 이런 그룹의 하나이다. 일반적으로 벤처 캐피탈과 엔젤 그룹이 공동으로 참여하는 경우 그들 간에는 명확히 설정된 관계가 존재한다. 최근에는 교육기관이나 대학들도 투자에 참여하는 경향이 있다.

발명가나 혁신가들이 우리가 좋은 개념이나 아이디어의 사업화에 투자할 자금을 갖고 있다는 것을 발견하면, 우리는 매우 많은 관심을 받게 될 것이다. 그리고 귀찮을 정도로 많은 제안을 받게 될 것이다. 우리에게 오는 수많은 아이디어들을 처리하기 위해서는 괴짜들의 이상한 아이디어에 파묻히는 것을 피하기 위한 방법을 갖고 있어야 한다. 또한, 우리의 사업계획에 따라 우리가 갖고 있는 포트폴리오에서 벗어나는 아이디어들을 선별해내는 능력을 가져야 한다. 계속해서 어떻게 사람들의 관심을 끌고, 또 어떻게 기술을 선별할 것인지에 대해 논의해 보겠다.

4.1.1 신속한 아이디어 선별 기술

먼저 우리가 관심을 가지고 있는 포트폴리오를 명확히 표현해야만, 관심있는 발명가나 혁신가들이 우리가 원하는 아이디어나 개념들의 형태를 명확히 이해할 것이다. 다음으로 우리가 탐구하고 추가적으로 개발해서 최종적으로 사업화하고자 하는 매력적인 아이디어들의 핵심적인 특징들을 아우르는 기준을 설정해야 한다. 그런 후 사업의 목표 및 평가 기준을 간결하게 글로 표현하고 그것을 우리의 투자를 필요로 하는 사람들에게 나눠주어야 한다. 이것이 적절하게 이루어지면, 이러한 기준을 통해 성가시거나 무관한 아이디어들을 일차적으로 걸러낼 수 있을 것이다.

다음과 같은 이유 때문에 이러한 과정을 성실하고 정중하게 진행해야 한다. 첫 번째, 우리를 찾아오는 사람들은 그들이 갖고 있는 개념이나 아이디어에 이미 수많은 시간과 노력을 쏟아 부었다. 그래서 그들의 아이디어가 좋거나 나쁘거나 혹은 최악의 경우라고 하더라도 그들은 정중한 대접을 받을 권리가 있다. 두 번째, 우리가 퉁명스럽고 무례하게 대하면 이런 소문은 금방 퍼지게 되고 좋은 아이디어가 있는 사람들까지도 막게 될 것이다. 세 번째, 일반적으로 발명가들은 많은 아이디어를 갖고 있다는 것을 명심해야 한다. 만약, 그들이 가져온 형편없는 아이디어를 문전박대한다면, 다른 투자자들이 그들의 좋은 아이디어를 가져가게 될 것이다.

아이디어 선별을 위해 사용가능한 몇 가지 질문은 아래와 같다.

- 당신의 개념이나 아이디어가 우리가 관심을 갖고 있는 포트폴리오와 어떠한 관련이 있습니까?
- 당신의 아이디어에 대한 이론적인 근거는 무엇입니까?
- 당신의 아이디어는 새로운 것입니까?
- 당신은 지적재산권에 대해 명확하고 배타적인 권한을 갖고 있습니까?
- 그 아이디어를 통해 예상되는 시장은 무엇입니까?
- 그 아이디어를 사업적으로 실현하기 위해서는 얼마나 오랜 시간이 필요합니까?
- 얼마나 많은 자금을 원하십니까?
- 우리의 투자에 대해 당신은 무엇을 포기하고 무엇을 우리와 공유할 것입니까?
- 장기적으로 누가 당신에게 가장 심각한 경쟁자가 되리라 생각합니까?
- 당신의 최종목표는 무엇입니까?
- 당신은 왜 우리를 찾아왔습니까?

이러한 리스트는 완벽한 것은 아니다. 우리는 이러한 리스트가 필요한 사람들이 그들의 구체적인 필요에 따라 이러한 리스트를 참조하여 작성하기를 바란다. 그리고 원하는 기술 제안의 수를 고려하여 이러한 리스트를 작성하는 것도 좋은 방법이다.

4.1.2 숙제하기

선별과정에서 관련 분야의 동향에 대하여 상세히 파악하는 것이 매우 중요하다. 만약 우리가 무슨 일이 일어나고 있는지 정확하게 이해한다면 성공 가능성이 있는 기술을 찾는 데 매우 유용할 것이다. 아마도 그것이 가장 가능성이 높은 기술을 발굴하는 방법일 것이다. 그 분야의 상세한 지식은 아이디어를 탈락시키는 것도 매우 쉽게 해 줄 것이다. 가령 그 아이디어들이 전략적인 계획에 적합하지 않기 때문이라든가 혹은 그 아이디어의 가능성이 시장에서의 공감을 얻지 못한다거나 새로운 기술 개발의 동향과 거리가 있을 수 있기 때문이다. 최신의 개발 동향을 상세하게 파악하는 것은 혁신적인 아이디어를 선별하는 데 유용할 뿐 아니라 가치 평가를 단순하게 하는데 매우 유용하여 결과적으로 시간과 비용을 절감할 수 있다. 우리가 발명가보다 더 많이 알고 있는 아이디어라면 바로 폐기시켜야 한다.

4.1.3 네트워크 구축하기

만약 우리가 그 분야의 전문가이고 최신의 개발 동향에 정통하다면, 아마도 우리는 우리의 관심을 공유할 훌륭한 네트워크를 갖고 있을 것이다. 이것은 단지 기술자만이 아니라 모든 다른 팀 구성원들의 전문 분야에 대해서도 마찬가지이다. 우리는 신뢰할 수 있는 판단을 하는 사람들과의 네트워크를 지속해야 하고, 그들에게 우리가 무엇을 하고 있는지, 우리가 찾고 있는 아이디어의 종류는 무엇인지에 대해 이야기해야 한다. 이러한 과정을 통해 우리는 좋은 아이디어의 개발자가 우리를 찾아오기 전에 우리 네트워크를 통해 그러한 좋은 아이디어를 접하게 될 것이다. 우리의 네트워크는 일반적으로 친구, 친척, 전 직장의 동료, 학계의 인맥, 전문직 종사자, 전문적 협회의 회원 및 경쟁자를 포함한다. 우리의 경험 상, 경쟁자와 좋은 관계를 유지하는 것은 매우 중요하다. 종종 그들이 우리에게 가장 중요한 정보를 제공해 준다. 그리고 이처럼 중요한 정보를 얻기 위해서는 반드시 보답해야 한다.

우리의 네트워크 내에 있는 사람들이 우리의 "아이디어 스카우터"로 활동히도록 장려하기 위해서는 가능성 있는 아이디어를 찾아내는 경우 그에 따른 적절한 보상을 제공한다는 사실을 알려야 한다. 그러한 보상은 현금 보너스의 형태가 될 수도 있고, 그것이 특히 좋은 아이디어인 경우에는 지분을 줄 수도 있을 것이다. 그러나 네트워크를 활용하는 데에는 세심한 주의가 필요하다. 그들이 우리에게 제공하는 것을 주의하고 분별할 수 있어야 하기 때문이다. 그렇지 않으면 그들은 우리의 바쁜 시간만 소모하는 성가신 존재가 될 수 있다. 만약 그들이 성가신 존재가 되어버린다면, 그들에게 정중하게 이야기하고 그들을 네트워크로부터 제외시켜야 한다.

4.1.4 추천 시스템과 보상하기

우리가 나아가고자 하는 방향과 전혀 관련이 없지만 매우 좋은 아이디어를 접하게 되는 경우가 반드시 발생하게 된다. 하지만 우리가 그러한 아이디어를 우리의 포트폴리오에 편입시키는 것을 합리화할 수 있다고 하더라도 그러한 유혹에 넘어가서는 안 된다. 이러한 상황을 보다 적절히 대처하는 방법이 있다. 다른 전략적인 목적을 가진 사업화팀을 찾고 그들에게 그 아이디어를 가져다주는 것이다. 그들을 우리의 네트워크에 편입시킴으로써, 우리는 새로운 아이디어에 대한 중요한 발굴처를 하나 더 갖게 되는 것이다. 만약 다른 팀에서 좋은 기술을 추천할 좋은 팀을 알지 못한다면, 그들은 그들의 자체 네트워크를 활용하여 좋은 아이디어를 위한 가장 좋은 팀을 찾을 것이다.

추천은 무상으로 하지 말고, 하나를 추천하면 역으로 하나를 추천받을 수 있어야 한다. 이러한 호혜 원칙은 간단히 아이디어를 교환하는 것에서부터 공식적인 계약관계(특정 비밀제공계약까지 포함)까지 다양하다. 비록 우리는 서면으로 된 공식적인 계약 관계를 더 선호하지만, 그러한 호혜 원칙은 우리가 추천하고 추천받는 그룹과의 관계에 따라 다양한 형태로 이루어진다. 그럼에도 불구하고 계약에 의한 것이든 그렇지 않든 추천의 횟수를 기록하는 것은 서로 간의 오해의 소지를 없애고 결국에는 서로의 신뢰를 잃지 않기 위해서도 매우 중요한 일이다. 우리가 친척으로부터 자금을 빌리는 관계에 대해 언급한 것을 상기할 필요가 있다. 큰 싸움은 계속 실패하는 경우보다는 승리의 성과를 두고 분열되는 경우 더 자주 발생하기 때문이다.

Chesbrough는 그의 책 "Open Innovation"에서 그가 말하는 개방형 혁신의 원칙을 아래와 같이 표현했다. 이러한 원칙은 우리가 앞서 살펴본 추천 시스템과 관계가 있다.

- 회사 외부에도 훌륭한 사람들이 많다. 우리는 회사 내부뿐만 아니라 외부의 훌륭한 사람들과도 함께 일할 필요가 있다.
- 외부의 R&D팀이 매우 가치있는 기술을 개발할 수 있고, 내부의 R&D팀은 그러한 가치의 일부를 활용할 필요가 있다.
- 연구 결과로 수익을 창출하기 위해서는 반드시 그 연구의 개발자일 필요는 없다.
- 더 나은 비즈니스 모델을 만들어 내는 것이 시장에 먼저 내놓는 것보다 더 중요하다.

- 우리가 내부와 외부의 아이디어를 최대한 잘 활용하면 승리는 우리의 것이다.
- 우리는 다른 사람이 우리의 지적재산권을 활용하는 경우 그들로부터 수익을 창출해야 하고, 다른 사람의 지적재산권이 우리가 갖고 있는 비즈니스 모델의 성공을 도울 수 있는 경우에 그러한 지적재산권를 사와야 한다.

그는 혁신을 활성화시키려고 노력하는 대기업의 많은 사람들에게 그의 이론을 전파했다. 우리의 모델에 적합하지 않은 좋은 아이디어의 잠재적인 고객 대상으로 Chesbrough의 메시지를 가슴에 새기는 사람들을 고려하라. Xerox가 이러한 개방형 혁신의 원칙에 익숙하지 못했고 그들이 보유한 기술이 외부에서 크게 성공할 것이라고 생각하지 않았기 때문에, 그들의 PARC(Palo Alto Research Center)에서 개발한 놀라운 아이디어를 활용하는 기회를 놓쳤다는 사실을 명심해야 한다. 어떤 사람들은 그들이 그 기회를 활용하지 않은 실제 이유는 새로운 경쟁자를 만들고 싶지 않았기 때문이라고 주장한다. 우리가 보기에는 어쨌든지 간에 그들이 스스로 아이디어를 밀쳐두었다는 것은 정말 어리석은 일이었다.

4.2 아이디어는 전반적인 계획과 일맥상통해야 한다

이미 우리는 전체적인 계획과 일맥상통하는 아이디어를 추구해야 한다고 언급했다. 너무나 명백한 이야기인 것 같지만, 우리가 어떤 일을 시작할 때

과도한 열정을 갖고 있을 경우 그러한 열정으로 인해 우리의 판단력이 흐려지는 것이 사실이다. 그리고 우리가 여유 자금이 있다는 사실을 다른 사람들이 알게 되면, 거기에 편승하려는 사람들이 끊임없이 찾아오게 될 것이다. 그래서 벤처의 초기단계에서 우리는 사탕가게 안의 어린이와 비슷하다. 모든 것에 손을 대려고 하는 유혹을 이겨내야 한다. 인내하고 자제해야 한다. 만약 우리가 제어할 수 있는 수준 이상의 아이디어를 갖게 된다면, 아마도 우리는 우리의 계획을 바꾸든가 더 많은 외부 추천을 해야 한다. 아래에서 어떻게 전반적인 계획을 일관성 있게 유지하고 사업을 적절히 제어할 수 있는지 살펴보겠다.

4.2.1 뷔페는 과식의 원인이다

사업화 과정은 기본적으로 매우 신나고 흥분되는 일이며, 참여자들에게 열정이 생기게 한다. 그리고 평가를 기다리는 수많은 우수한 아이디어들은 우리를 더욱 흥분시킨다. 그러나 문제는 우리가 한정된 시간과 자금을 갖고 있다는 것이다. 우리는 이 두 가지를 현명하게 사용해야 한다. 계획에 따라 일을 지속하기 위해 우리는 사업화팀 구성원 중 한 사람을 관리자로 임명할 필요가 있다. 관리자는 열정과 통제의 조화로운 균형을 유지하는 책임을 지게 된다. 그의 역할은 우리가 먹을 것을 신중하게 확인하는 영양사와 유사하다. 일반적으로 투자자나 전문가(변호사나 회계사) 그룹이 관리자가 된다.

4.2.2 비용과 시간의 신속한 예측

좋은 아이디어에 접근함에 있어 휘둘리지 않고 현실적으로 바라보기 위해서는 성공을 위해 필요한 비용과 시간에 대한 일차적인 예상이 필요하다. 대략적인 예상을 위한 최선의 방법은 모든 것이 완벽하다고 가정하는 것이다. 이러한 접근방식을 채택하는 데에는 세 가지의 이유가 있다. (1) 모든 가능성이나 만일의 사태를 고려할 필요가 없고 이러한 신속한 결과를 받아들일 수 있다면, 이러한 가정은 예상을 매우 용이하게 한다. (2) 이를 통해 현재 우리가 고려 중인 다른 아이디어와 비교하여 투자규모와 기간을 파악할 수 있다. 그리고 (3) 이를 통해 우리는 모든 것이 완벽한 경우 투자를 통한 긍정적인 수익의 규모를 예측해 볼 수 있다.

예산, 일정, 예상 수익률 등에 대한 신속한 추정을 한 후에, 이러한 신속한 추정의 결과를 현실과 비교하여 스프레드시트에 기록하는 것이 좋다. 이렇게 함으로써 우리는 이러한 추정 과정을 실제 결과에 가깝게 개선할 수 있다. 이렇게 한다면, 우리의 추정은 시간이 흐르면서 개선되고, 우리는 그 아이디어가 제공하는 기회에 대해 제대로 이해하게 될 것이다.

4.2.3 예산 확인 기억하기

재무적 균형감각을 유지하기 위해 투자자의 냉정한 지적능력을 활용하는 것은 특히 좋은 방법이다. 발명가/혁신가와의 관계에서 투자자가 기술자의 균형을 잡아주는 것은 매우 중요한 일이다. 앞서 언급한 바와 같이 일정 시간이 지나게 되면, 기술자와 발명가는 종종 가까워지며 기술에 온통 마음을 빼앗기게 되어, 예산 관리의 중요한 점을 망각하게 된다. 투자자는 반드시 그들을 제자리로 돌려놓아야 한다. 이를 위해 미리 정해진 양식과 방법에 따라 정기적인 프로젝트 보고서가 반드시 필요하다.

4.3 발명가는 지분을 포기할 준비가 되어있어야 한다

1장에서 우리는 발명가나 혁신가의 성격의 특징에 대해 설명했다. 특히 그들은 호기심이 많고 그들의 아이디어에 대해서는 부모와 같은 태도를 갖는다고 설명하였다. 우리는 또한 그들이 주식을 나눠주는 것을 매우 꺼려한다는 것을 언급하였다. 만약 그들이 그들과 함께 위험을 감수하는 사람들과 보상을 공유해야 한다는 것을 이해하지 못한다면, 우리는 최대한 빨리 떠나야 한다. 이것이 발명가나 혁신가들이 그들의 아이디어에 대하여 황홀한 환상을 가질 자격이 없다는 것을 의미하는 것은 아니다. 오히려 그들은 사업화 과정에서 생명선과 같은 존재이다. 주식을 분배하는 것은 협상의 여지가 있고, 발명가와 사업화팀은 모든 사람이 공평하다고 믿는 정도의 소유권을 갖기 위해 열심히 협상에 임해야 한다. 만약 협상이 지연되거나 혹은 상황이 더 나빠져 협상이 아예 진행되지 않는다면, 다른 아이디어로 넘어가야 한다.

4.3.1 계약서 작성하기

고집과 부족한 상상력은 발명가와 사업화팀 양쪽이 모두 만족할 만한 계약의 조건에 도달하는 것을 막는 두 가지의 가장 큰 적이다. 고집은 단기적으로 혹은 장기적으로 합의를 망칠 수 있다. 단기적인 문제점은 계약이 수렁에 빠지고 당사자들이 그냥 떠나버릴 수도 있다는 것이다. 장기적인 문제점은 당사자들이 힘든 협상을 참고 최종적으로 계약서에 사인을 하게 되는 경우, 나쁜 감정이 개발단계에서부터 나머지 사업화 과정까지 남아 있을 수 있다는 것이다. 이것은 확실히 좋지 않다. 모든 참여자들은 승리의 확신을 갖고 열심히 일해야만 한다. 만약 일방이(일반적으로 발명가) 이용당했다고 생각한다면, 이러한 믿음은 그 프로젝트의 끝까지 계속 문제가 될 것이다. 우리는 좋은 아이디어가 성공적으로 사업화되기를 희망하고, 이를 통해 억울함이 아니라 즐거움을 가져오길 바란다.

상상력의 부족은 협상이 수렁에 빠진 경우에 부각된다. 종종 모든 잠재적인 대안들을 예상할 수 없기 때문에 협상은 더 이상 진행이 되질 않는다. 진부한 이야기일 수 있지만, 이러한 경우 "문제를 해결하는 데에는 여러 가지 방법이 있다"는 말을 되새길 필요가 있다. 만약 아이디어가 사업화팀이 진심으로 원하는 좋은 것이고 발명가가 자금이 필요하다면, 반드시 무슨 방법이 있다. 이때 필요한 것은 그렇게 만들고자 하는 의지와 상상력이다.

4.3.2 성공을 가정하기

발명가와의 협상을 성공적으로 이끌기 위해서는 그 아이디어가 상업적으로 성공할 것이라고 가정하는 것이 중요하다. 왜냐하면 발명가는 그 아이디어가 상업적으로 성공할 것이라 확신하기 때문이다. 우리는 이미 이러한 생각을 여러 번 언급하였지만, 강조하기 위해 다시 한 번 명확히 표현할 것이다. 이것은 협상을 진보시킬 뿐 아니라, 협상의 결과도 개선시키게 된다. 많은 아이디어들은 중요한 단계에서의 성공적인 성과를 이루어냈을 때 무엇을 할 것인지에 대한 대비를 하는 것이 아니라, 무언가 잘못되었을 때를 대비한 계획을 세우기 때문에 실패하게 된다. 우리는 성공을 예측하고 시작해야 하고, 그에 따른 계획을 세워야 한다. 만약 우리가 실수를 하거나 중요한 잠재적인 문제를 고려하지 못한 경우 우리가 할 수 있는 일은 두 가지이다. 계획을 수정하거나 그 아이디어를 포기하는 것이다.

4.3.3 협력 네트워크 구축하기

시작부터 팀워크를 강화하는 것은 매우 중요하다. 이것은 기술사업화의 성공을 위한 필수요소이다. 모든 사람이 다른 모든 사람들을 사랑할 필요는 없다. 그러나 모두가 같은 방향으로 나아가야 하고, 주어진 과제에 대해 동일한 이해가 필요하며, 다른 모든 구성원을 존중해야 한다. 이는 사업이 전문적이고 효율적으로 운영되는 데 매우 도움이 된다. 다양한 개성을 갖는 사람들로 모인 사업화팀에서 이는 쉬운 일이 아니나, 성공을 위해서는 언제나 반드시 필요한 것이다.

4.4 핵심사항

- 엔젤 투자그룹은 투자 과정에서 중요한 보조기능을 담당할 수 있다.
- 사업화팀으로 제안되는 수많은 아이디어를 관리하기 위해서는 선별 방법이 필요하다.
- 관련 기술분야의 동향에 대한 세부적인 정보는 아이디어의 평가를 더욱 용이하게 한다.
- 신뢰할 수 있는 판단을 제공하는 사람들을 네트워크로 구성하는 것이 매우 중요하고, 그들로 하여금 당신을 위해 새로운 아이디어를 찾아주도록 활용해야 한다.
- 아이디어 추천 시스템은 반드시 필요하고, 상호작용을 기대할 수 있어야 한다.

- 한정된 시간과 비용을 가지고 있기 때문에 이를 현명하게 활용해야 한다.
- 좋은 아이디어에 접근함에 있어 휘둘리지 않고 현실적으로 바라보기 위해서는 성공을 위해 필요한 비용과 시간에 대한 일차적인 예상이 필요하다.
- 투자자는 팀의 구성원들이 어느 정도의 자금을 가지고 일을 해야 하는지 항상 상기시켜야 한다.
- 발명가는 위험을 감수한 사람들과 이득을 공유해야 한다는 것을 이해해야 한다.
- 모두가 받아들일 수 있는 계약을 체결하는 데 있어서 고집과 부족한 상상력은 두 가지 큰 적이다.
- 발명가와의 협상을 성공적으로 이끌기 위해서는 그 아이디어가 상업적으로 성공할 것이라고 가정하는 것이 중요하다.
- 팀워크는 기술사업화의 성공을 위한 필수 구성요소이다.

chapter 05

아이디어 투자

사업화 성공에 확신이 있는 아이디어를 발굴했을 때 고려해야 할 아주 중요한 투자 규칙이 있다. 이 장에서는 우리의 경험을 토대로 이런 중요한 규칙에 대해 다룰 것이다. 우리는 4장에서 Eugene Kleiner를 아주 훌륭한 투자자로 소개했었는데, 이 장에서도 그의 몇 가지 투자 원칙을 소개할 것이다.

5.1 장밋빛 전망을 주의하라

우리는 지금까지 부정적인 전망을 담고 있는 발명가의 사업계획서를 단 한 번도 본 적이 없다. 이는 어쩌면 자신의 발명을 자식처럼 여기는 발명가의 입장에서 보면 당연할 것이다. 누가 자기 자식이 훌륭한 사람으로 성장하지 않을 것으로 생각하겠는가? 이런 상황에서 우리의 역할은 근거 없는 희망을 걸러내고 발명가들에게 현실을 알려주는 것이다. 이런 과정에서 우리는 발명가들이 품고 있는 희망의 크기에 비례해서 주의를 기울여야 한다. 한때는 "장밋빛 전망을 절대 믿지 말라!"는 말이 있었다. 하지만 반대로 그 장밋빛 전망이 사실로 판명나면 어떨까를 상상해 보아라.

모든 사업은 생명체와 유사한 탄생, 성장, 성숙, 그리고 죽음에 이르는 생명주기가 있다. 우리의 목표는 급성장이 예상되는, 막 성장 단계에 접어든 회사를 발견하는 것이다. 이를 위해 우리는 "만약~이라면 " 시나리오 방법을 사용하여 발명가와 협상해야 한다. 우선, 그런 장밋빛 전망을 가능케 하는 기본 가정이 무엇인지 찾아야 한다. 가정이 비현실적이라고 공격하는 것보다, 발명가들에게 당신이 그 분야 전문가임을 알리고 만약 상황이 바뀌면 그 가정이 어떻게 되는지 테스트해보고 싶다고 설득하라. 가정을 다양한 각도에서 살펴봄으로써, 우리는 아이디어의 유효성과 발명가가 여러 상황에서 어떻게 대처해야 하는지를 명확히 이해하고 있는지 파악할 수 있다.

"만약~이라면" 시나리오의 장점은 (1) 아이디어의 건실함에 대해 다양한 각도에서 평가할 수 있고, (2) 해당 분야에 대한 발명가의 이해도를 측정할 수 있고, (3) 보다 현실적인 수치에 도달할 수 있고, (4) 초기에 과도하게 긍정적 전망을 내놓은 경우 발명가의 체면을 구기지 않게 할 수 있고, (5) 발명가와 사업화팀원들이 충돌없이 서로를 더 잘 이해할 수 있게 도와주는 것이다. 발명가가 스스로 내놓은 전망을 방어하지 않고 여러 가정을 공유하고 토론하고자 한다면 토론을 통해 결론을 내리는 것도 좋은 생각이다. 기술사업화뿐만 아니라 인생에 도움되는 좋은 규칙은 터무니없이 비합리적인 사람은 가급적 피하는 것이다.

5.2 아이디어 투자는 위험하다 단지 일부만 제값한다

이 책의 초기에 우리는 성공하기 위해서는 잘 진행되고 있는 아이템에 집중하고 그렇지 않은 아이템은 과감히 버리라고 강조하였다. 그리고 긍정적인 계획을 세우되 만약에 대비한 계획도 고려하라고 조언하였다. 우리는 여전히 이 조언을 다시 한 번 언급하고 싶다. 하지만 발명가들이 범하는 가장 큰 실수는 모든 아이디어가 홈런을 칠거라고 생각하는 것이다. 이런 실수는 포트폴리오를 다양하게 가져가는 사람보다 그렇지 않은 사람에게 더 자주 일어난다. 확실한 것은 그저 그런 평범한 아이디어는 다양한 아이디어를 보유하고 있는 사람보다 다른 기회가 없는 사람에게 훨씬 더 치명적이라는 것이다.

다양한 아이디어 포트폴리오를 살펴보면 이 중 한두 가지는 큰 성공이 예상되는 후보, 몇 개는 그럭저럭 괜찮은 성과가 예상되는 후보, 다수는 평범한 후보, 그리고 나머지는 아무런 가치없는 후보로 구성되어 있을 것이다. 큰 성공이 예상되는 후보의 성과는 상상하는 만큼이 될 것이다. 그럭저럭 괜찮은 후보는 사업화팀의 경험과 선호도에 따라 다양한 방법으로 다뤄질 수 있다. 평범한 아이디어는 더 좋은 아이디어에 투자하거나 신규 아이디어를 발굴할 자금을 마련하기 위해 가급적 초기에 매각해야 한다. 형편없는 아이디어는 더 이상 관심을 두지 말아야 한다.

다양한 수준의 성공을 염두에 두고 감정에 치우치지 않는 전문가다운 계획을 세워야 한다. 즉, 소중한 시간을 좋은 아이디어에 최대한 많이 집중할 수 있게 운영 계획을 세우고 이를 구체화하는 데 더 많은 노력을 기울여야 한다. 발명가는 그들이 사랑하는 아이디어를 좀처럼 포기하려 하지 않을 것이고, 종종 그들과 같이 감정적으로 몰입한 기술자들에 의해 지지를 얻는다는 사실을 명심해야 한다.

반면, 우리가 보기에 평범해 보이는 것이 다른 누군가에게는 아주 값진 보물일 수도 있다. 따라서 아이디어를 포기하기로 결정할 때는 신중하게 생각하고 사업화팀원 이외의 다른 누군가를 통해 재확인을 받는 것도 좋은 생각이다.

5.3 배가 항해할 때가 아닌 정박할 때 수익률을 계산하라

기술 투자에서 가장 큰 실수는 너무 일찍 기술에 대한 대가를 지불하는 것이다. 그것은 쓰디쓴 교훈이다. 우리는 큰 성공을 기대하는 기술에 대한 권리를 빨리 얻고자 하는 생각이 간절해지고, 우리가 빠르게 조치하지 않으면 경쟁자에게 한 방 먹게 될 거라 믿기도 한다. 돌이켜 보면 오히려 경쟁자가 우리에게 한 방 먹였으면 좋았을 텐데라고 생각하는 경우가 발생한다. 조기에 우리는 그 아이디어에 A++ 점수를 줬을지 몰라도, 현재 시장에 매물로 등록된 상태에서 시장의 평가는 겨우 C+ 수준인 아이디어를 많이 보았다. 발명가는 아이디어 하나를 탄생시키기 위해 많은 시간과 비용을 투자했기 때문에 아이디어에 대한 대가로 바로 금전적 보상을 받고 싶어하는 것은 아주 당연하다. 하지만 그들이 원하는 것은 투자 비용에 이자까지 합쳐 자금을 회수하고 그 결과로 인고의 산물인 그들의 대단한 아이디어에 대한 우리의 지지를 받고자 한다. 이런 과정에서 그들은 우리의 위험 부담을 희석시키길 원한다.

그러나 발명가들이 그들의 아이디어를 광적으로 지지하더라도 만약 아이디어가 증명될 때까지 대금 지불을 연기하자고 제안 받으면 그들은 아마 다소 덜 긍정적으로 바뀔 것이다. 사실 그들은 그들이 우리에게 기대하는 위험 부담을 받아들이려 하지 않을 수도 있다. 하지만 아이디어가 정말 대단하다면 그들의 몫 역시 그만큼 커진다는 것을 발명가들도 반드시 알아야 한다. 그리고 발명이 입증되었으면 우리는 그 보상 약속을 반드시 지켜야 한다. 정직과 성실은 향후 다른 발명가들과 일하는 데도 반드시 도움이 되는 덕목이다. 우리가 성공적 사업화 과정에서 정직하고 성실하게 행동하면 다른 많은 발명가들이 스스로 우리를 찾아올 것이다.

요약하면, 아이디어에 대한 평가가 최종적으로 마무리되는 시점에서 발명가에 보상해야 한다. 물론 발명가를 붙잡아 두기 위해 평가 과정 단계별로 성과금을 지불할 수도 있다. 예를 들면, 평가기간 동안 기술자를 돕도록 발명가를 컨설턴트로 고용할 수도 있을 것이다. 그러나 가장 큰 보상은 목표 지점에 도달할 때까지 기다려라.

5.4 검증된 사람에게 투자하라

일반적으로 검증된 경력을 갖고 있는 사람들이 성공 가능성이 있는 아이디어를 개발할 가능성이 높다. 이는 수십 내지 수백 개의 특허를 보유하고 있는 사람을 의미하는 것은 아니다. 이 말이 의미하는 것은 바로 훌륭한 아이디어가 어느 날 갑자기 하늘에서 뚝 떨어지지 않는다는 것을 의미한다. 그래서 사업화팀이 철저히 해당 분야를 공부하고 좋은 네트워크를 유지하여 누가 이 분야에서 최고인지를 잘 알고 있어야 한다.

대부분의 주요 연구기관은 기술을 라이센싱하거나 판매하는 내부 조직을 갖추고 있다. 이들은 적극적으로 그들의 연구 결과물을 시장에 알리고 일부는 벤처 기업을 지원하는 별도의 사무실을 두기도 한다. 이런 곳이 아이디어를 발굴하기 좋은 곳이다. 그러나 우리의 경험을 볼 때, 교수들은 그들의 연구에 대해 자만하고 학계 외부인의 경험이나 지식을 과소평가하며 초기에 과도한 금액을 요구하는 경향이 있다. 반대로 직간접적 사업화 경험이 조금이라도 있는 교수는 훨씬 현실감이 있고 다루기가 쉽다. 이런 사람들을 찾는 것은 엄청난 혜택이다. 왜냐하면 그들은 훌륭한 아이디어를 제공할 뿐만 아니라 그들을 도울 훌륭한 대학원생들을 쉽게 구할 수 있기 때문이다.

다른 검증된 사람들은 SBIR(Small Business Innovative Research)이나 SBTR(Small Business Technology Transfer)와 같이 중소기업을 위한 아이디어 개발 전문 업체들에서 찾을 수 있을 것이다. 이런 회사들은 매년 수십 건의 아이디어 제안서를 작성하여 제출한다. 이들이 갖고 있는 단점은 선택된 아이디어의 성공적 사업화를 위해 노력하는 것보다 다음 제안서를 작성하는 데 너무 많은 시간을 들인다는 것이다. 우리는 이들의 경험과 지식을 최대한 활용하기 위해 사업화 과정에서 이들의 좀 더 적극적인 역할을 요구하는 것이 우리 모두를 위해 필요하다고 생각한다.

5.5 투자 그룹 모집 시 조심하라

가끔은 발명가들이 직접 초기 투자자를 데리고 오는 경우도 있다. 이런 초기 투자자들이 우리와 함께 투자하는 것은 나쁘지 않다고 생각한다. 하지만 최소한 다음의 두 가지는 명확히 해야 한다. 첫째, 사업화 과정의 다양한 단계에서 발생 가능한 다양한 위험을 감수해야 하고, 사업화의 초기가 아닌 사업화 전 과정에서 그들이 감수한 위험의 정도에 따라서 보상받아야 한다는 것이다. 다시 말하면, 초기에 그들이 가치있는 아이디어를 발견했기 때문에 특별 점수를 받아서는 안 된다는 것이다. 둘째, 우리의 참여가 시작되면서부터 버스를 운전하는 사람은 바로 우리이지 초기 투자자가 아니다. 그들은 버스에 탑승한 승객이다. 물론 우리는 그들의 통찰력을 존중하고 박수를 칠 것이다. 하지만, 아이디어가 제대로 사업화되기 위해서는 우리팀이 책임을 지고 진행해야 한다. 초기 투자자가 이를 받아들이지 못하면, 아이디어를 매입하던지 아니면 관계를 중단해야 한다.

최고의 투자자 Eugene Kleiner

벤처 캐피탈의 거두인 Eugene Kleiner는 반역의 8인 중 한명이고 가장 유명한 벤처 투자회사인 Kleiner, Perkins, Caufield & Byers의 공동 설립자이다. 그는 어떻게 한 사람이 사업화팀의 다양한 핵심 역할을 수행할 수 있는지를 잘 보여주기 때문에 우리는 여기서 그에 대해 자세히 살펴볼 것이다. 아마 Eugene Kleiner보다 이를 더 잘 수행한 사람은 없을 것이다. 이 책의 저술을 위해 다양한 조사를 펼치다가 우리는 우연히 The Economist 잡지에서 그의 사망 기록을 찾을 수 있었다. 그 기사를 작성한 기자는 그의 인생의 주요 행적을 아주 잘 묘사하였다. 우리는 그 기사의 일부를 아래에 발췌하였다.

1930년대에 Valley of Heart' s Delight라 불리는 샌프란시스코의 남쪽에 위치한 지역을 방문하였다면 당신은 아름다운 자두나무와 호두나무로 가득한 과수원을 많이 볼 수 있었을 것이다. 이 지역은 전파방해가 적어서 무선통신 아마추어들이 자주 찾던 곳이었다. 70여 년이 지난 후 이 지역에는 7천개 이상의 전기, 소프트웨어, 바이오 등의 기업들로 가득 찼고 매주 11개의 새로운 기업이 탄생하고 있다. 이러한 최근의 산업적 혁명 역시 이전과도 같이 세 가지 요소에 의존하고 있다. 그것은 바로 발명을 하는 과학자, 발명을 사업화하는 사업가, 그리고 위험을 감수하고 투자하는 투자자이다.

Eugene Kleiner는 서로 다른 시기에 이 세 가지 역할을 모두 수행하였다. 하지만 그는 처음에는 이런 혁명적 변화는 생각지도 못했다. 1956년 처음 캘리포니아에 왔을 때, 그는 완벽한 트랜지스터 개발을 꿈꾸는 젊은 엔지니어에 불과했다. 그의 첫 직장은 Shockley 연구소였다. 그 연구소에서 Kleiner는 다른 일곱 명의 동료와 함께 William Shockley의 노벨상 수상 발명품을 사업화시키는 작업을 하였다. 변덕스럽고 천재적이었던 Shockley는 게르마늄 웨이퍼에 최대한 많은 트랜지스터를 만들고 싶었다. 하지만 Kleinier와 그의 동료는 열에 더 강한 실리콘을 선호했고 결국 Shockley와 헤어져 그들의 회사를 시작하였다.

1장에서 언급하였듯이, 전설적인 벤처 투자자인 Arthur Rock과 만나게 된 결정적 계기는 Kleiner가 그의 아버지에게 쓴 편지 때문이었고, 그 결과로 Sherman Fairchild와 협력하게 되었다. Fairchild Semiconductor에서 Kleiner는 자신의 사업가적 기질을 발견하였다. Kleiner와 그의 동료는 오늘날 실리콘 밸리의 상징이 된 자유로운 업무 환경을 조성하였고, 젊고 유능한 인재를 끌어 들이기 위해 당시로서는 혁명적인 스톡옵션 제도를 도입하였다.

Klenier의 사망 기사 내용은 다음과 같이 이어진다.

1972년 경 Kleiner는 엄청난 현금을 보유하고 있었고, 벤처 투자자로 변신하였다. 훗날 Thomas Perkins 등과 협력하여 오늘날의 Kleiner, Perkins, Caufield & Byers(KPCB)를 탄생시켰고, 350여 개 이상의 신생 기업을 탄생시켰다. 물론 350여 개 기업 중 실패한 기업도 있지만 오늘날 유명한 Compaq, Genentech, Amazon 등의 기업도 있다. 1997년까지 KPCB가 투자한 회사의 시가 총액 총합은 100조가 넘을 정도였다.

부끄러움이 많았던 Kleiner는 팀내에서조차 자신을 드러내기 꺼려했다. 그의 편지는 오늘날의 실리콘 밸리를 탄생시킨 불꽃이었고, 간접적으로는 컴퓨터와 반도체 산업을 일으킨 수백 개의 벤처 기업이 실리콘 밸리로 모여들도록 만들었다. 이런 투자자로서의 업적에도 불구하고 그의 가장 큰 자부심은 그가 발명가라는 데 있었다. 그의 인생 마지막까지 그는 스스로를 엔지니어라 불렀다.

Kleiner는 그의 놀라운 경험에 기초하여 스스로 만든 "경험 법칙" 때문에도 더 유명하다. 아래 내용이 바로 그 "법칙"이다.

- 개는 개의 음식을 먹고 싶어 한다는 점을 명심하라.
- 새로운 기술이 아무리 혁신적이어도 그리고 잠재 시장이 아무리 크더라도 고객이 실제 원하는지 따져봐야 한다.
- 한 번에 하나씩 사업을 전개하라. 대부분의 사업 계획은 너무 애매모호하다. 한 번에 하나씩 최선을 다해 집중해야 한다.
- 화살을 잡을 수 있는 시간은 화살이 지나갈 때이다. 환경이 투자하기에 적당하면 투자하라.
- 대부분 회사의 문제는 그들이 어떤 사업 영역에 있는지 모르는 것이다.
- 심지어 칠면조도 강한 바람이 불면 날 수 있다. 경제가 좋을 때는 나쁜 회사도 좋을 수 있다.
- 새로운 영역을 개척하는 것보다 기존 시장의 일부를 차지하는 게 쉽다.
- 사진 안에 있으면 사진 전체를 보는 것이 불가능하다.
- 개발할 물건이 아니라 사람에 투자하라.

5.6 핵심사항

- 발명가의 과도한 긍정적 성향을 고려하여 투자를 결정할 때의 핵심적 질문은 "발명가의 예상을 어떻게 검증하고 현실성을 가미시킬 것인가"이다.

- 발명가의 예상을 검증할 수 있는 좋은 방법 중 하나는 "만약~이라면" 질문을 던져 그들과 토론하는 것이다.
- 아이디어의 일부만이 이익을 안겨준다.
- 평범한 아이디어라도 내팽개치지마라. 우리에게는 평범할 수 있지만 다른 누군가에게는 보물이 될 수도 있다.
- 아이디어에 대한 검증을 통해 확신이 생길 때 발명가에게 보상하라.
- 검증된 사람들로부터 제안된 아이디어는 좋을 가능성이 높다
- 교수들은 학교 이외의 환경에서 사업화를 위해 필요한 그들의 역할에 대해 명확히 이해해야 한다.
- SBIR/STTR 등에 자주 이름을 올리는 회사는 사업화 파트너로 좋을 수 있다.
- 초기 투자자를 사업화팀에 받아들일 때는 주의해야 한다.
- 우리는 훌륭한 투자자인 Eugene Kleiner에 대해 간략히 살펴보았고, 그의 아주 유명한 투자 법칙도 살펴보았다.

chapter 06

아이디어 평가

이제 우리는 좋은 아이디어를 발견하였으므로 그 아이디어가 정말 발명가들이 생각하는 것처럼 좋은지 판단할 시간이다. 이 장에서 우리는 아이디어 평가 과정에서 반드시 집고 넘어가야 할 질문들을 제시할 것이다. 그런 후 우리는 앞으로 계속 나아갈지 여부 혹은 어떻게 사업화를 진행할지의 판단에 유용한 통찰력을 설명할 것이다.

6.1 평가 과정

투자할지 혹은 계속 개발을 진행할지 등을 결정하기 위하여 아이디어를 평가할 때 사업화팀은 많은 질문을 고민해야 한다. 이 질문의 유형은 크게 다음의 세 가지 이슈로 나누어진다. 전략적/법률적/관리적 이슈, 기술적 이슈, 마케팅과 사업화적 이슈이다. 이 세 가지 유형은 병렬적으로 접근 가능한 것이 특징이지만, 한 유형의 해답은 다른 유형을 고민할 때 분명히 유용할 것이다.

우리는 아래에서 각 유형별 핵심 질문을 나열하였다. 각 질문에는 간략한 부연 설명이 포함되어 있다. 이어지는 장에서는 우리의 경험을 기반으로 더 중요한 부분이라 판단된 영역에 대해서는 부가적으로 설명하였다.

6.1.1 전략적, 법률적, 관리적 이슈

- 아이디어가 전략적인 계획의 범위와 잘 일치하는가? 앞에서 언급하였듯이, 전략적인 계획과 일치하지 않는 아이디어에 시간을 낭비하는 것은 현명하지 못하다. 당신의 가슴을 설레게 할 정도가 아니라면 그 아이디어를 빨리 포기하고, 다른 사업화팀에 소개하라.

- 왜 우리로부터 자금을 필요로 하는가? 자금이 필요해 찾아온 사람들에게 다음의 질문을 꼭 하라. 자금이 다 떨어져서 왔는가? 위기관리를 못해서 왔는가? 다른 곳에서 거절되었는가? 아니면 우리에 대해서 듣고 우리의 사업 스타일이 마음에 들어서 왔는가? 만약, 그들이 다른 곳에서 거절되었다면 왜 누가 거절했는지 반드시 파악하라.
- 사업계획서가 모호함 없이 명확하게 잘 작성되었는가? 사업계획서를 보면 그 작성자에 대해 많은 것을 알 수 있다. 우리의 경험에 의하면 명확하고 직설적이며 간결한 사업계획서의 작성자는 생각이 깊고 잘 훈련된 사람일 확률이 높다. 그리고 보통 잘 작성된 사업계획서와 좋은 아이디어의 상관관계는 높은 편이다. 이와는 반대로 불명확하고 지저분한 사업계획서는 거의 대부분 모호한 아이디어에 관한 것이다. 한 가지 주의할 점은 사업계획서가 전문적인 사업계획서 작성자들에 의해 대필된 것인지 유심히 살펴봐야 한다는 것이다. 사업계획서 설명회 때 구체적인 질문을 많이 하면 대필된 것인지 쉽게 파악할 수 있을 것이다.
- 누가 진정한 발명가인가? 그리고 누가 개발을 이끌었는가? 발명가와 개발자가 동일인임을 확인하는 것은 매우 중요하다. 때로는 몇몇 약삭빠른 개발자들이 다른 사람의 아이디어를 자신들의 것인양 판매하려는 경우가 종종 있기 때문이다. 아이디어의 도용은 심각한 법적 문제를 일으킬 수 있음을 기억해야 한다.
- 발명가의 자질과 그간 경력은 어떠한가? 아주 훌륭한 아이디어는 하루아침에 뚝딱 생기는 것이 아니다. 보통은 나무랄 데 없는 평판과 경력을 갖고 있는 사람들에 의해 창조되는 것이다. 발명가가 이전에도 아이디어 사업화의 성공 사례가 있다면 더욱 좋을 것이다.
- 아이디어의 소유자는 누구인가? 어떤 이들은 발명가가 당연히 소유자라

생각한다. 하지만 반드시 그런 것은 아니다. 만약 발명가가 초기 자금을 친구나 엔젤 투자자, 벤처 캐피탈리스트 등으로부터 조달하였다면 문제는 복잡해진다. 초기부터 누가 무엇을 어떤 비율로 소유하는지 명확히 하여라. 그렇게 해야만 앞으로 남은 사업화 과정에서 누구를 어떤 식으로 대할지 구별할 수 있게 된다.

- 소유자가 아이디어에 대해 확실한 권리를 보유하고 있는가? 발명가든 컨소시엄이든 소유권을 확실하게 갖고 있음을 반드시 문서로 증명할 수 있어야 한다. 등기권리증 없이는 부동산을 구입하지 않는 것과 똑같은 이치이다.
- 법적 권리가 문서화되었는가? 이 질문은 앞서 언급한 질문에 대한 일종의 증거가 될 것이다.
- 법적 권리가 독점적이고 방어 가능한가? 변호사에게 해당 문서를 검토하게 한 후 권리 범위가 명확한지 만약 그렇지 않다면 어떤 문제가 발생할 수 있는지 자문을 구해야 한다.
- 발명가가 세부 사항을 완전히 공개할 의향이 있고 또 그렇게 할 수 있는가? 대부분의 경우 발명가의 시기 적절하면서도 완전한 공개가 절대적으로 필요하다. 그렇지 않다면 바로 뒤돌아 서야 한다. 따라서 발명가의 의향을 사전에 파악하거나 가능하면 문서로 서약을 받아둬야 한다.
- 아이디어와 관련된 위험이나 환경 문제가 있는가? 변호사와 기술자가 함께 모여 잠재적 위험이나 환경 문제에 대해 검토해야 한다. 만약 그래도 불확실하다면 외부 전문가로부터 자문을 구할 것을 망설이지 마라.
- 아이디어 사업화를 계속 진행해야 하는가? 우리는 사업화팀 전원이 세 가지 유형의 모든 질문들을 심사숙고 한 후 그에 대한 결정을 내릴 것을 강력히 제안한다.

6.1.2 기술적 이슈

- 아이디어가 독자적인 것인가? 앞서 언급하였듯이, 해당 분야의 최신 동향을 잘 파악하고 있다면 이 질문에 대한 대답은 아마 쉬울 것이다. 그러나 때때로 이러한 대답이 분명하지 않는 경우도 있다. 이런 경우 발명가에게 독자 개발한 것임을 증명하도록 요구할 필요도 있다.
- 어떻게 동작하는가? 우리는 우선 발명가에게 왜 동작하는지 물어보고 나서 그 동작 원리를 스스로 파악한다. 발명가가 설명한 내용과 우리가 스스로 파악한 내용이 서로 다르거나 발명가가 동작 원리를 설명할 수 없다면, 우리는 다른 아이디어를 찾아 빨리 떠나는 것이 최선일 것이다.
- 얼마나 잘 동작하는가? 우리는 정말 대단한 혁신적인 아이디어를 찾고 있음을 기억하라. 우리는 약간의 변화가 있는 단계적 기술 혁신을 원하지 않는다.
- 우리는 그 아이디어를 개선시킬 수 있는가? 우리는 종종 아이디어에 대해 발명가도 발견하지 못한 전혀 새로운 가치를 발견할 수 있다.
- 과정이 재현 가능한 것인가? 만약 저온 핵융합 방식이 재현 가능하다면 사우디 아라비아의 경제는 오늘날과 사뭇 다를 것이다. 하지만 불행히도 그렇지 않다. 많은 사람들은 저온 핵융합 방식의 재현에 명백히 실패하기 전까지는 저온 핵융합이 인류 문명에 새로운 혜택을 가져다 줄 것으로 확신하였다. 발명가가 수행한 실험을 다른 사람들도 똑같이 재현할 수 있도록 모든 실험을 반복적으로 수행해야 한다. 사실 새로운 기술이 사업화되기 위해서는 항상 안정적으로 재현될 수 있어야 한다.
- 아이디어를 증명하기 위해 어떤 기술적 작업이 수행되었는가? 발명가는 그 발명을 증명하기 위해 실험을 어떻게 진행했는지 자세히 설명하였는가? 우리는 보통 시연(데모)을 요구한다.

- 아이디어가 얼마나 잘 문서화되었는가? 발명가는 그들의 연구 노트와 모든 데이터를 우리에게 보여주었는가? 페이지를 마음대로 꽂았다 뺐다할 수 있는 루스리프식 노트는 신뢰하지 마라. 법률적으로 효력을 갖기 위해서는 모든 데이터가 가철 노트에 잉크로 기록되어야 한다. 그리고 중요 페이지는 제삼자에 의해 날짜 기록과 서명을 받아야 한다. 좋은 발명가는 이런 과학적, 법률적 규약에 익숙하다.
- 발명가는 어떤 작업이 추가로 필요하다고 생각하는가? 보통 발명가는 좋은 제품을 성공적으로 만들기 위해 어떤 작업이 추가로 필요한지 잘 알고 있다. 그들에게 이를 확실히 물어보라.
- 우리는 이 아이디어를 검증하기 위해 어떤 작업이 필요하다고 생각하는가? 이전의 항목을 참조하라.
- 기존 기술보다 더 잘 동작하고 비용은 더 저렴한가? 우리는 이 질문에 대답하기 위해 철저히 조사해야 한다. 각각에 대한 답을 찾기 위해 세부적인 계획을 세워야 한다. 정말 훌륭한 아이디어라면 모든 면에서 "예스"가 나와야 한다.
- 우리는 비용을 추가적으로 낮출 수 있는가? 대부분의 경우 우리는 발명가가 제안한 비용보다 더 낮출 수 있는 방법을 찾을 수 있다. 이는 개선된 디자인, 단순화된 운영이나 좋은 재료를 통해 가능하다.
- 첫 번째 중요 성과지점에 도달하기까지 얼마나 걸리는가? 그 기간이 길수록 더 가치있는 아이디어일 가능성이 높다.
- 아이디어를 개발하고 제품을 디자인한 후 완전히 사업화하기까지 얼마의 비용이 필요한가? 기술자의 신속하고 정확한 비용 예측 능력은 정말 중요하다. 개발 단계에서 가장 중요한 두 가지 요소는 비용과 시간이다. 둘 중 하나라도 터무니 없으면 사업화팀은 그 아이디어를 신속히 포기해야 한다.

- 아이디어가 안전하게, 안정적으로 그리고 비용 효율적으로 개발, 디자인, 그리고 생산될 수 있는가? 세부 기술 평가에 근거하여 기술자는 이 질문에 확고하게 대답할 수 있어야 한다.
- 아이디어를 증명하고 시제품을 생산하는 데 얼마의 비용이 필요한가? 이는 위 질문에 포함된다.
- 아이디어가 얼마나 신뢰성이 있는가? 개발 과정은 데이터에 근거하여 이 질문에 대답할 수 있도록 계획되어야 한다. 이전의 유사 경험에 근거하여 초기 예측을 해야 한다.
- 우리는 아이디어를 좀 더 신뢰성있게 만들 수 있는가? 정답은 잘 계획된 테스트에 달려있다.
- 아이디어를 판단하고 개발하기 위해 외부 도움이 필요한가? 아이디어의 상태에 따라 다를 것이다.
- 발명가는 적절한 분석 도구를 갖춘 실험실을 보유하고 있는가? 보유하고 있다면 큰 도움이 될 것이다. 그렇지 않으면 우리는 적절한 곳을 물색해야 한다.

6.1.3 마케팅과 사업화적 이슈

- 발명이 유일하고 획기적인가? 이에 대한 대답은 사업화팀 전원의 심사숙고한 결과를 반영해야 한다. 왜냐하면 많은 요소들이 고려되어야 하기 때문이다. 게다가 철저한 조사를 통해 판단해야 한다.
- 누가 이 발명을 필요로 하며, 고객의 요구를 잘 충족시키는가? 사업화팀은 발명가가 생각하는 잠재 고객층을 검증해야 하고 철저한 조사와 그동안의 경험을 바탕으로 그들이 생각하는 고객층도 창출해야 한다.
- 얼마나 많은 잠재 고객이 있는가? 이는 앞선 질문에 포함된다.

- 발명가는 성공적인 기술 사업화 경험이 있는가? 만약 그렇다면 발명가의 예측은 훨씬 믿을 만한 것이다.
- 발명이 적용 분야에 잘 부합하는가? 가끔은 마케팅 담당자가 발명가보다 더 좋은 적용 제품을 찾아내는 경우가 있다. 왜냐하면 마케팅 담당자의 창의성 때문이다. 발명의 새로운 적용 분야는 너무 많은 자금을 투자하기 전에 초기에 발견해야 한다.
- 발명을 개발하고 디자인하여 성공적으로 사업화하는 데 얼마나 시간이 필요한가? 기술자는 기본적으로 이런 똑같은 질문을 다시 던져야 한다.
- 잠재적 경쟁자는 누구인가? 발명가의 이에 대한 예상 가능한 초기 대답은 "우리의 경쟁자는 없다"임을 4장에서 살펴보았다. 좀 더 현실적인 질문으로 발명가를 계속 압박해도 똑같은 대답을 하면 빨리 포기하고 다른 아이디어를 찾아라. 다른 한 편으로는 우리가 오히려 경쟁 상대에 대해 더 잘 파악할 가능성이 있고 그렇게 해야 함을 기억하라. 따라서 이에 대한 결정을 내리는 데 너무 경솔하지 말 것을 충고한다.

위의 질문에 모두 대답할 수 있을 때, 이제 우리는 앞으로 나아갈지 말지를 결정할 수 있을 것이다. 만약 결정이 "예스"라면 우리는 개발 단계로 접어들 준비가 된 것이다(8장 참조).

6.2 배타적 권리 확보의 필요성

이 장의 제목을 보자마자 아마 독자는 스스로에게 "이 이야기 전에 하지 않았어?"라고 질문할 것이다. 우리는 사실 앞에서 언급했지만 이 장에서는 왜

독점적 권리가 중요한지에 대해 조금 다른 각도에서 설명할 것이다. 앞에서 나열한 많은 질문 리스트를 보면 알겠지만 기술 혁신에 대한 실사조사는 아주 비싼 과정이다. 우리가 만약 독점적 권리를 확보하지 못하면 다른 누군가가 우리의 상당한 투자 혜택을 대신 가져갈 수도 있다.

일단 우리가 아이디어 사업화를 결정했다고 가정하자. 만약 우리가 독점적 권리를 확보하고 있으면 우리는 그 독점적 권리를 매각하여 적어도 우리 투자의 일부는 회수할 수 있다. 우리가 실사 후 아이디어를 포기하더라도 철저한 비밀유지 조건을 제시해야 한다. 왜냐하면 우리의 실사 작업이 누군가에게는 좋은 시작점이 될 수 있기 때문이다. 이는 종종 후발주자의 장점으로 불린다.

우리는 무엇을 포기할지 신중해야 한다. 어렵게 구한 정보는 특히 기술 비즈니스에서 아주 중요하다. 따라서 단지 그 아이디어가 우리의 기대치에 부합하지 않거나 우리 계획과 잘 맞지 않는다고 바로 실망하거나 포기하는 것은 현명하지 못한 결정이다. Pontin의 첫 번째 혁신의 법칙 "기술 사업화의 첫 번째 시도는 거의 실패한다."를 명심하라. 우리는 아무런 보상없이 누군가를 위해 길만 닦아주는 것은 원치 않는다.

독점적 권리 확보가 중요한 다른 이유는 실사 기간 동안 발명가가 제삼자에게 아이디어 매각을 진행하는 행위를 미연에 방지할 수 있기 때문이다. 비록 실사작업과 기술 평가 작업이 완전 동일하지는 않지만 때때로 사업화 팀은 이 두 과정을 동일시 할 수도 있다. 엄밀히 말하면, 실사작업은 발명가의 사업계획서나 제안서에 포함된 내용이 올바른지를 확인하는 것이고, 기술 평가는 사업화팀의 관점에서 그 발명이 좋은지를 판단하는 과정이다.

6.3 기술적 평가는 쉽지만, 마케팅과 사업적 평가가 어렵다

비용이나 가격은 기술적 평가 요소가 아니다. 기술적 평가는 단지 기술이 잘 작동하는지 아닌지에 대한 판단을 내리는 것이다. 이론적으로 보면 기술적 목표를 달성하는 데는 어느 정도 효율성이 있다. 하지만 기술이 훌륭하게 작동하더라도 사람들이 구매할지는 미지수이다. 그렇다고 우리는 발명 평가 단계에서 기술자의 역할을 최소화하고 싶지는 않다. 오히려 반대로, 기술자가 그 발명을 현란한 수식어로 표현할 수 있어야 한다. 문제는 기술자는 아주 객관적인 입장에서 움직여야 하기 때문에 발생한다. 가설을 세우고 그 가설이 실제 실험 결과와 일치하는지 그 기술이 제대로 동작하는지에 대한 판단은 사실에 근거한 판단이지 개인적 의견이 아니다.

그 제품을 위한 시장은 존재하는가? 누가 구매할 것인가? 얼마에 팔 수 있을까? 얼마의 이익을 남길 수 있을까? 얼마나 오랫동안 시장에서 살아남을까? 해외 시장은 있는가? 그 제품을 어디서 생산할 것인가? 등 기술 평가에 비해 마케팅이나 사업 결정은 훨씬 주관적인 요소가 많다. 통상적으로 쉽게 이해할 수 없는 부분은 "그 발명으로 어떻게 돈을 벌 것인가?"이다. 즉, 사업화팀원 중 누군가는 사업 모델을 개발해야 한다. 투자자와 사업가가 사업화팀에서 중요한 역할을 수행해야 하는 이유도 바로 이것이다. 그들은 팀원들이 현실적이고 실행 가능한 사업 모델을 도출하도록 잘 안내해야 한다. 그래야 발명을 사람들이 정말 사고 싶어하고 우리도 그 과정에서 돈을 벌 수 있는 혁신적 기술로 변환시킬 수가 있다.

그럼 어떻게 사업 모델을 만들 수 있을까? 투자자와 사업가는 발명가와 기술자와 함께 공동으로 작업해야 한다. 투자자와 사업가는 마케팅과 사업화 타당성 조사를, 발명가와 기술자는 기술적 평가를 수행한다. 이 두 작업은 순차적으로 진행될 필요가 없다. 사실 두 작업이 끝나면 그 발명에 대한 계속 투자 여부를 바로 결정할 수 있게 된다. 이러한 결정을 위해 기술적 검토와 사업적 검토 모두 동일하게 중요하다. 단지 사업적 검토 내용은 좀 더 주관적이고 불확실성이 높다는 차이뿐이다.

6.4 10% 더 좋은 아이디어만으로는 부족하다

기술 개발을 계속 진행하기 위해서는 아이디어의 기술적, 사업적 평가 결과가 현재 상태의 제품보다 월등히 좋아야 한다. 현재 상태보다 조금 더 나은 아이디어로는 여러 이유로 인해 사업성을 확보할 수가 없다. 이유는 다음과 같다. 첫째, 가격 마진은 사업화 과정에서 드는 총 비용(평가, 개발 등)을 고려하여 투자의 위험 부담을 감수할 정도의 충분한 이익을 얻을 수 있어야 한다. 투자자는 회수율이 낮은 곳에 절대 투자하지 않을 것이다.

둘째, 새로운 아이디어는 아주 혁신적이고 매우 낮은 비용으로 기술적 도약을 이룰 수 있을 것으로 알려질 때만 잘 팔린다. 솔직히 말해서 정부나 기업의 구매 담당자는 검증되지 않은 새로운 제품을 구매하여 발생할 수 있는 그들의 경력에 흠집을 주는 위험을 감수하려 하지 않을 것이다. 놀라운 성능과 저렴한 비용으로 그들을 설득하지 않는 한, 아무리 그들의 상사가 새로운 기술을 시도하도록 종용해도 그들은 꿈쩍도 하지 않을 것이다.

셋째, 아주 잘 팔리는 새로운 아이디어는 시장 진입 초기에 뚜렷한 경쟁 상대가 존재하지 않는다. 그러나 시장에 동일하거나 적어도 유사한 기술을 판매하는 직접 경쟁 상대가 없을 지라도 소비자는 다른 수단을 통해 우리 제품의 효용을 달성할 수도 있다. 따라서 우리가 보여줘야 하는 것은 현재 가능한 그 어떤 방법보다 우리의 새로운 방법이 더 효율적이고 저렴하다는 것이다.

마케팅과 사업성 평가를 수행하면서 발견한 또 다른 중요한 점은 아이디어를 위한 시장이 아주 제한적이라는 사실을 깨닫는 것이다. 다음은 출처가 불분명한 사례이지만 중요한 점을 시사하고 있다.

아주 인상적인 아이디어 평가 과정에서, 기술자는 기술적 관점에서 그 아이디어가 아주 혁신적이고 큰 성공을 거둘 수 있으리라 판단하였다. 하지만 불행히도 마케팅과 사업성 평가 과정에서 그 아이디어가 필요한 고객은 이 세상에서 단 하나이며 그 고객도 단지 한 카피만 필요함을 알게 되었다.

이것이 의미하는 바는 기술 사업화를 계속 진행하기 위해서는 아이디어가 현존하는 것보다 훨씬 뛰어나야 할 뿐만 아니라, 잠재 시장 규모도 커야 한다는 것이다.

6.5 훌륭한 아이디어를 발견하면 자금과 시간을 아끼지 말라

예비 평가 결과 정말 대단한 아이디어를 찾았다고 확신하면, 우리는 철저한 평가를 일찍 진행해야 하고 평가 과정에서 인색하면 안 된다. 우리는 빠른 사업진행을 위해서 그 아이디어가 충분히 구체적인지에 관하여 밝히려할 것이다. 게다가 평가 결과가 계속해서 긍정적이라면, 발명가와 협상을 진행하면서 동시에 시제품 개발을 시작하길 원할지도 모른다. 초기 위험을 감수함으로써 소유권에 대한 우리의 지분을 더 강력히 요구할 수 있다. 그리고 성과에 대해서도 더 많이 요구할 수 있다. 하지만 위험과 성과는 적절히 균형을 유지해야 한다.

이는 평범한 아이디어에는 관심을 두지 말라는 얘기는 아니다. 정확히 표현하면, 아이디어가 장점이 없으면 그 아이디어를 더 이상 고려하지 말라는 것이다. 평가가 진행되면서 어떤 아이디어는 과대 포장되는 때가 있다. 따라서 우리는 이런 때를 잘 인지해야 하고, 아이디어가 제대로 평가될 수 있도록 시간과 자금을 아끼지 말아야 한다.

만약, 긍정적 결과를 최종적으로 확인할 때가 오면 우리는 그동안 준비한 지적재산권에 대한 권리가 확실히 보호되도록 해야 한다. 한 가지 피해야 할 상황은 발명가는 그들이 가장 훌륭한 것을 발견하였고, 우리의 작업은 발명가의 예상을 확인하는 정도라고 발명가가 믿는 것이다. 이런 상황이 되면 발명가는 너무 값싸게 아이디어를 팔았다고 믿기 때문에 계약을 파기하려 노력할 것이다. 이런 상황이 절대로 생겨서는 안 된다. 이를 방지하기 위해서는 우리는 아이디어의 가치를 발견하기 위해 그동안 투자한 시간, 노력, 자금 등을 하나도 빼지 말고 상세하게 기록해야 한다. 이를 통해 아이디어의 진정한 가치를 인식하고 있는 우리가 그 가치를 발굴한 파트너란 점을 발명가가 깨닫도록 해야 한다.

6.6 팀의 최대 역량 발휘하기

앞장에서도 언급했듯이, 기술적으로 잘 동작한다고 해서 우리가 돈을 벌 수 있는 것은 아니다. 따라서 사업화팀원 전원이 최종 의사 결정에 참여해야 한다. 우리가 개발하려는 제품의 시장이 명확해야 하고, 그 시장의 투자 회수율이 매력적이어야 한다.

종종 간과되는 다른 고려 사항은 법률 사항이다. 일부 아주 좋은 아이디어는 잠재적 특허 침해 이슈 때문에 매력이 떨어지는 경우도 있다. 종종 미국 특허청은 청구 범위가 너무 넓은 특허의 경우 권리 범위를 제한한다. 그래서 우리의 아이디어가 정말 대단하다면 싸워볼만 하다. 하지만 단순히 기술자의 의견만으로는 이를 판단하기 어려울 것이다. 우리는 투자자, 사업가, 그리고 우리가 보유한 전문가들의 의견을 종합적으로 듣고 잠재적 위험을 감수할 것인지 결정해야 한다.

우리는 사업가를 의사 결정 과정을 주도하는 쿼터백으로 언급하였지만, 핵심은 모든 사업화팀원이 참여하는 것이다. 앞서도 언급했듯이, 우리는 다음 단계로 넘어가기 위해 만장일치의 의사 결정이 필요하다. 우리는 만일의 경우에도 그 누구도 "내가 뭐랬어!" 라고 말하는 경우가 없어야 한다.

6.7 초기 계획 점검하기

다음 단계(가령 기술 개발 단계)로 넘어갈 준비가 되었을 때, 사업화팀은 초기 계획이 수정되어야 하면 아이디어에 대한 새로운 정보를 기반으로 계획을 수정해야 한다. 계획을 본격적으로 수정하기 전에 사업화팀 전원이 계획 변경에 동의하는지 확인해야 한다. 논리적으로 보면 아이디어에 대한 초기 생각은 다양한 각도에서 그 아이디어를 평가하면서 자연스레 변하게 마련이다. 게다가, 여기까지 왔으면 아이디어에 대한 인식은 처음보다 더 긍정적으로 변해있을 것이다. 따라서 본격적인 개발 단계에 돌입하기 전에 우리의 계획과 예상 등에 대해 다시 한 번 점검해야 한다. 초기 예상보다 예산이나 일정 등 모든 것이 더 구체적이고 체계적일 필요가 있다. 그렇다고 반드시 초기 계획과 너무 많이 다르거나 새로운 내용이 많이 포함될 필요는 없다. 한편으로는 아이디어 평가를 통해 새로 발견한 내용을 반영하는 것이 필요하다.

6.8 핵심사항

- 아이디어 평가 단계에서 사업화팀은 기술 사업화를 진행할지 말지를 판단하기 위해 많은 질문을 던져야 한다. 이 질문들은 크게 세 가지 유형으로 분류할 수 있다. 전략적/법률적/관리적 이슈, 기술적 사항, 마지막으로 마케팅 및 사업화적 사항이다.
- 아이디어 평가 단계에서 꼭 체크해야 할 질문 리스트를 제시하였다.
- 좋은 아이디어에 대한 독점적 권리를 확보해야 한다. 그렇지 않으면 우리의 노력이 다른 사람들만 좋게 만드는 결과를 빚을 수 있다.
- 어떤 아이디어를 포기할지 결정할 때 매우 신중해야 한다. 특히 기술 관련 사업에서 어렵게 구한 정보는 상당한 가치가 있기 때문이다.

- 독점적 권리를 확보해야 하는 또 다른 이유는 사업화팀이 아이디어를 평가하는 동안 발명가가 다른 거래를 하지 못하게 제한할 수 있기 때문이다.
- 기술적 평가는 마케팅이나 사업적 평가보다 훨씬 객관적이고 이해하기 쉽다.
- 본격적인 아이디어 개발을 결정하기 위해서는 기술적 평가뿐만 아니라 사업적 평가 모두 현재 상태보다 혁신적으로 좋다는 결과가 나와야 한다.
- 대단한 아이디어를 발견했을 때, 자금이나 시간 투자에 인색해서는 안 된다.
- 아이디어 개발 최종 결정 과정에 사업화팀 전원이 참여해야 한다.
- 사업화팀이 사업화의 다음 단계로 넘어갈 준비가 되었을 때, 아이디어에 대한 새로운 정보를 반영하기 위해 초기 계획을 수정할 필요가 있다.

chapter 07

아이디어 대가 지불

지분이나 소유권 이야기가 나올 때, 사업화팀의 멤버들과 자문단은 '통제'에 대해 서로 다른 상상을 하게 된다. 발명가는 아이디어와 관련하여서는 그들이 원하는 대로 통제하고 싶어하고 그 누구도 그들의 참신한 아이디어를 망치기를 원치 않을 것이다. 투자자는 최대 지분을 확보하여 회사의 재무 상황만큼은 그들이 통제하고 싶어할 것이다. 기술자는 기술만큼은 그들이 원하는 대로 개발되도록 통제하기를 원할 것이며, 사업가는 회사 전반적인 상황을 통제하고 싶어한다. 그렇다면 혁신적인 아이디어를 성공적으로 사업화하기 위해 이렇게 다양한 시각을 어떻게 적절히 조율할 수 있을까?

이 질문에 답할 때 우리가 염두에 둬야 할 몇 가지 개념이 있다. 우선 혁신적 아이디어는 지적재산권으로 보호해야 한다. 둘째, 지적재산권 역시 회사의 아주 중요한 자산이다. 셋째, 지분은 자산의 금전적 가치이다. 따라서 혁신적 아이디어를 소유하고 통제하기 위해서는 정당한 대가를 지불해야 한다. 그래서 투자자나 사업가는 법률적, 실질적 관점에서 정당하게 권리를 확보해야 한다. 이런 관점에서 만약 누군가 지적재산권이나 회사 주식의 최대 주주 지위를 확보한다면 지분과 통제권을 같이 확보한 셈이다. 이 장에서는 통제권을 확보하기 위해 우리가 무엇을 사고 어떻게 지불하는지에 대해 투자자와 기업가 입장에서 주로 서술할 것이다.

7.1 매도자와 매수자 목록

좋은 아이디어에 대해 어떤 대가를 원하는지 예상할 때 그 형태는 개인 혹은 그룹의 희망 사항에 달려있다. 솔직히 사람들을 동기부여 시키는 것은 개인

마다 천차만별이다. 그렇다고 무한정 많은 금액을 제안하는 것은 그리 도움되지 않을 것이다. 그래서 우리가 제안하기로 한 것은 매도자와 매수자의 관점에서 이상적인 형태로 동의할 수 있는 목록을 구성하는 것이다. 물론 확정적으로 목록을 구성하는 것이 아니라, 이 장의 다른 섹션에서 더 구체적인 논의를 위한 기초를 다지는 정도로 이해하면 좋을 것이다.

리스트는 양자가 원하는 모든 것을 담는 것이 아니라 가급적 공정하고 합리적인 모든 항목으로 구성되어 있다. 매도자와 매수자가 서로 '윈-윈' 하는 결과에 도달할 수 있도록 최소한의 협상 조건을 나타낸다고 볼 수도 있다.

이 장의 후반부에서는 지분을 확보하는 데 있어서 아주 중요한 전략에 대해 다룰 것이다. 투자나 법률적 관점에서 좀 더 정확한 방법론은 이 분야의 전문가들로부터 부가적으로 컨설팅 서비스를 받을 것을 권장한다.

7.1.1 매수자가 원하는 것

- 우리는 적어도 평가 단계에서 철저한 실사 작업을 수행할 때까지 아이디어에 대한 대가를 선불로 지불하기를 원치 않는다.
- 우리는 아이디어를 독점적으로 평가하기 위한 권리를 얻기 위해 적절한 수준을 선불로 지불할 용의가 있다.
- 우리는 실사 과정에서 발명가에게 합리적인 컨설팅 비용을 지불할 용의가 있다.
- 우리는 아이디어에 대한 평가를 도중에 중단할 경우 사전에 협의된 비용을 지불할 용의가 있고, 우리에게 독점적 평가 권리를 부여하기 위해 지불한 선불에 대해서도 발명가에게 귀속되도록 할 것이다.
- 우리가 아이디어를 포기할 경우, 실사 과정에서 우리의 노력으로 아이디어가 발전된 부분에 대해서는 정당한 대가를 받고자 한다. 현금이거나 혹은 향상된 지적재산권의 일정 부분 소유권 형태가 될 것이다.

- 아래의 조건이 충족될 경우, 우리가 참여하기 전에 집행된 투자 부분에 대해서는 인정하고 그 가치를 지불할 용의가 있다.
  - 총 지분은 다음의 방식으로 계산된다. 초기에 합의된 아이디어에 대한 가치와 그 후 사업화 과정(마케팅, 연구개발, 컨설팅, 관리 비용 등)에서 투자된 금액의 총합이다. 성과 기반의 인센티브는 제외된다.
  - 지불 형태는 주식이다. 이전 투자자에 대해서는 초기 아이디어의 가치를 총 지분으로 나눈 비율만큼 소유권을 인정하다. 그리고 이전 지분에 대해서는 매입 제안 시 협상된 가격으로 재매입할 수 있다.
  - 이전 투자자가 해당 기술의 수명 동안 발생하는 이익에 대해 특별한 분배를 원하면 우리는 실사 초기에만 협상에 응할 것이다. 실사가 본격적으로 진행된 후에는 이익 배분에 대해 협상하지 않을 것이다. 우리는 회사의 지분 소유만으로도 충분한 보상이 되리라 생각한다.
- 최대주주인 우리가 회사를 어떻게 운영하고 관리할지 그리고 만약 최종 목표를 고려한다면 매각할지 결정해야 한다.
- 우리는 발명가가 향후 5년 동안은 유사 기술을 개발하여 경쟁하지 않을 것을 서명하길 원한다.
- 우리는 아이디어에 대한 모든 법적 권리를 확보한 후에도 발명가나 핵심 인력을 채용하고자 한다. 하지만 이는 선택 사항이지 의무 사항은 아니다. 만약 발명가를 고용하고자 한다면 5년 기간이 적당하다.
- 만약 발명가가 계약 기간 동안 다른 아이디어를 개발하면 그 아이디어는 우리 소유가 된다. 그러나 합리적인 선에서 발명가와 공동 소유도 가능할 것이다. 다만, 이런 협상은 고용 조건으로 가능할 것이다.
- 우리는 처음부터 끝까지 강력한 비밀 유지 의무 조건을 강조해야 한다.
- 우리는 관련자들의 최대한의 협조가 필요하다. 이유를 불문하고 팀 내의

불화나 개인행동은 피해야 한다.

7.1.2 매도자가 원하는 것

- 아이디어 매각 대가로 주식을 받아들일 수 있지만, 초기 현금 지불도 원한다.
- 제품이 성공적으로 판매될 때 이익 배분을 원한다.
- 잠재적 매수자가 우리와 함께 기술사업화를 원하지 않을 경우 우리는 적절한 보상을 원한다. 만약, 적절한 조건으로 관계가 정리되지 않으면 우리는 징벌 차원의 보상을 원한다.
- 우리와 함께 기술사업화를 진행하지 않을 경우 우리는 아이디어와 관련된 모든 권리가 우리에게 환원되기를 원한다.
- 우리는 잠재적 매수자와 공식적 계약이 체결될 때까지 아이디어 판매를 위해 다양한 시도를 계속할 것이다.
- 매수자가 실사를 진행하는 동안 우리는 컨설팅 비용을 원한다.
- 고용계약 기간 동안 우리가 특허 등록이 가능한 아이디어를 개발할 시 우리는 그 아이디어에 대한 일정 지분을 확보할 수 있는 공식 계약을 원한다.
- 매수자가 상당기간 동안 고용 계약을 원하면 우리는 자유로운 계약 해지에 관한 내용도 포함하기를 원한다.
- 회사의 성공으로 경영진에게 보너스가 지급될 시, 발명가의 기여를 보상하는 동등한 구조의 보너스를 원한다.
- 발명에 기여한 우리와 팀 동료들은 항상 공정하게 대우받고 인정받길 원한다.

7.2 합의점에 도달하기 위해 협상하기

매도자와 매수자들이 원하는 항목 중 일부는 서로 양립할 수 없기 때문에 합의점에 도달하기 위해서는 진지한 협상이 필요하다. 매수자 입장인 우리의 최선의 전략은 서서히 발을 담그면서 아이디어가 정말 훌륭한 것으로 판명날 때 최대 소유권을 확보하는 것이다. 반대로, 아이디어가 시시한 것으로 판명나면 우리는 어떤 의무 조건이나 책임없이 물러날 수 있어야 한다. 비록 이런 조건은 불공정하게 보일 수도 있지만, 사업화를 성공시킬 수 있는 자금이 우리에게 있고 발명가는 우리의 투자가 필요함을 명심하라.

다른 측면에서 보면 그 어떤 발명가도 최대 소유권을 남에게 넘기는 것을 탐탁하게 생각하지 않을 것이다. 만약 그렇다면 그 발명가는 아이디어에 대해 확신이 없을 가능성이 높을 것이다. 우리가 일단 투자한다는 사실은 기술 개발과 사업화 과정의 위험 부담을 감수하는 것을 의미하기 때문에 우리는 그에 따른 제도적 혜택이 필요함을 발명가는 잘 이해해야 한다. 반면, 우리가 성실하게 업무를 진행하지 않거나 너무 심한 요구를 하면 발명가는 다른 잠재적 투자자를 찾아 나서야 한다.

따라서 최선을 다해 양자가 받아들일 수 있는 조건에 도달하는 것이 현명하다. 그럼 양자가 어느 선에서 합의에 도달할 수 있을지 어떻게 결정할 수 있을까? 이는 주로 아이디어의 상태에 달려있는 아주 복잡한 협상 과정이다. 아이디어에 대한 정보를 얻기 위해서는 몇 단계가 필요하기 때문에 양쪽은 아이디어 가치에 대해 가정할 수밖에 없다. 발명가는 특성상 처음부터 최상의 상황을 가정한다. 협상 과정을 신속히 진행하고 합리적이고 공정한 합의점에 도달하기 위해 투자자와 사업가 역시 이런 가정이 필요하다. 그래서 궁극적으로 얼만큼의 지분을 서로 나눠 갖고 얼마의 자금을 투자 혹은 받아들일지 결정해야 한다.

협상은 상황마다 천차만별이기 때문에 우리는 구체적인 지분율이나 금액을 제시하지는 않을 것이다. 하지만 자금을 투자하는 사람이 결과적으로 최대 통제권을 확보해야 한다. 그리고 발명가는 정말 아이디어에 대해 확신한다면 단기적 보수는 지양하고 장기적으로 성공을 나눌 수 있어야 한다.

7.3 회사를 통째로 사는 것은 좋은 것인가?

세계에서 가장 자금력이 풍부한 기술회사는 이상적으로는 이 세상의 모든 아이디어를 확보해서 다른 사람이 그 아이디어를 구현하도록 기술 사용권을 부여한 후 회사에 가만히 앉아서 기술사용료만 챙기는 것이 궁극적 목적임을 명심하라. 심지어 최종 목적이 성숙한 기업으로 성장시키기라 하더라도 사업화팀은 언젠가는 지분을 정리할 때가 온다. 이를 고려할 때 우리 포트폴리오의 목표는 반드시 회사를 소유하는 것이 아니라 다양한 아이디어를 소유하는 것이다.

우리는 왜 많은 회사를 소유하길 원하지 않을까? 기술 사업화를 위해 많은 초기 벤처기업을 소유하는 것은 은행이 많은 담보 부동산을 소유하는 것처럼 골칫거리이다. 왜냐하면 훌륭한 아이디어를 발굴하여 시장에 선보이는 데 투자되어야 할 우리의 에너지가 갓난아기 돌보는데 낭비될 수 있기 때문이다. 보유하고 있는 회사가 제대로 운영되지 않는 것을 보는 것보다 더 사업화팀을 어렵게 만드는 것은 없을 것이다.

우리의 노력이 제대로 실행되지 않을 때 우리가 회사를 소유하고 있지 않으면, 우리는 편하게 물러날 수 있다. 반대로 우리가 회사를 소유하고 있는데 그 어떤 노력도 소용없다면, 우리는 막다른 골목에 다다르게 된다. 즉, 우리는 회사를 수습하기 위해 추가로 자금, 시간, 그리고 막대한 에너지를 투자하든지 아니면 그동안 투자한 모든 것을 잃어버리는 양자택일의 상황에 놓이게 된다. 따라서 어떤 발명가가 단순히 아이디어뿐만 아니라 회사 전체 매입을 제안하면 우리는 회사를 매입하지 않고도 발명가의 목적을 달성시킬 수 있는 대안을 찾아야 한다.

7.4 가장 중요한 지적재산권

우리가 설정한 기술 사업화 모델은 지적재산권에 대해 항상 독점적 권리를 확보하고 있음을 가정한다. 이런 강력한 가정이 필요한 중요한 이유는 우리의 포트폴리오 자산의 진정한 가치는 우리가 소유권을 확보하고 있는 지적재산권에 의해 평가되기 때문이다.

이상적으로 우리의 관심 분야를 신중하게 선정하였으면 포트톨리오의 개별 지적재산권은 서로 긴밀하게 연결되어 있을 것이다. 따라서 우리는 아이디어를 서로 보완하여 포트폴리오를 강화할 수 있도록 아이디어를 지속적으로 보강해야 한다. 만약, 우리가 독점적 권리를 확보할 수 없는 아이디어를 포트폴리오에 포함시키면 이는 우리의 포트폴리오뿐만 아니라 전략까지도 약화시키게 된다. 즉, 독점적이지 않은 아이디어를 수락하는 것은 치명적 실수로 판명날 것이다.

7.5 가능할 때면 언제든 미래 수익을 지불하라

정말로 성공적 아이디어인지는 시장에서 결정난다. 게다가 진정한 성공이기 위해서는 우리 사업의 수익성이 좋아야 한다. 그래서 이상적으로 우리는 사업화가 마무리될 때까지 아이디어에 대한 대가를 지불해서는 안 된다. 하지만 세상이 우리 생각대로 되지는 않는 법이니 발명가는 어느 시점에서 대가 지불을 요구할 것이다. 발명가는 재정적으로 상황이 어려워 발명 활동을 계속하기 위해서 대가 지불을 요구할 수도 있고, 가족들을 먹여살리기 위해서일 수도 있다. 어떤 상황이든 지적재산권을 매입할 때 발명가의 기초적인 필요는 명확히 이해해야 한다. 게다가 우리가 발명가를 더 오래 기다리게 할수록 그들은 더 많은 몫을 요구할 것이다. 이는 어쩌면 공평할 수 있다. 왜냐하면 발명가를 더 오래 기다리게 하는 것은 즉시 대가를 지급하는 것보다 위험 부담을 가중시키기 때문이다. 따라서 우리는 적절한 시점에서 대가를 지급하는 것으로 협상해야 한다. 적절한 시점은 전적으로 양자의 협상에 달려있다.

앞서 언급했듯이, 사업화 각 단계별로(평가, 개발, 상품화 등) 발명가에게 컨설팅 비용을 지급하고 성공 시에 이익을 배분하는 것도 한 방법이 될 수 있다. 우리의 경험 상 때로는 이런 구조도 먹히지 않는 경우가 있다.

7.6 핵심사항

- 매도자와 매수자가 지적재산권 거래 시 서로 원하는 사항들을 언급하였다. 협상을 통해 언급한 사항들이 서로 합의되면 윈-윈할 수 있을 것이다.
- 혁신적 기술을 획득하는 최적의 전략은 발을 서서히 적시고, 아이디어가 훌륭한 것으로 판단되면 그 때 최대 소유권을 확보하는 것이다.
- 발명가와 투자자는 지분율을 어떻게 나눌지, 또 얼마를 투자하고 받을지 결정해야 한다.
- 우리 포트폴리오의 목적은 회사가 아닌 아이디어를 소유하는 것이다.
- 우리의 가장 소중한 자산은 지적재산권이다.
- 우리가 설정한 기술 사업화 모델은 지적재산권에 대해 항상 독점적 권리를 확보하고 있음을 가정한다.
- 사업화가 마무리될 때까지 아이디어에 대한 대가를 지불하지 않는 것이 이상적이다.

chapter 08

아이디어 개발

사업화팀은 아이디어의 평가단계를 통해 아이디어가 충분히 가치있고 상업적인 성공가능성이 있다는 결론을 내리게 되었다. 이제 아이디어를 개발하는 단계로 접어들 준비가 다 된 것이다. 개발단계에서 기업가도 적극적이어야 하지만, 이 단계를 실제로 이끄는 것은 기술자이다.

사업화팀이 보유한 아이디어들은 다양한 개발 단계에 있다. 어떤 아이디어는 이제 막 싹을 틔우는 단계에 있을 수 있으며 반면에 일정 기간 동안 지속적으로 검토된 아이디어는 이미 성숙기에 도달한 것도 있다. 따라서 개발단계는 상당한 노력을 수반할 수도 있고, 거의 노력을 들이지 않을 수도 있다. 기술의 평가단계에서 아이디어가 그 전과정 상 어떠한 단계에 있는지를 파악하는 것은 매우 중요하다. 이는 개발 활동을 위해 얼마나 많은 예산을 편성해야 하는지를 결정하는 데 아주 중요하다.

개발단계의 일차적 과제는 소비자의 손으로 전달될 제품을 만들거나 설계하는 데 사용될 충분한 정보를 개발단계의 결과로 확보하는 것이다. 일반적으로 시제품, 소프트웨어의 경우에는 베타 테스트 버전을 만들고 시험하는 것을 포함한다. "콘셉트 카"를 만드는 것이 좋은 비유가 될 것이다. 처음 그 차는 유일하지만, 그 이후 모든 자동차의 모델이 된다. 콘셉트 카는 철저한 시험을 거치고, 양산 전에 많은 변경이 가해진다.

개발단계의 목적은 새로운 제품의 설계를 위한 기반을 마련하는 것이다. 다시 말하면, 이는 설계의 기준을 마련하는 것이고, 설계의 기준은 구체적인 제품의 설계에 사용된다.

8.1 사업이지 연구개발이 아님을 기억하라

어떤 발명가/혁신가들은 자신의 프로젝트를 통해 이리저리 시험해 보는 것을 최고의 즐거움으로 생각한다. 누구의 말인지 알 수는 없지만 "여행은 준비과정이 더 행복하고 즐겁다"라는 말을 가슴에 명심할 필요가 있다. 많은 발명가들은 심리적으로 그들의 역할을 잃게 될까봐 성공을 두려워한다. 특히 그들이 단지 하나의 좋은 아이디어만을 가지고 있는 경우는 더욱 그러하다. 그리고 어떤 발명가들은 자신의 아이들이 자라는 것을 싫어하는 과보호의 극성인 어머니와 유사하다. 그래서 그들은 완벽함을 추구한다고 주장하지만, 실상은 그들이 더 이상 필요없어지는 순간을 지연시키고 있는 것이다.

발명가들이 자주 사용하는 방법은 아이디어를 작동 가능한 제품으로 개발하는 데 있어서의 사소한 부족함을 극복하기 위해 추가적인 연구가 필요하다고 주장하는 것이다. 발명가는 그 아이디어가 오로지 자신의 것이기 때문에 그 아이디어를 흠잡지 않는다. 문제는 이를 구체화하는 것에 있기 때문에 사업화팀, 특히 기술자의 책임이 각별하다. 발명가의 사업화의 진행에 대한 강한 열망에도 불구하고 이러한 일은 자주 일어난다.

그러면 어떻게 해야 발명가가 개발단계에서 방해자가 아니라 진정한 조력자라는 확신을 갖도록 만들 수 있을까? 팀은 발명가에게 연구와 탐구는 실제로 매우 기쁨이 넘치는 일이나 그들이 수익을 창출할 수 있다면, 더 새롭고 더 좋은 아이디어를 만들어 낼 수 있는 기회가 더 많아진다는 확신을 주어야 한다. 많은 기업들은 최적화되지 않았을지라도 초기 단계의 제품을 시장에 출시해야 시장 점유율을 확보할 수 있다는 사실을 인식하고 이러한 계획된 제품 개선의 전략을 활용한다. 새롭고 개선된 후속 제품들은 초기에 확보한 시장을 장악한 후에 생산된다. 이러한 전략을 활용해야 사업화팀은 발명가와 추후에 개선된 제품을 출시할 계획을 세우고, 제품을 시장에 내놓는 형태로 일을 진행할 수 있다.

개발 과정은 발명가가 적극적으로 참여함으로써 더욱 가속화될 수 있다. 왜냐하면 대부분의 좋은 아이디어는 기술적인 요소가 있기 때문이다. 만약 기술자가 홀로 모든 과정을 진행해야 한다면, 기술자가 이미 있는 것을 다시 만드느라 쓸데없이 낭비한 시간만큼 지연될 것이다. 발명가들은 그들의 발명을 완성하기 위해 노력하는 동안 많은 요령과 손쉬운 방법을 알았을 것이고, 이는 기술자들의 시행착오를 방지하는 데 많은 도움이 될 것이다.

발명가를 정기적인 그룹 미팅에 참석하도록 함으로써 기술자들이 모든 구성원으로부터 일정과 비용에 관하여 얼마나 많은 압박을 받는지를 알게 할 수 있다. 하지만 발명가가 미팅에 나타나기 전에 그들의 역할을 명확히 하는 것이 매우 중요하다. 일반적으로, 발명가는 개발단계에서 아이디어와 관련 있는 부분에 대해 상세한 정보를 제공해야 한다. 발명가가 기술자의 활동을 어떻게 지원하는지 설명하는 것도 좋은 방법이다.

8.2 개발 과정에서 통제력을 유지하라

이 장의 주제는 8.1 절의 주제와 유사하며 그에 대한 보충적인 내용이다. 검토하는 아이디어의 연구 및 초기 평가단계에서 발명가의 역할은 매우 중요하다. 사업화팀은 아이디어에 대한 모든 내용을 철저하게 이해해야 하고,

발명가가 기술자와 팀의 다른 멤버들에게 아이디어를 명확하게 전달하도록 해야 한다. 따라서 발명가는 이러한 과정에서 중추적인 역할을 하게 되고, 그들이 얼마나 중요한 존재인지를 인식하게 된다. 이러한 중요성은 다른 멤버들이 발명가가 아는 만큼 발명에 대해 습득하게 되면 약화된다. 즉, 연구단계가 끝나고 개발단계가 시작되면서 서서히 기술자에게 관리의 역할이 넘어오게 되는 것이다.

비록 보조적인 역할일지라도 기술자는 발명가를 적절히 참여시키면서 개발단계에서의 관리 역량을 최대한 발휘해야 하기 때문에, 그의 대인관계와 의사소통의 기술이 이 시기에 매우 중요하다. 실제로 발명가는 아이디어에 매우 밀접한 관련이 있고, 또한 그렇게 생각하는 것이 당연하다. 그러나 기술자가 개발 단계를 이끌어야 한다는 것을 명심해야 한다. 일단 한 고비를 넘기고 나면 이미 해결된 문제에 대해 다시 문제삼지 말아야 한다. 발명가가 퇴보하지 않고 계속 앞으로 나아가도록 하는 효율적인 방법은 앞으로 해결해야 할 많은 중요한 도전적인 문제들을 해결하기 위해 발명가가 반드시 필요함을 인식시키는 것이다. 가령, 어떻게 기술을 향상시키고, 디자인하고, 실증하고, 표준화하고, 패키징하고, 판매하고, 모니터링하고, 수정할 것인지에 관한 것을 예로 들 수 있을 것이다. 이러한 문제를 성공적으로 다루는 우리의 능력이 발명가를 부자로 만들 수 있을 것이다.

8.3 개발의 목표는 디자인의 기초다

우리가 개발단계를 마쳤을 때 상품화하고자 하는 제품을 설계할 수 있는 단계에 있어야 한다. 공정 엔지니어, 컴퓨터 프로그래머 및 다른 개발자들은 절대적으로 이러한 개발 단계를 좋아한다. 이 단계에서 그들은 조건의 범위 내에서 다양한 제품 구성을 시험해 볼 기회를 갖는다. 게다가 그들은 이러한 개발활동을 통해 최적의 시범 플랜트나 시제품들을 만들고, 파괴점까지 압력을 가하고, 그것들을 다시 만드는 과정을 반복할 수 있다. 그들이 이렇게 하는 이유는 명백하다. 우리는 제품이 소비자들에 의해 다양한 실제 환경의 범위에서 신뢰성있게 동작하는 것을 보증해야 하기 때문이다.

시제품을 철저하게 시험하기 위해, 기술자들은 제품을 가능한 한계 조건까지 작동시킨다. 이러한 한계 기준은 무작위로 결정되는 것이 아니라, 개발 테스트 시작 전에 신중한 계획에 의해 결정된다. 시범 동작의 실행 계획과 수행은 매우 신중해야 함을 명심해야 한다. 어떤 시범 동작의 실행은 시간이나 예산의 제한으로 인해 두 번 되풀이 될 수 없다. 그러나 처리결과는 반드시 재현성이 있어야 한다. 그렇지 않으면 무언가 큰 잘못이 있는 것이다.

철저한 계획은 데이터 수집 비용, 상세 설계 비용, 운영 및 유지보수 비용, 물리적 시설에 대한 투자 비용의 절감에 기여할 수 있다. 그리고 이것은 설계 단계에서 기술의 적절한 응용분야에 대한 확신을 갖게 한다(9장 참조). 계획은 주로 설계 기준을 확립하는 데 초점을 맞춘다. 설계 기준(개발 단계에서 가장 중요한 요소)은 이 단계에서의 연구와 조사로부터 도출된다. 아래의 단계는 설계 단계를 정의하고 있으며, 일반적인 설계 프로그램에서 어떻게 설계 기준들이 순차적으로 정해지는지에 대한 통찰력을 제공해 줄 것이다.

- 설계 단계
- 문제의 인식

- 문제의 특성화 및 정량화
- 문제의 평가 및 정의
- 대체 가능한 방식의 상세화
- 예비 타당성 조사
  - 실험실 규모, 파일럿 규모, 반사업화 규모
  - 시뮬레이션
  - 유효성/효율성
  - 신뢰성
  - 제조가능성/시공가능성
  - 안전성
  - 운영 및 유지보수
- 설계 기준 개발
- 대안 제시
  - 공정 시뮬레이션
  - 위험성 평가
  - 열 및 물질의 균형
  - 비용 산정
  - 규제 준수
- 상세 공학 설계
- 조달
- 제조/건설
- 시 운전
- 운전

실질적인 설계의 기준들은 설계의 밑바탕이 된다. 기술자가 이러한 서류를 유능한 설계자에게 전달하면 제품의 최종 상세 설계는 수월할 것이다. 마찬가지로 설계자가 설계를 마치면, 제조와 건설은 별 문제없이 진행될 것이다. 이것은 전체 설계 과정이 용이함을 의미하는 것은 아니다. 반대로, 이는 매우 복잡하고 많은 인내와 통제 그리고 성실함이 필요하다.

8.4 타당성 조사의 중요성

혁신적인 기술과 이미 확립된 기술에 대한 개발은 서로 다르다. 예를 들어 이미 시장에서 판매되는 제품을 위한 화학 공정 공장이나 의약품 공정 공장을 만드는 경우와 그 제품이 완전히 새로울 경우는 개발이나 설계 방법이 완전히 다를 것이다. 가장 큰 차이점은 최종 설계를 위해 정해져야 하는 많은 조건들이 이미 확립된 기술 제품에서는 적용이 완료되었다는 점이다. 혁신적인 제품에 대해서는, 최종 생산품에서 요구되는 아래와 같은 성질을 구체화한 시제품을 만들기 위한 타당성 조사를 수행할 필요가 있다.

- 제조와 사용이 안전해야 한다.
- 정해진 기능을 효율적이고 경제적으로 달성해야 한다.
- 자체 개발 및 사용이 용이하고 단순해야 한다.
- 안전성과 내구성이 우수해야 한다.
- 신뢰할 수 있어야 한다.
- 원하는 높은 품질을 최소의 비용으로 제조 가능해야 한다.

- 부서지거나 고장나는 경우 쉽게 고칠 수 있어야 한다.
- 재료나 에너지를 낭비하지 말아야 한다.
- 적용 가능한 규율을 따라야 한다.

위에서 언급한 것처럼, 혁신적 기술의 경우 우리는 물리적 치수, 재료, 공정 효율, 재현성, 환경조건(온도, 습도, 자외선 조사량, 먼지 등)에 따른 영향 뿐 아니라 제품의 기능에 중요한 다른 조건들을 함께 실험해야 한다. 기본적으로 우리는 만족할 때까지 시제품을 만들고, 그것을 한계 조건까지 테스트하고, 또 실험 조건을 변경하고, 그것을 분해/해체하는 과정을 반복함으로써 최적의 모델을 얻을 수 있다. 그런 후, 우리는 누군가 그것을 활용할 수 있도록 최적의 모델에 대한 작업 조건의 범위를 문서화한다. 이러한 결과를 우리는 설계 기준(개발 활동의 목적)이라 부른다.

우리는 이러한 타당성 조사(시범 플랜트, 베타 테스트, 혹은 공정 시뮬레이션)의 결과를 활용해서 설계 기준을 만들고, 설계 기술자와 함께 그러한 설계 기준을 구체화함으로써 아래의 중요한 두 가지를 달성할 수 있게 된다.

1. 타당성 조사와 관련된 설계 기술자의 모든 질문에 대답함으로써 설계 기술자는 타당성 조사에서 수행된 성과를 완벽하게 이해하게 된다.
2. 설계 기술자들은 그들이 제품을 만들 수 있다고 생각할 수 있는 수준의 설계 기준을 갖게 된다. 그러면 그들은 제품의 생산이나 제조를 위한 세부 계획이나 사양을 결정할 준비를 하게 된다.

모든 설계 기준, 상세 계획이나 사양 등 모든 자료는 문서로 기록되어야 한다. 그리고 이러한 기록을 통해 어떠한 유능한 전문가도 단지 이러한 기록만을 참고해서 실험을 재현하고, 시범 플랜트를 운영하고, 제품을 생산할 수 있어야 한다.

8.5 예측의 가치와 의미

우리가 비용 산정 리포트를 받게 되면, 그것을 어떻게 평가할 것인지를 알아야 한다. 그것은 정확한 평가여야 할까 아니면 단순한 추측 정도도 충분할까? 자본 비용 산정의 정확도에 종종 사용되는 잘 알려진 방법들이 있다. 이러한 방법들 중에서 괜찮은 하나로 Petres와 Timmerhaus가 만들고 미국 코스트 엔지니어 협회(America Association of Cost Engineers)에서 제안한 방법이 있다. 아래의 리스트는 자본 투자에 대한 평가의 수준에 대한 기준을 정의하고 설명한다.

1. 차수크기 평가법: ±30%의 정확도를 갖는 평가. 기존의 유사한 경우의 비용 데이터를 기준으로 함. 비율 추정법이라고도 함.
2. 견본 평가법: ±30%의 정확도를 갖는 평가. 주요 장비 항목에 대한 정보를 기준으로 함. 요소 평가법이라고도 함.
3. 예비 견적법: ±20%의 정확도를 갖는 평가. 책정할 예산을 평가하는 데 충분한 자료에 근거함. 예산 승인 평가법이나 범위 추정법이라고도 함.
4. 최종 견적법: ±10%의 정확도를 갖는 평가. 거의 완벽한 자료를 근거로 하나, 아직 설계(계획)나 사양이 완료되기 전임. 프로젝트 통제 평가법이라고도 함.
5. 상세 평가법: ±5%의 정확도를 갖는 평가. 완성된 설계도면, 사양, 현장조사를 근거로 함. 시공 견적 평가법이라고도 함.

설계 과정을 거치면서 이러한 평가가 더욱 정확해 지는 것은 자명하다. 이는 우리가 완벽한 설계 기준을 만드는 것에 주목하는 이유의 하나이다.

8.6 언제 축배를 들고 언제 울어야 할지 잘 파악하라

아마도 개발 단계는 사업화 과정에서 가장 결정적인 단계일 것이다. 이 단계에서 우리는 승리 혹은 패배를 알아차릴 수 있을 것이다. 직관적으로는 평가단계에서 이러한 것을 알아차릴 수 있을 것처럼 생각하지만, 실상은 그렇지 않다. 평가 단계에서 우리는 그 아이디어의 우수성에 관심을 갖는다. 반면, 개발단계에서는 경제적이고 안정적이며 신뢰할 수 있는 제품을 만들 수 있는지를 살펴보기 위해 노력한다.

개발 단계가 중요한 이유 중의 하나는 종종 훌륭한 아이디어가 제대로 구현되지 못하는 경우가 있기 때문이다. 성공과 실패를 구분할 수 있는 재능과 경험이 필요하다. 사업화 과정이 더 나아가게 될수록, 더 많은 비용이 발생한다. 따라서 우리는 언제 의미있는 투자를 할 것인지 혹은 언제 멈추어야 할 것인지를 알아야 한다. 이러한 결정을 하기 위해서는 개발 상황을 객관적으로 판단하기 위한, 전략적인 계획에 대한 기준을 마련하는 것이 매우 유용하다. 그러한 기준은 다음과 같은 것을 포함할 수 있다. 예를 들면, 투자에 대한 예상 수익률을 정해놓고, 위험(법률적 위험, 재무적 위험, 운영적 위험 및 전략적 위험)의 허용 가능한 범위를 명확히 하고, 허용 가능한 예산이나 일정을 정해놓는 것이다.

앞서 전략적 계획에 적합하지 않은 아이디어에 대해 다루었다(4.1.4장). 이러한 경우 우리는 그러한 아이디어를 다른 사람들에게 추천하는 시스템을 제안하였다. 동일한 상황이 개발단계에서도 발생할 수 있다. 어떤 아이디어는 우리의 기대에는 미치지 않지만, 다른 사람들에게는 매력적일 수 있다. 그러한 아이디어에게 어울리는 곳을 찾아주고, 적당한 보상을 받도록 노력해야 한다. 완전히 쓸모없는 것이 아니라면, 그러한 아이디어의 가치를 인정받을 수 있는 기회를 찾지 않고 포기하거나 폐기하는 것은 바람직하지 않다. 그러한 아이디어를 팔 곳을 찾기 위해 얼마나 많은 노력을 들일 것인지는 우리가 그 아이디어에 투자를 얼마나 했고 얼마를 회수할 수 있다고 믿는지에 달려 있을 것이다. 이러한 경험은 그 아이디어를 위한 적당한 곳을 찾는 것이 어느 정도 힘든 일인지 결정하는 데 도움을 준다.

경험 상, 사업화팀은 너무 일찍 축배를 들거나 너무 늦게 포기하는 경향이 있고, 냉소적인 투자자는 너무 일찍 포기하는 경향이 있다. 참을성 없는 투자자를 기다리게 만드는 한 가지 방법은 사업화팀이 포기하는 경우 모든 지적재산권을 원소유자에게 돌려주도록 하는 것이다. 다른 방법은 좀 더 참을성 있고 믿음이 있는 사업화팀의 일부에게 지적재산권을 할인 가격에 살 수 있는 우선 권한을 주는 것이다. 물론 이러한 만일의 사태에 대한 모든 것들은 미리 합의되고 계약서에 포함되어야 한다.

8.7 핵심사항

- 개발 단계의 일차 과제는 충분한 자료를 획득함으로써, 개발단계의 결과를 소비자에게 전달될 제품을 생산하고 설계하는 데 활용할 수 있어야 한다.
- 많은 발명가들은 그들의 역할이 없어질까 봐 성공을 두려워하는 심리를 갖고 있다. 그들에게 이것은 연구가 아니라 사업임을 인식시켜라.

- 발명가를 전 개발단계에 참여시키는 효율적인 방법은 앞으로 남은 많은 중요한 도전들에서 그들의 도움이 필요함을 인식시키는 것이다.
- 설계 공정의 모든 요소들을 나열하였다.
- 효율적인 설계 기준은 설계의 밑바탕이 된다.
- 타당성 조사는 최종 생산 제품의 요구 성능을 구현한 시제품을 만들기 위한 것이다.
- 자본 투자에 대한 비용 산정의 정확성 수준에 대한 명확한 아이디어를 갖고 있어야 한다.
- 개발 단계는 사업화 과정의 승리 혹은 패배를 알아차릴 수 있는 가장 결정적인 단계일 것이다.
- 사업화팀은 너무 일찍 축배를 들거나 너무 늦게 포기를 하는 경향이 있고, 냉소적인 투자자는 너무 일찍 포기하는 경향이 있다.
- 우리의 기대에 미치지 않은 아이디어가 어울리는 곳을 찾아주고 우리의 노력이 적당한 보상을 받도록 노력해야 한다.

chapter 09

제품 디자인 및 개발

우리는 8장에서 기술의 개발단계를 거쳐 설계의 기준을 확립하였다. 이제 사업화를 위한 제품을 설계하고 생산(build)할 단계가 되었다. 이 책의 목적을 위해, 여기서 사용하는 생산(building)이라는 용어는 창작(creating), 생산(making), 제작(fabricating), 제조(manufacturing), 건설(constructing) 혹은 생산(producing)이라는 의미를 포함한다.

본질적으로 생산과정의 최종 산물은 우리가 사업화하여 판매하고자 하는 제품이다. 우리가 설계과정에서 중점을 두는 것은 실제 제품의 생산과정이 설계과정에서 고려되어야 한다는 것이다. 그리고 제품의 제조공정에 사용되는 기계적인 처리 장치나 전산 처리 시스템이 최종 제품을 고려하여 설계된 것이어야 할 것이다. 실제로 새로운 방법을 요구하는 제품이나 공정(이런 경우가 일반적인 상황은 아니다)에 대해 실제로 그렇게 하는 것이 말처럼 쉬운 것은 아니다. 따라서 우리는 이번 장에서는 주로 제품의 설계에 대하여 집중하되, 전반적인 설계 과정에서 제품의 생산에 관해서도 언급할 것이다.

9.1 실제 자금이 사용되기 시작하는 시점이다

발명가/혁신가의 초기 투자도 상당한 규모이겠지만, 이러한 초기 투자 이외에 지금부터가 진정으로 자금이 사용되기 시작하는 시점이다. 설계 단계 이전의 활동들(연구, 평가, 협상 및 개발단계까지도)에 소요된 비용은 제품의 설계 및 생산에 소요되는 예산의 규모에는 비할 바가 못 된다. 대략적인 경험의 법칙에 따라 설계 기술자들은 자본 투자 계획의 관점에서 대략 총 프로젝트 비용의 10~15%가 설계 단계에 필요하고, 나머지는 생산 단계에 필요하다고 추정한다. 이 책에서는 우리의 목적을 위해 제품을 생산하는 시스템을 설계하는 데 드는 비용이 물리적인 생산 시스템에 소요되는 비용의 대략 10분의 1정도라고 가정한다. 물론, 추가적으로 운영비용도 필요하다.

많은 제조 기업들이 자본 비용 추산 시 범하는 중대한 실수 중의 하나는 그들이 생산 시스템을 만드는 데 드는 비용에 너무 집착하고 적절한 설계 비용은 고려하지 못한다는 것이다. 그래서 기술자나 설계자가 전체 시스템 예상 비용의 10~20%의 비용을 설계 예산으로 요청하는 경우(이는 전반적으로 합리적인 수준이라 생각됨), 그 생산 시스템을 책임지는 사람들은 즉시 설계 비용을 줄이는 방법을 찾게 된다. 하지만, 혁신적인 기술의 구현은 이미 성숙한 대량 생산제품의 진부하고 판에 박힌 형태의 생산 시스템을 만드는 것처럼 단순하지 않다.

따라서 우리 설계자들이 설계를 완성하기 위해 적당한 예산을 지원받아야 한다고 강하게 주장한다. 우리의 경험에 따르면, 견고한 계획에 따라 충분히 고려된 설계 예산은 생산단계 비용의 추적과 관리를 더욱 용이하게 만든다. 마찬가지로 생산 시스템을 만드는 데 드는 비용도 비효율을 바로잡고 공정의 성능을 향상시킬 수 있도록 생산 공정의 변화에 대비할 수 있어야 한다.

설계도면 및 사양은 어떤 자격을 갖춘 유능한 시공업자라도 그러한 문서들을 활용하여 시스템을 완벽하게 재연해 낼 수 있도록 준비되어야 한다. 이것은 공학적으로도 사업적으로도 매우 좋은 관행이다. 예를 들어, 최종 단계의 목적이 설계 및 생산 단계의 끝에서 회사를 매각하는 것이라면, 이러한 서류들은 필수적인 것이다.

사업화팀에 문제가 발생하기 가장 쉬운 곳이 바로 시제품을 만드는 단계이다. 일반적으로 시제품은 설계 모델로 활용할 목적으로 개발단계에서 실험하거나 시험운행을 수행하기 위해 활용된다. 따라서 시제품은 본격적인 구현을 위한 설계기준을 마련하기 위한 데이터를 확보하는 데 활용되기도 하고, 가끔은 그 자체가 최종 설계가 되기도 한다. 결과적으로 설계 모델로서 시제품에 비효율이 존재하면, 그들은 몇 번이고 다시 만들어지게 된다.

부적당한 시제품이 만들어지는 두 가지 경우가 있다. 첫 번째는 개발단계에서 시제품을 설계하는 사람이 실험적인 측면에만 초점을 맞추어 본격적인 구현에 적합한 모델을 설계하는 데에는 적합하지 않은 경우이다. 두 번째는, 우리가 정크야드(junkyard) 엔지니어라고 부르는, 새로운 아이디어를 훌륭한 시설을 활용하여 시험할 수 있는 몇몇 최고의 파일롯 플랜트 기술자들이다. 비록 그들이 예비부품으로 파일롯 플랜트를 훌륭하게 구성하고 수많은 유용한 데이터를 탁월하게 추출할 수 있다고 하여도, 그들은 최종 설계 모델에 필요한 상세한 부분에 대해서는 이해가 부족하다. 따라서 만약 시제품을 생산 시스템의 첫 번째 모델로 사용하기 위한 계획적이고 의식적인 노력이 없다면, 그러한 시제품을 설계 모델로 활용하지 말아야 한다.

개발단계에서 설계 기준을 마련할 수 있는 동시에 생산 시스템의 상세 설계자로서의 역량까지 갖춘 매우 능력있는 공정 엔지니어는 매우 드물다. 따라서 기술자는 언제 외부에서 경험이 풍부한 설계자를 데려올 것인지를 알아야 한다. 이 경우에 비밀은 반드시 유지되어야 한다. 만약에 사업화팀이 정기적으로 연락가능하고 신뢰할 수 있는 상세 설계자를 알고 있다면,

우리의 공정 엔지니어를 그들이 잘 알지도 못하는 영역으로 밀어넣지 말고 상세 설계 엔지니어를 활용해야 한다.

9.2 단순한 디자인이 가장 세련되다

사람들이 루브 골드버그 장치를 보고 비웃는 이유는 그것이 간단한 공정을 매우 복잡하게 수행하는 보습을 나타내고 있기 때문이다. 더욱이, 그 기계에 사용된 재료는 수많은 "침과 접착제"를 포함하고 있다. 이는 다음의 두 가지를 의미한다. (1) 단순한 설계가 가장 좋다 (2) 생산 시스템에는 적당한 재료를 사용하는 것이 필수적이다.

설계 모델은 만들기 쉽고, 사용하기 쉬우며, 서비스하기 쉽고, 수리하기가 쉬워야 한다. 따라서 이러한 특징들을 모두 갖는 설계 모델을 위해서는 많은 고민이 필요하다. 간단하지 않다. 왜냐하면 이러한 단순한 설계의 위험은 분해하여 모방하기가 쉽기 때문이다. 강한 특허권을 가져야 하는 이유이다. 긍정적인 측면에서, 단순한 설계를 통해 우리는 빨리 시장에 진입할 수 있으며 이를 통해 경쟁자와의 관계에서 유리한 고지를 선점할 수 있다. 만약 우리가 빨리 시장을 키우고 그 추진력을 이용할 수 있다면, 특허침해라는 관점에서 큰 시장을 기대할 수도 있다.

100년 이상 독일의 공학은 전세계적으로 선망의 대상이 되어왔다. 그들의 제품은 단기적으로는 비싸 보이지만, 영원히 지속될 것 같은 강한 인상을 남기기 때문에 시장에서의 경쟁력이 있다. 따라서 결과적으로 제품의 전체 수명 주기 비용(life-cycle cost)은 유리하다. 우리는 우리와 정기적으로 함께 일하는 독일인 친구에게 이러한 현상에 대해 물었었다. 그는 "이것은 매우 간단합니다(중간 생략). 우리는 스위스 사람들이 시계를 만드는 방법처럼 설계와 생산 시스템에 접근합니다. 우리는 뛰어난 디자인을 만드는 데 많은 시간을 소비하고, 시스템과 제품을 만드는 데 활용 가능한 최고의 재료를 사용합니다."라고 대답했다.

우리는 그 독일인 친구의 분석이 매우 정확하다고 믿는다. 양질의 구조물 재질은 제품의 품질과 수명을 보증하는 필수적인 요소이다. 그의 의견은 혁신적인 제품에 더욱 의미가 있다. 솔직히 말해 우리의 제품이 저렴하게 보인다는 인식이 있다면 사람들이 그러한 제품을 사기는 어렵다. 우리는 모두 "저렴하게 보이거나 저렴하다고 느껴지는 것은 좋지 않다"는 심리적 경향을 갖고 있기 때문이다. 최상급의 재료는 그 재료가 전달하는 이러한 기분 이외에도 실제로 더 긴 수명을 갖는다. 이것은 우리가 소비자들이 우리의 제품에 대해 갖기를 바라는 개념과 정확히 일치한다.

9.3 디자인 기술이 디자인된 기술만큼 좋아야 한다

이것은 자명해 보이지만, 우리는 19세기의 설계 툴을 이용하여 21세기의 설계(디자인)를 할 수는 없다. 따라서 우리는 최신의 설계 기술을 활용해야 한다. 불행히도 많은 사람들이 설계 기술의 가치를 알지 못하며, 내부의 설계 툴을 사용하여 비용을 절감할 수 있다고 믿는다. 실제로는 아주 중요한 이유로 인해 그렇게 되지 않는다. 우리는 설계를 처음부터 제대로 해야 한다. 그래야 누군가 더 최신의 나은 설계 툴을 사용해서 우리의 설계를 바꾸지 않을 것이다. 핵심은 경쟁자가 우리보다 강점이 있도록 허용해서는 안 된다는 점이며, 우리는 유연하고 적응력 있으며 개선이 용이한 설계를 할 수 있어야 한다. 그리고 설계 기술이 최신의 것이라면, 정의 상 최고의 품질과 속도를 제공하면서도 가장 저렴해야 한다.

따라서 제품과 제품을 생산할 시스템을 설계하기 위한 최고의 툴을 조사하는 데 시간을 투자해야 한다. 이러한 조사의 책임은 일차적으로 기술자에게 있고, 기술자는 발명가와 혁신가의 도움을 받아야 한다. 이 경우 적절한 외부의 컨설턴트가 설계 과정에 활용될 수 있다.

전자적인 방법과 수단을 활용하는 공학 설계 기술은 지난 몇 년 간 빠르게 발전하였다. 우리는 1960년대의 컴퓨터를 떠올릴 수 있다. 그것들은 라이트펜과 같은 혁신적인 기술을 설계에 활용하였고, 이는 현재에도 여전히 간편하고 도움이 되는 수단으로 생각되고 있다. 지난 몇 년 간의 컴퓨터 설계 툴의 발전은 영국에 사는 Reading이 업무시간 종료 시 완성한 설계안을, New Jersey에 사는 Clinton에게 검토를 위해 전자적으로 전송하고, 최종 계획 및 명세를 위해 Thailand를 거쳐, Reading이 다음날 출근하여 자신의 책상위에서 그것을 받아보는 것을 가능하게 만들었다. 더욱이 이러한 세계적인 협업을 통한 설계는 전세계적으로 완벽하게 호환되는 일반적인 소프트웨어와 하드웨어를 통해 가능하다.

9.4 제조 시스템은 유연하게 설계되어야 한다

우리는 이전에 만들어진 적이 없는 제품을 만들고 있기 때문에, 그 제조 시스템 또한 이전에 개발된 적이 없을 것이다. 우리가 설계 기준을 개발하는 과정이나 시스템의 상세 설계를 계획하는 과정에서 경험(시간)을 통해 제조 공정을 향상시킬 수 있는 방법을 깨달을 것이다. 그리고 우리가 고객의 평가 정보를 받고 난 이후에 제품 자체가 변경될 수도 있을 것이다. 따라서 제조 시스템은 쉽게 개선할 수 있도록 유연하게 설계되는 것이 필수적이다. 이렇게 하는 방법의 하나는 제조 공정을 다양한 단위공정으로 구분하는 것이다. 이렇게 함으로써 변화나 개선이 필요한 부분들에는 영향을 받더라도 전체 시스템을 바꾸지는 않아도 되게 된다.

제조 시스템이 변경되는 다른 이유 중의 하나는 보다 저렴하고 효율적으로 제품을 제조할 수 있는 방법이 새롭게 발견되기 때문일 것이다. 그리고 다른 경우로는 사용자들의 지속적인 사용을 통해 제품의 품질과 내구성을 향상시킬 수 있는 개선 사항이 발견되는 경우도 있을 수 있다. 이는 고객과 밀접하고 친밀한 관계를 유지해야 할 이유이기도 하다. 때때로 고객들이 시스템의 개선을 위한 최고의 아이디어를 제안하기도 한다. 따라서 우리는 다양한 제조 경험을 반영할 수 없는, 유연성이 없는 제조 시스템으로 스스로를 경직시키지 않기를 원한다. 유연한 시스템을 설계하는 것은 초기의 운영 경험을 반영하는 데에도 유리하다.

모든 것을 종합하는 것에 대한 좋은 사례: Orville과 Wilbur Wright

20세기 기술의 가장 혁신적인 도약중의 하나는 바로 1903년 12월 7일에 있었던 Orville과 Wilbur Wright에 의한 최초의 동력비행일 것이다. 목적, 분별 및 기계적 감각이 풍부한 가정에서 자란 이 두 형제는 효율적인 사업화팀의 좋은 사례를 보여준다. Wilbur는 기술자이면서 동시에 지속적인 개선과 지적인 팀워크의 권위자였다. 그는 놀랄만한 업적을 이룬 협업과정에서 한결같고 차분하였고, 그들의 공식 대변인이기도 했다.

반면 Orville은 발명가였다. Wilbur보다 내성적인 그는 창의적이고, 호기심이 많았으며, 추진력이 강했다. 다른 많은 위대한 발명가들과 마찬가지로 그는 정규 학위를 받지도 않고, 자기 학습을 통해 탄탄한 공학의 기초를 다졌다. 그는 머리회전이 빨랐고, 그의 아이디어는 그들의 실험을 통해 빠르고 자연스럽게 발전하였다.

그들의 뛰어난 협력관계는 프린팅 사업에서 시작했고, 자전거 제조와 수리에서 꽃을 피웠다. Wright 형제의 자전거는 당시의 대량생산 조립라인 추세와는 달리, 좋은 품질과 내구성을 갖는 수제품이었다. 그들은 그들의 비행기에 대한 개념에서부터 제조까지 이러한 특징을 따랐다.

자전거 사업은 비행 공기 역학의 기반을 다지기에 매우 좋은 배경이 되었다. 비행기를 설계하는 데 요구되는 정역학이나 동역학 민감한 안정도 마진은 자전거 역학에서도 유사하였다. 또한 경량 구조의 필요성, 유체역학의 이해 및 동력 전달장치 등의 요구사항도 유사한 점이 있었다.

Wright 형제는 Lillienthal과 Chanute의 이전 실험을 기초로 하여 체계적인 투자를 통한 항공 실험으로서 현장 실험에 집중하던 당시의 사람들과는 달랐다. 그들은 기본 개념을 개발하고 나서 그들의 이론을 실험으로 입증하였다. 이것은 에디슨식의 시행착오법이나 단지 의자에 앉아서 하는 혁신가들에 비해 매우 과학적인 접근처럼 들린다. 넓은 의

미에서 이것은 4단계의 과정을 통해 이루어진다.

1. 이론적인 개념을 정립한다.
2. 통제된 실험을 통해 개념을 시험한다.
3. 교훈을 끌어낸다.
4. 이론을 수정하고 과정을 반복한다.

앞서 이야기한대로, 좋은 기술이란 기본적인 이론을 적용할 수 있는지가 명확하지 않은 상태에서 시간과 에너지의 낭비를 최소화하고, 실현 가능한 방법으로 문제를 해결하는 데 초점을 맞추도록 도와준다. Wright 형제는 1900년도에 간단하게 글라이더로 그들의 과업을 시작하였다. 그들은 2년간의 무동력 공기역학에 대한 실험결과를 토대로 시행착오를 통해 과학적 연구를 위한 구조적인 개발계획을 진행하였다. 이를 통해 그들은 정교한 풍동 장치를 통해 양력 계수의 이해에 대한 큰 발전을 이룰 수 있었고, 프로펠러의 유체역학에 관한 새로운 이론의 큰 발전을 이룰 수 있었다. 그들이 전체 시스템으로 통합하기 전에 개별 부품들을 개발하는 과정은 구획화(compartmentalization)의 초기 선례가 될 수 있겠다. 그리고 그것은 공학 설계에서의 바람직한 원칙이다. Wright 형제의 비행에 대한 실제 영화를 보면 간결함과 우아함이 어떻게 융합되었는지를 이해할 수 있다.

1903년도 그들의 역사적인 비행이 있기 이전에, Orville과 Wilbur Wright는 그들의 기술을 보호하기 위해 1903년 3월에 포괄적인 특허출원을 시도하였다(US patent 821,393, May 22, 1906). 비록 미국에서의 경쟁 심화와 유럽에서의 리버스 엔지니어링으로 인해 독점적인 경제적 보상은 받을 수 없었지만, 이 특허들은 Orville과 Wilbur의 죽음에 대한 법원의 유리한 판결의 기초가 되었다. 당시에도 지적재산권의 가치는 높게 인정을 받았다.

9.5 핵심사항

- 대략적인 경험칙으로 설계 기술자들은 자본 투자 계획의 관점에서, 대략 총 프로젝트 비용의 10~15%가 설계 단계에 필요하며, 나머지는 생산 단계에 필요하다고 추정한다.
- 기술의 설계자나 개발자는 설계를 완성하고, 예측하지 못한 도전에 직면하는 경우를 대비할 수 있고, 비효율을 개선할 수 있으며, 공정의 성능을 향상시킬 수 있도록 적절한 예산을 제공받아야 한다.
- 설계도면 및 사양은 어떤 시공업자라도 그러한 문서들을 활용하여 시스템을 완벽하게 재연해 낼 수 있도록 준비되어야 한다.
- 공정 기술자들이 개발 단계에서는 핵심적인 역할을 하고, 설계 단계에서는 상세 설계자가 가장 중요한 기여자가 된다. 일반적으로 한 사람이 두 가지의 역할을 한꺼번에 잘 수행하는 경우는 드물다.
- 독자는 무능력한 엔지니어들이 있다는 것을 알고 있어야 한다.
- 간결한 디자인이 가장 우아하다.
- 양질의 구조물 재질은 제품의 질과 내구성을 보증하는 핵심적인 부분이다.
- 항상 최신의 설계 도구가 사용되어야 한다.
- 컴퓨터 소프트웨어와 하드웨어는 엔지니어들이 설계하는 방법 및 장소에 지속적인 혁신을 가져온다.
- 제조 시스템을 유연하게 설계하는 것은 초기의 운영 경험을 반영하여 시스템을 조정하는 것을 가능하게 한다.
- 본장의 중요한 주제의 일부는 Orville과 Wilbur Wright의 혁신과 관련된 짧은 사례에서 함께 소개되었다.

chapter 10

기술 시연

이제 우리의 제품이 완성되었고 시장에 출사표를 던질 준비가 완료되었다. 다음 작업은 우리 제품이 다른 경쟁 기술보다 훨씬 더 혁신적이고 저렴하다는 것을 보여주는 것이다. 우리는 이에 대해 확신이 있지만, 우리 고객들도 우리처럼 확신을 갖도록 설득해야 하는 것이다. 우리가 지금까지 경험한 바에 의하면 일단 이런 점을 세상에 널리 알릴 수만 있으면 제품은 저절로 팔리게 되어 있다.

그럼 어떻게 해야 의심으로 가득 찬 사람들을 변화시킬 수 있을까? 우선 기술 혁신이 대단한 것임을 확실하게 보여줄 수 있어야 한다. 하지만 이는 이 장에서 설명할 몇 가지 이유로 인해 절대 쉽지 않을 것이다.

10.1 아무도 새로운 기술을 처음으로 사용하길 원하지 않는다

일반적으로 무언가 새로운 것을 누군가가 시도하게 하는 것은 매우 어렵다. 하지만, 만약 우리가 새로운 물건을 공짜로 나눠준다면 사람들의 마음을 사로잡을 수도 있다. 우리의 경험도 이와 유사하다. 잠재적 고객들은 첫 사용자가 되는 조건으로 비용을 대신 지불하고, 테스트 과정에서 발생하게 될 지도 모르는 제품 손상에 대해서도 면책해줄 것을 원한다. 우리는 이렇게라도 해야 한다. 왜냐하면 우리의 작품을 시장에 선보이기 위해서는 반드시 거쳐야 하는 과정이기 때문이다.

우리는 아무도 새로운 것을 시도하는 첫 타자가 되길 원치 않는다는 사실을 받아들여야 한다. 이를 염두에 둘 때 어떻게 하면 성공적으로 시연 과정을 넘길 수 있을까? 이를 위해 우리는 후퇴 전략을 수립해야 한다. 아래 전략은 이미 다른 사람들에 의해 이미 시도된 것들이기 때문에 좋은 참조가 될 것이다.

1. 만약 우리 제품이 일정 기간 동안 주어진 조건을 성공적으로 만족시키면, 잠재적 고객은 그 성공의 홍보에 대한 대가로 몇 가지 조건을 내걸 것이다. 그 조건 중 일부는 아마 다음에 해당될 것이다. 설치와 제거 비용을 우리가 부담할 것, 피해나 손해 발생 시 우리가 배상할 것, 제품 산여 수명 기간 혹은 추가 기간 동안 무료로 사용하게 해줄 것
2. 위의 조건에 추가로 지분을 요구하는 경우도 있을 것이다. 특별한 이유가 없는 한 이런 조건은 단호히 거절해야 한다. 우리에게 지금까지 이런 조건을 요구하는 기술 시연 파트너는 없었다.
3. 잠재적 고객이 특히 큰 기업이라면, 독점적 권리를 원하는 경우가 종종 있다. 큰 기업들은 경쟁사를 견제하여 독점적 경쟁 우위를 지키고 싶어하기 때문이다. 그러나 이런 경우 매우 조심해야 한다. 왜냐하면 앞으로 우리 사업에 심각한 제한을 가할 수 있기 때문이다. 우리는 지금까지 이런 제안을 받아들인 적이 없고, 앞으로도 그렇지 않을 것이다.
4. 특히 소프트웨어 제품의 경우, 기술을 홍보하기 위해서뿐만 아니라 고객들의 피드백을 얻기 위해 시연하는 경우가 종종 있다. 한 예로, Microsoft는 사용자들이 보안 프로그램의 일종인 Defender를 무료로 다운로드 받을 수 있게 하였다. 하지만 거의 대부분의 사용자들은 이런 과정을 통해 Microsoft가 보안 프로그램에 대한 고객들의 정보를 수집하고 있다는 사실을 알아차리지 못한다.

우리는 특히 잠재 고객이 위에서 언급한 조건들에 집착하게 되면 곤란에 빠진다. 따라서 우리는 우리 제품이 반드시 필요한 고객을 정확히 파악해서 그들과 기술 시연 조건을 잘 협상해야 한다. 기술자는 평가, 개발, 디자인 등의 작업을 진행하는 동안, 사업가는 이런 기술 수요처를 정확히 파악해야 한다. 후보 기업들은 재정적으로 어려움에 처해 있거나 아니면 정부 규제나 원가 절감에 목을 메는 기업들일 가능성이 높다. 만약 우리가 우리 비용으로 시연을 하고 시연이 성공적일 경우 구매 시 가격 혜택을 준다면 그들은 무도회장에서 같이 춤추자고 제안 받은 사람처럼 고마워할 것이다. 만약 우리가 그들이 최악의 시나리오를 피할 수 있게 도와줄 수 있다면 그들은 향후 우리의 최고 고객이 될 것이고 매우 좋은 조건을 제시할 수도 있다. 반면, 시연은 성공적이었지만 어려움에 처한 회사가 여전히 고전을 면치 못하고 있다면 우리는 다른 기업들에게 우리의 성공을 알려야 할 것이다.

현실적으로 기술 시연 조건은 잠재적 고객이 원하는 조건과 우리의 희망 사항 중간선에서 이뤄질 것이다. 하지만 기술 시연 조건은 다음 고객들이 이 기술을 사용하는 처음이 아님을 보여줄 수 있도록 설계되어야 한다.

위에서 언급했듯이, 신기술 시연의 아주 좋은 사례는 소프트웨어의 베타 테스트이다. 우리는 소프트웨어 업체들의 베타 테스트 계약서가 어떻게 작성되었는지 꼼꼼히 읽어볼 것을 강력히 추천한다.

10.2 누구나 당신의 새 상품이 어떻게 동작하는지 아주 자세하게 알고 싶어 한다

어떤 회사가 시연회 전이라도 제품에 관한 아주 상세한 정보를 요청하는 것은 특별한 일이 아니다. 하지만 지금까지 이런 회사들에 대한 우리의 반응은 시연회 일정이 확정되지 않으면 "No"였다. 왜냐하면, 믿거나 말거나지만, 때때로 우리의 기술이나 제품을 똑같이 모방할 수 있는지를 보려는 악의적 의도를 가진 사람들도 있기 때문이다. 어려운 경영 환경에 처한 회사와 일할 때는 항상 예상치 못한 일이 벌어질 수 있음을 기억해야 한다. 그들 중 일부는 우리의 핵심 개념만 파악하면 우리의 도움 없이도 똑같이 구현할 수 있다고 믿는다. 따라서 엄격한 비밀 유지 계약서나 적절한 보상 없이는 시연을 요청한 회사에 어떤 구체적인 정보도 넘겨주지 말아야 한다.

우리는 제품/기술 시연 시부터 모든 관련 자료에 대한 법적 권리를 확보해야 한다. 하지만 현실적으로 우리 제품이나 기술을 보고자 하는 회사는 가능한 구체적인 정보를 최대한 많이 얻으려 한다. 게다가 그들은 자신의 데이터에 대해서는 매우 민감하고 모든 권리를 확보하려 할 것이다. 이런 입장은 충분히 이해할 수 있지만, 상대 회사의 특정 제품에 결정적이지 않은 일반적인 정보에 대해서는 우리도 어느 정도 활용할 수 있는 권한을 확보할 필요가 있다. 물론, 상대 회사의 내부 운영에 반드시 필요한 데이터는 공유해야 하고 비밀 유지에도 동의해야 한다.

정보는 일종의 지적재산으로서 사업화팀의 피와 같은 존재임을 반드시 기억해야 한다. 아무 대가 없이 쉽게 줘버리면 절대 안 된다.

10.3 기술 시연 대가로 무언가 보상을 기대할 만하다

이 절에서는 우리는 10.1과 10.2에서 언급된 사항을 약간 다른 방식으로 재강조할 것이다. 우리는 우리가 주장하는 대로 제품이 잘 동작한다는 것을 보여줘야 한다는 것을 잘 알고 있다. 그렇지 않으면 사람들이 사지 않기 때문이다. 또한 지속적으로 더 많은 사람들에게 제품에 대한 신뢰성을 입증하는 것이 좋은 평판을 쌓아가는 데 꼭 필요하다는 점도 잘 이해하고 있다. 게다가 우리는 일반적으로 회사는 새로운 아이디어를 시도하기를 꺼려하고 그렇게 하더라도 무언가를 요구한다는 사실을 잘 알고 있다.

마지막으로 기술 시연에는 비용이 든다. 따라서 우리는 적절한 보상을 원하다. 보상이 아래 내용이면 가장 좋을 것이다.

1. 호스트 기업의 현장에서 우리 제품이 적용될 특정 제품군 환경에서 테스트할 수 있는 무제한적 기회
2. 만약 다른 운영 조건이 호스트 기업에 나쁜 영향을 끼치지 않는다면 우리 비용으로 다른 운영 조건을 테스트해 볼 수 있는 합리적 기회
3. 시연이 성공적일 경우 호스트 기업에서 적정 규모의 매입 조건
4. 호스트 기업에 의해 사용되지 않거나 결정적이지 않은 데이터에 대한 우리의 권리 유지
5. 기술 시연을 홍보할 수 있는 조건

   보안 문제가 없을 경우, 우리는 기꺼이 여러 조건을 협상해야 하지만 위에서 언급한 조건이 비합리적이라고 생각하지는 말라.

10.4 우선 기술 시연이 성공하고 나면, 실제 와서 보도록 많은 사람들을 초대하라

정말 훌륭한 제품이 있을 때, 누구든 와서 보고 작동해볼 수 있게 해야 한다. 예상 고객이 직접 와서 기술시연을 볼 수 있게 하는 것은 매우 중요하기 때문이다. 물론 사업화팀은 호스트 기업의 비밀유지와 보안을 위해 사전에 협의하여 예상 고객의 방문을 준비해야 한다.

새로운 자동차 제조 프로세스를 직접 검증하기 위해 독일의 자동차 제조업체를 방문했을 때의 일이다. 우리는 기술 시연을 볼 수 있었지만, 우리가 상대하고 있던 사업화팀은 호스트 기업의 신차에 대한 정보를 우리가 자세히 파악할 수 없도록 차를 씌우는데 드는 비용을 지불해야 했었다.

많은 호스트 기업은 성공적 기술 시연을 자랑하고 싶어 한다는 점을 잘 알아야 한다. 그들은 혁신기업으로 비춰지고 고객들에게 최고의 기술을 제공하는 기업으로 인식되고 싶어 한다. 사업화팀은 이런 호스트 기업의 목적을 달성할 수 있게 도와야 하고 때로는 양자의 성공이 서로 얽혀있다는 점을 간파해야 한다. 사업화팀의 사업가는 호스트 기업의 홍보 부서와 긴밀히 협력해야 하는 이유이다.

사실 가장 진지하고 집중적이며 우리가 도움을 많이 받을 수 있는 언론 보도는 잘 알려진 텔레비전이나 신문 기사가 아니라 기술 저널이나 잡지에서 나오는 경우가 많다. 사실 우리 경험으로 볼 때 대중매체에 실리는 기사로 인해 우리가 지난 30년 이상 공들인 자신들의 발명을 훔치고 있다고 주장하는 이상한 사람들의 트집만 받는 경우가 많았다. 반면, 기술적으로 지식이 풍부한 기술 잡지나 저널 독자들은 새로운 혁신에 대해 최대한 배우려 하고 그들이 직면한 문제를 해결하는 데 어떻게 도움을 얻을 수 있을지 진지하게 관심을 보인다.

기술 시연에 대해 다양한 질문에 답할 준비를 해야 한다. 모든 질문에 성실히 답할 수 있게 계획을 체계적으로 세우고, 특히 기술 시연이 진정 혁명적이라면 외부 접촉은 상상을 초월할 것이다. 효율적으로 외부 접촉을 관리할 수 있는 방법으로는 화상 컨퍼런스, 프리젠테이션, 온라인 세미나, 그리고 DVD 제작 등이 있다. 우리는 홍보 전문가를 고용하여 홍보 및 Q&A를 전담시키고 있다. 외부 홍보에 실패하는 것은 곧 사업의 실패와 직결된다는 점을 인식해야 한다.

우리 경쟁자는 우리가 무엇을 하고 있고 어떻게 하는지 모두 다 알고 싶어 한다는 점을 명심하라. 물론 충분히 이해가는 점이다. 따라서 홍보는 잠재 고객을 자극시키면서도 경쟁자가 우리 기술을 따라할 수 없도록 잘 설계되어야 한다.

기술 시연에서 흔히 저지르는 실수는 충분히 준비되지 않은 기술을 잠재적 고객들에게 보여주는 것이다. 기술 시연은 항상 동일한 결과를 재연할 수 있어야 한다. 우리가 사람들을 기술 시연에 초대하는 매번 반드시 정상적으로 동작하는 것을 확인해야 한다. 심지어 경험 많은 회사들도 기술 시연에서 멍청한 짓을 하는 경우가 종종 있다. 1998년 4월 컴덱스 전시회에서 Bill Gates가 Microsoft의 새로운 Windows 98 운영체제를 시연할 때 청중들 및 언론 앞에서 갑자기 먹통이 되는 불상사가 벌어졌다. "아직 몇 가지 해결해야 할 버그가 남아있는 것 같습니다. 그게 바로 우리가 아직 Windows 98을 판매하고 있지 않은 이유입니다"라고 그는 성격 좋게 말했다. 불행히도 그 실수는 Microsoft는 문제 투성이인 소프트웨어를 판매하는 회사라는 오명을 낳게 되었다.

Bill Gates는 이외에도 몇 번 더 신제품 시연 실패로 빈축을 샀던 경우가 있다. 2005년 1월, 세계 최대 가전제품 행사인 CES에서 기조연설 도중 미공개 신제품인 Xbox의 Forza Motor Sport 게임을 선보이려 시도했다. 이때 프로그램이 충돌 나면서 공포의 "블루 스크린"이 화면에 나타났다. 이런 사례로도 충분치 않다면, 2006년 Microsoft 정기 애널리스트 대상 투자 설명회 때 Windows Vista 제품 담당 매니저는 Vista에 탑재된 음성 인식 기술이 얼마나 사용하기 쉬운지를 보여주려 했다. 그래서 그 매니저는 "어머니에게"를 컴퓨터에 음성 입력했지만 결과는 참담했다. Vista의 음성 인식 프로그램은 다음과 같이 무슨 말인지 알 수 없는 내용을 출력하였다. "아주머니에게, 살인자가 지우다 모두 선택 두 배." 이를 정정하려는 노력은 상황을 점점 더 엉망으로 만들었다. 이런 참담한 실패 소식은 컨벤션 홀에 있는 사람들 사이로 계속 퍼졌고, 불행히도 이는 돌이킬 수가 없었다.

이런 큰 기업의 사례에서도 알 수 있듯이, 누구나 실수를 범하게 마련이다. 하지만, 중요한 것은 처음에도 정상 작동할 뿐 아니라 항상 정상 작동해야 한다는 점이다. 사람들이 성공적 시연을 기억하게 만드는 것은 어렵다. 하지만, 사람들은 실패한 시연회는 평생 기억할 것이다.

10.5 얼마나 많은 기술 시연회가 필요한가?

몇 번의 시연회면 충분한지는 아주 중요한 질문이다. 왜냐하면 비용과 시간이 많이 들기 때문이다. 이 질문은 반드시 사업화팀 전원이 함께 고민해 봐야 한다. 분명히 투자자는 비용 때문에 최소한의 시연회를 원할 것이다. 반면, 개발자와 발명가는 기술에 대한 확신이 있기 때문에 가급적 많이 하려고 할 것이다. 그러나 진정한 기업가라면 언제 시연회를 마칠지 잘 결정할 수 있어야 한다. 고객이 그 아이디어의 장점을 충분히 인식하고 한 번 사용해야 한다고 확신할 때가 이에 대한 하나의 대답이 될 수 있다.

목표 시장에 대한 정보 역시 언제 시연회를 그만둘지 결정할 때 중요한 요소이다. 한 산업분야에서 성공적으로 시연회를 마쳤어도, 다른 산업 분야에서는 또 다시 시연회를 거쳐야 할 수도 있다. 우리 입장에서는 우리 기술이 여러 산업 분야에 두루 활용될 수 있다고 확신할 수 있지만, 고객은 직접 눈으로 보길 원한다. 따라서 우선 가장 큰 기회를 제공할 수 있는 산업 분야를 선정하고 이 산업에 맞춰 시연회를 준비하는 것이 현명한 방법이다. 이런 전략적 결정은 초기에 내려져야 하고 전체적인 사업화 일정에 일관되게 적용되어야 한다.

예를 들면, 컴퓨터 소프트웨어의 베타 테스트는 신약 제조 공정과는 완전 별개의 성격이다. 신약의 경우 한 제조 시설에서의 시연은 충분할 것이지만, 컴퓨터 소프트웨어의 경우는 그렇지 않다. 예를 들면, Microsoft는 누구든 스파이웨어 차단 베타 프로그램을 다운로드 받을 수 있게 했다. 이런 결정을 내리기 전에, Microsoft는 그 소프트웨어의 성공을 평가할 기준과 시장 규모가 어떻게 될지, 그리고 성능에 대한 정보를 어떻게 얻을지 등에 대한 구체적인 계획을 수립하였다. 그래서 언제 시연회를 그만 둘지 구체적인 목표가 명확했던 것이다. 정부 유관 부처에 애플리케이션을 판매하는 다른 소프트웨어 회사는 베타 테스트에 참여하는 사람들에게 특별한 보상을 제공하였다. 그렇게 하기 위해 그들은 그들이 원하는 정보를 얻을 수 있게 베타 테스트 프로그램을 사전에 치밀하게 준비하였다.

10.6 핵심사항

- 누군가 새롭고 혁신적인 기술을 사용하는 첫 번째가 되게 하는 것은 아주 어렵다. 그들은 다른 누군가가 그 첫 번째가 되길 원한다.
- 무료 시연회를 개최하는 것도 쉽지 않다. 하지만 성공적 사업화를 위해서는 반드시 거쳐야 할 단계이다.
- 우리의 신기술을 절대적으로 필요로 하는 회사를 발견하는 것이 가장 중요하다. 그런 후 그 회사와 제품/기술 시연에 관한 세부 사항들을 협상하라.

- 시연회 정보나 자료는 비밀 유지 계약서 없이 아무렇게나 공개해서는 안 된다. 정보는 사업화팀의 피와 같은 존재임을 기억하라
- 시연회를 할 때는 무엇을 얻고자 하는지 목적을 분명히 하라.
- 사람들을 초대해서 시연회를 가질 때는 제품/기술이 제대로 동작하는지 몇 번씩 확인을 거쳐라.
- 잠재적 고객들이 우리의 제품/기술에 대한 확실한 장점을 파악하게 되면 시연회를 그만 둘 때가 되었다.
- 얼마나 많은 시연회가 필요한지 결정하기 위해 목표 시장에 대한 충분한 지식과 치밀한 사전 계획이 필요하다.

chapter 11

기술 표준화

모델 T 자동차에 가능한 색상들은 어떤 것이 있느냐는 질문에 대해 Henry Ford는 "어떠한 고객이라도 그 분께서 원하는 색상의 차를 가질 수 있습니다. 그 분께서 원하는 색상이 검정색이라면 말이에요."라고 말했다. 그가 농담과 익살을 즐김에도 불구하고, Ford는 자동차의 색상에 대한 문제에는 매우 심각했다. 그는 대부분의 가정에서 살 수 있는 정도의 저렴한 자동차를 만들어 내기를 원했으며, 대량 생산이 그렇게 하기 위한 방법이라고 믿었다. 더욱이 표준화는 그의 자동차 생산 목표를 달성하기 위한 핵심적인 요소라고 믿었다.

일반적으로 혁신적인 기술의 초기단계에서는 대량 생산에 대한 고려를 경시하는 경향이 있다. 그들은 그들 "자식"이 엄청난 수로 복사된다면 그로 인해 원래의 기발한 아이디어의 가치가 떨어진다고 느낀다. 모든 어플리케이션은 개별적인 필요에 따라 설계되어야 한다고 생각하는 것이다. 하지만 그러면 안 된다! 훌륭한 아이디어를 시장으로 가져가는 것의 핵심은 사업화를 최적화하는 것이다. 이런 면에서 제품의 표준화는 사업화의 성공에 결정적인 역할을 한다. 본 장에서는 표준화가 어떻게 그리고 왜 사업화의 성공에 기여하는지에 초점을 맞추고자 한다.

11.1 맞춤 제작 제품은 만드는 데 더 오래 걸리고 더 비싸다

성공적인 사업화는 대체로 발명가/혁신가의 아이디어의 제품화를 의미한다. 그리고 제품은 중요한 니즈를 충족해야 하며, 그것은 알맞은 가격에 만들어져야 한다. 그리고 바람직하게는 공정, 제품이나 시스템에 투자한 사람(즉 사업화팀)에게 상당한 수익을 안겨주어야 한다. 제품 생산 공정의 중요한 목표 중의 하나는 규모의 경제를 효율적으로 활용하는 것이라는 점을 명심해야 한다. 표준화는 이러한 목표의 달성을 가능하게 한다.

선천적으로 발명가와 기술자는 문제의 해결을 좋아한다. 이러한 태도는 그들이 한 번에 하나씩의 문제에 집중하게 만든다. 일반적으로 그들은 문제의 원인을 분석하고, 해법을 만들어내고, 그 해법을 실행하고 나서 다음 문제로 넘어간다. 그들의 의지대로 맡겨두면 그들은 많은 해결책을 만들어 낼 것이다. 그러나 당장 해답을 필요로 하는 사람들을 만족시키기에는 너무나 많은 시간이 걸린다. 그들이 우리 곁을 찾아왔을 때, 아마도 우리는 이미 긴급한 요구를 충족시키기 위해 경쟁 기술을 선택했을 것이다. 이것이 바로 사업가나 투자자들이 대다수 고객들의 니즈를 즉시 충족하기 위해 그들의 창의적인 에너지를 제조 공정으로 돌려주어야 하는 이유이다. 요약하면, 사업화팀은 한 번에 하나씩 새로운 제품을 만드는 것이 아니라 지금 고객의 니즈를 충족시키기 위해 필요한 제품을 대량 생산하는 데 그들의 역량을 집중해야 한다는 말이다.

처음의 시도에서 제품이 정확하게 동작하지 않는다고 해서 고객들이 항상 떠나지만은 않는다. 오히려 간단한 변경 및 수정을 통해 종종 제품을 더 만족스럽게 만들 수도 있다. 변경 및 수정의 과정에 대해서는 13장에서 보다 상세히 살펴보겠다. 본 장에서는 어떻게 저렴하게 만들 수 있고, 추후 변경이 가해질 수도 있는 최고의 제품을 만들 수 있는지에 집중할 것이다.

오늘날 자동차 산업을 보면, 사람들은 가격과 효용성에 따라 원하는 차량을 고른다. 그러나 많은 사람들이 다양한 취향을 갖고 있고, 그들은 그들이 몰고 나갈 자동차에 포함될 옵션들에 기꺼이(때로는 아주 후하게) 비용을 지불한다. 자동차 판매원은 대리점 컴퓨터를 통해 고객이 원하는 옵션이 포함된 자동차를 확인하고 필요할 경우 추가로 장착하여 고객에게 차량을 인도한다. 모든 사람들이 표준 혹은 기본 모델에 그들의 요구사항을 포함시킨다는 개념을 이해하고 있다. 오늘날의 일반적인 소비자들은 온라인 주문 시스템을 통해 자신들의 사양 및 취향에 따라 자동차를 설계하고 만든다고 생각한다. 사람들은 자신들에게 선택의 권한이 있다고 느끼고 싶어 하지만, 실제로는 그들은 표준화된 자동차를 구매하는 것이다. 실제로 소비자들은 현재의 이러한 시스템을 기쁘게 받아들여야 한다. 왜냐하면 만약 그들이 실제 맞춤 제작된 자동차를 구매한다면 그들은 Rolls-Royce의 가격을 지불해야 할 것이다. 219

이상적인 표준화의 최우선 순위는 생산될 제품의 기본 모델이 될 수 있는 시제품을 설계하는 것이다. 이렇게 하는 데에는 더 많은 시간과 더 많은 비용이 필요할 것이나 장기적인 관점에서 본다면 생산 비용을 훨씬 줄여줄 것이다(9장의 시제품과 설계 모델의 차이점에 대한 부분을 참고). 그러나 실제로는 우리는 실제 시제품이 구체화되기 전에는 설계 모델이 어떻게 보일 것인지를 정확히 예측할 수 없으며, 결국 시제품은 실험 결과에 따라 수정되어야 할 것이다. 그럼에도 불구하고, 가능하다면 실제 생산 공정에서 적용할 수 있는 표준화된 특징들을 갖는 시제품을 만들도록 노력해야 한다.

두 번째로 더욱 중요한 단계는 우리가 무언가 특별하고 별난 것을 만들고 있지 않다는 것을 분명히 하는 것이다. 비디오 녹화기에서의 Betamax와 VHS의 일대 격전을 상기할 필요가 있다. 그리고 현재에는 아직도 해결이 먼 Blu-ray와 HD DVD사이의 새로운 전쟁도 있다. 우리는 기술적인 접근법에서 어느 한편에 서서 시대에 뒤떨어진 사람이 되기를 원하지 않는다. 따라서 확립되었거나 발전 중인 산업 기술 표준화에 주목해야만 한다. ASTM International(원래 American Society for Testing and Material로 알려져 있음), International Organization for Standardization(ISO), American Society of Heating, Refrigerating and Air-Conditioning Engineers (ASHRAE), IEEE Standard Association(Institute of Electrical and Electronics Engineers) 및 American Water Works Association(AWWA)는 산업 표준을 개발하고 보급하는 몇몇의 대표적인 기관들이다. 사업화팀은 제품화에 적용되는 표준화를 알고 있어야 한다. 왜냐하면 소비자들은 부적합한 제품을 구매하려 하지 않기 때문이다(10.1장 참조).

양복은 고객의 니즈를 만족시키기 위해 필요한 사고의 과정을 나타내기 위한 좋은 비유가 될 수 있다. 맞춤 제작된 양복의 가격을 문의해 본 적이 있는가? 맞춤 양복은 유사한 재질의 감을 사용하는 기성복에 비해 약 3~10배정도 비싸다. 게다가 그 양복을 당장에 이용할 수 있는 것도 아니고, 그 맞춤 양복이 다 만들어지기까지 통상 몇 주가 필요하다.

그러나 사람들은 다양한 체형과 치수를 가지므로, 하나의 모델을 통해 모든 사람들을 맞출 수 있다고 가정하는 것은 합리적이지 않다. 따라서 제조회사가 해야 하는 것은 특정한 신체 치수(예를 들어 허리 사이즈, 다리길이, 소매길이)에 따라 양복을 표준화하고, 그들을 표준화된 사이즈의 범위(S, M, L 더 상세하게 나뉘기도 함)로 생산하는 것이다. 우리는 편안하게 입어볼 수 있는 것에 가까운 양복을 선택한 후 약간의 변경을 통해 적당하게 맞출 수 있을 것이다. 제품의 판매를 위해 우리의 시장에 적합한 범위, 사이즈 및 모델의 개수 등을 결정하기 위한 조사가 필요하다.

예를 들어, 만약 우리가 갖고 있는 혁신의 대상이 컴퓨터 소프트웨어라면, 우리는 가정용과 업무용의 단 두 가지의 버전만 필요할 것이다. 만약 우리가 수처리 공정을 갖고 있다면, 유량은 중요한 설계 요소가 된다. 만약 우리가 민감한 사람들을 위해 알레르기를 일으키는 물질을 줄일 수 있는 가정용 장치를 갖고 있다면, 우리는 그 장치가 얼마나 커야 하는지 또한 그 기기를 중앙 난방, 냉방 및 통풍시스템의 어느 부분에 설치할 것인지를 결정해야 한다. 하나의 제품에 대한 표준 모델의 개수를 결정하는 것은 최소한의 가능한 모델의 개수 이내에서 소비자의 요구를 충족하는 것이다. 최소한의 모델의 활용을 최적화하는 가장 좋은 방법 중 하나는 모듈적 접근방식을 사용하는 것이다. 이는 11.3절에서 간단히 살펴보겠다.

우리는 어떻게 우리의 표준 모델들이 시장의 니즈를 만족시킬 것인지 아닌지를 알 수 있을까? 많은 성공적인 제작사들은 신뢰할 수 있는 고객을 통해 시제품 모델을 활용하게 하는 베타 테스트를 진행함으로써, 만들어진 제품이 고객의 요구나 기대에 얼마나 부응하는지를 평가한다. 마이크로소트프와 같은 소트프웨어 설계자들은 그들의 초기 제품을 시험하고 평가할 좋은 베타 사용자 그룹들을 갖고 있다. 그들은 최종 표준 설계에 포함될 소중한 평가 의견을 회사로 보내주게 된다. 고객의 반응을 얻어내기 위한 다른 예로 새로운 모델이 발표되는 모터쇼가 있다. 컨셉카는 자동차 매니아들의 환상을 자극할 뿐만 아니라, 제조기업들을 위한 훌륭한 피드백 메커니즘이 된다. 또한 컨셉을 전시회에서 소개함으로써 그들의 아이디어가 경쟁자들의 아이디어와 비교하여 어떠한지에 대한 빠른 반응을 얻을 수가 있다.

결론적으로, 우리는 최종적으로 표준 설계를 완성하거나 설계 모델의 수를 확정하기 이전에 고객의 니즈나 상황을 철저하게 이해하고 결정하기 위한 조사를 수행해야 한다. 경쟁제품의 성공에 대해 상세히 알아보는 것도 매우 도움이 된다. 왜냐하면, 시스템 운영자들은 그들의 선례를 쉽게 바꾸려고 하지 않으며, 새로운 방법을 적용하는 데 매우 주저하기 때문이다.

또한, 제품은 반드시 산업의 표준을 따라야 한다. 만약 우리의 혁신이 정말로 유일무이하게 새로운 것이라면, 우리는 다른 경쟁자들이 표준처럼 따르는 새로운 방법을 확립하는 것임을 알아야 한다. 선두주자가 되고 계속 앞으로 나아가는 것이 가장 좋다. 우리는 우리의 제품이 확고한 표준이 되기를 원한다.

11.2 표준 디자인은 더 저렴하고 사용하기도더 쉽다

Davidow는 그의 저서에서 "실패하지 않는 제품은 좋은 서비스를 제공하기 위한 최고의 방법이다."라고 했다. 표준 모델을 통해, 소비자들은 가용한 목록에서 신뢰할 만한 제품을 골라 구매할 수 있고, 많은 경우 가격의 이점을 누릴 수 있다. 그리고 거의 곧바로 원하는 제품을 얻을 수가 있다. 따라서 표준 디자인은 소비자에게 경제적이면서도 편리한 이점을 제공한다.

표준화에서 중요한 원칙은 제품을 단순하게 설계하는 것이다. 예를 들어, BMW는 매우 인기있고 잘 만들어진 자동차이지만, 많은 사람들은 그들의 새로운 I-Drive 시스템이 너무 복잡하고 번거롭다고 한다. 사람들은 복잡하고 사용이 어려운 제품을 싫어한다. 그리고 경험 상 사용하기 쉬운 제품이 수리하는 것도 훨씬 쉽다. 그래서 사람들은 만약 제품의 디자인이 너무 단순하다고 느끼면 스스로 제품을 수리하기도 한다. 아마도 이것이 많은 사람들이 다루기 쉬운 오래된 차에 취미를 갖고 있는 이유일 것이다. 오늘날 "컴퓨터 칩"같이 복잡한 자동차를 유지하고 수리하기 위해 필요한 값비싼 장치를 살 사람들은 거의 없을 것이다.

만약 제품의 수리를 위해 제품을 반환해야 한다면, 소비자들은 불편하고 화날 것이다. 제품이 반환되면 많은 것들이 잘못될 수 있기 때문이다. 시간이 오래 걸리고, 비용이 많이 들며, 소비자가 원하는 대로 정확하게 수리하지 못할 수도 있다. 그리고 만약 제품이 단순하게 잘 설계되지 않으면, 우리 스스로가 수리에 어려움을 겪을 수도 있다.

단순한 디자인을 보완하는 방법 중의 하나는 사용설명서를 상세하게 작성하는 것이다. 몇 년 전 아시아용 제품에 사용되던 모호한 사용설명서를 기억하는가? 우리는 그것들이 어떤 언어로 작성되었는지를 알지 못했지만 많은 사람들은 그 설명서를 이해할 수 없었고, 이는 그들을 매우 화나게 만들었다. 때때로 반쪽짜리 영어는 사용설명서를 매우 유치하게 할 만큼 위험하다. 우리는 고객에게 동일한 실수를 하지 말아야 한다.

13장에서 기술적 지원에 대해 구체적으로 알아볼 것이다. 일반적으로 기술 지원 인력은 채용하기도 어렵고, 훈련시키기도 어려우며, 일에 집중하도록 만들기도 어렵다. 따라서 우리의 고객들이 기술 지원팀을 필요로 하지 않는다면, 우리는 계속해서 앞으로 나아가는 데만 집중할 수가 있을 것이다. 이러한 방법의 하나는 아주 상세하고 훌륭한 사용설명서를 만드는 데 시간과 노력을 들이는 것이다. 혁신적인 제품의 사용설명서의 문제점은 경쟁자들에게 결정적인 통찰을 제공할 가능성이 있다는 것이다. 그러나 이것은 기우일 뿐이다. 뛰어난 사용 설명서가 경쟁자들에게 로드맵이 될 수 있는 가능성보다는 형편없는 사용설명서로 인해 고객을 잃는 것이 더욱 심각하다.

"모든 노력이 실패했을 때 설명서를 읽어라."는 유명한 말이 있다. 말이

안 되는 것 같지만 이는 정확하다. 최고의 제품은 직관적이고 이해하기 쉬운 것이다. 우리가 박스를 열고, 그것을 연결하는 것만으로 우리의 역할이 끝난다면 이는 매우 환상적인 것이다. 반대로 박스 표면의 "조립 필요"라는 문구는 짜증나는 표현일 것이다. 따라서 설계와 표준화의 과정에서 가능한 제품을 직관적이고 사용하기 쉽게 만들도록 특별한 노력이 필요하다. 그리고 제품이 조립된 형태로 제공되거나 고객이 원하는 장소에서 조립해서 제공하는 것은 반드시 필요하다.

11.3 가능하면 모듈화를 하라

Merriam-Webster의 온라인 사전은 모듈성(modularity)을 "다양한 환경에서 유연하게 사용하기 위해 표준화된 단위나 치수로 조립된"이라고 정의하고 있다. 모듈은 제품이 빠르게 팽창하는 서비스나 응용에 사용되는 경우에는 특히 중요하다. 예를 들어, 고객이 아주 깨끗한 물을 필요로 하는 전자제품을 생산하고 있다고 가정해 보자. 그리고 그들은 제품의 생산을 급격하게 늘리고 싶어 하지만, 미리 투자할 자금을 갖고 있지 못하다고 가정하자. 그래서 그들은 추가적인 필요가 발생하기 전에 그들이 정확하게 원하는 모듈을 제공해 줄 것을 요청한다. 우리는 하루에 10,000 갤런의 물을 생산할 수 있는 설비를 갖고 있다. 고객의 낙관적인 전략은 연간 5배 성장하는 생산량을 예측하고 있고, 5배 더 큰 생산 설비를 요구한다. 이 경우 그들의 요구를 만족하는 가장 좋은 방법은 아마도 수요의 증가에 따라 필요시 10,000 갤런의 설비를 계속해서 추가하는 것일 것이다. 이러한 모듈화

접근방법은 우리와 고객에게 모두 유리한 방법이다.

제품의 모듈화에는 아래와 같은 많은 장점들이 있다.

- 고객의 보다 폭넓은 요구사항에 정확하게 대응할 수 있다.
- 모듈화는 제조공정에 필요한 모델의 개수를 줄인다.
- 모듈화는 제조자와 고객 모두의 비용을 낮춘다. 어떤 모듈들은 다른 제품에 재사용될 수도 있고, 개발 비용을 줄임으로써 개발 일정을 앞당길 수 있다.
- 일반적으로 모듈이 적용되는 경우 제조와 운영이 용이해진다.
- 수리가 더욱 용이해진다. 단순히 결함있는 모듈을 빼고 새로운 모듈을 끼워넣는 것만큼이나 간단한 경우도 있다. 대부분의 전자제품이나 가정용품의 경우 이러한 접근이 훨씬 저렴하다. 왜냐하면 인건비가 그 부품 자체의 가격보다 훨씬 비싸기 때문이다.
- 적은 수의 표준화된 모듈이 있는 경우, 제조 인력의 기술 수준은 제품의 품질을 해치지 않으면서 낮아질 수 있다. 이는 비용을 줄이고, 생산량을 증가시킨다.

모듈화는 여러 가지 형태로 나타날 수 있다. 하나는 앞서 수처리 모듈의 예제에서와 마찬가지로, 동일한 규모의 설비를 수요의 증가에 맞추어 일치시키는 것이다. 다른 형태는 기본적인 핵심 기능에 개선된 기능을 추가하는 것이다. 이는 개인용 컴퓨터에 외장 하드드라이브, 스캐너, 프린터, 스피커나 조이스틱등을 추가하는 것과 유사하다. 세 번째 형태는 크기의 변화이다. 예를 들어, 우리가 업소용 청소기 한 대를 원한다고 하자. 모든 모델은 동일한 기본 디자인을 갖고 있지만, 우리는 2.5나 5 갤런 크기의 것을 구할 수가 있다. 이러한 것을 우리는 설계의 모듈화라고 한다.

부품(예비 부품 포함)의 호환성은 모듈화의 중요한 이유 중의 하나이다. 부품이 쉽사리 호환된다면 제조도 매우 효율적일뿐 아니라, 수리도 매우 빠르고 쉽게 이루어질 수 있다. 제조 모델을 만들거나 조립을 위한 재료를 구입하는 경우 측정의 단위와 크기에 신중해야 한다. 글로벌 시장의 확대에 따라 미터법이 점점 더 많이 사용되고 있으나, 미국의 많은 산업영역에서 아직도 영국식 단위들이 더 많이 사용된다. 따라서 측정의 단위를 결정할 때에는 목표 시장을 신중히 고려해야 한다.

11.4 공급자나 파트너와 협력하라

우리가 거래하는 사람들이 동일한 표준, 치수, 재료 게다가 동일한 색깔까지 사용한다면 우리의 인생은 훨씬 단순할 것이다. 우리가 공급자로부터 부품이나 시스템을 주문하는 경우, 그들은 우리가 그들에게서 원하는 것에 대해 매우 상세하게 모든 것들을 알고 있어야만 한다. 우리와 공급자간의 관계는 회사 대 회사의 계약으로 이루어져야 한다. 누군가로부터 무언가를 주문하는 경우 상세한 사항을 기재하고, 모든 당사자들이 계약이 완료되기 전에 상호 합의해야 하는 것이다.

Dell사와 같이 공급망 관리의 전문성으로 유명한 회사들은 제조자와 그들의 공급자간의 관계의 중요성을 매우 강조한다. Dell은 그들의 공급자들이 적시에 Dell의 제조 공장으로 최고 품질을 납품하는 것을 핵심으로 강조한다. 이에 대한 보답으로 Dell은 그들이 공급자로부터 필요한 것을 규칙적으로 2주 단위로 예측해준다. 그러한 성과는 제조자나 공급자에게 놀라운 것이 아니다. Texas의 Round Rock에 소재한 Dell의 제조공장을 방문해 보면 그들의 그러한 계약의 효력을 제조공정에서 확인해 볼 수 있다. JIT(just in time) 공급관계는 Dell의 주문이 도달한 날로부터 하루 이내에 모듈 제조 기법을 이용하여 맞춤 컴퓨터의 생산이 가능하도록 한다. 이후 Dell은 운송업체를 통해 몇 시간 이내에 제품을 고객에게 발송한다. 그리고 Dell은 그들의 공급자들이 구성 부품의 품질과 납기에 책임을 지도록 하고 있다. Dell은 그들의 공급자와의 이러한 우수한 관계가 그들의 주요 성공 요인 중 하나라고 말한다.

우리가 공급자의 부품을 제품에 사용해서 그 부품에 이상이 발생하면, 최악의 경우 그 책임은 우리에게 있으며, 최선의 경우에도 그 책임은 공유하게 된다는 점을 명심하라. 우리가 우리의 직원에게 요구하는 모든 규제 및 요구사항을 공급자와 파트너에게 역시 전달해야 하는 것이다.

11.5 핵심사항

- 제품의 표준화는 발명가/혁신가의 아이디어와 개념을 성공적으로 사업화하는 데 결정적인 역할을 한다.
- 표준화는 규모의 경제를 효율적으로 활용하는 중요한 목적의 달성을 가능하게 한다.
- 사업화팀은 한 번에 하나씩의 제품을 창작하는 것이 아니라 한 제품의 대량 생산에 에너지를 집중해야 한다.
- 일반적으로 고객들은 표준화된 제품에 대한 단순한 변경 및 조정을 용인한다.

- 확립되었거나 발전중인 산업 표준에 주의를 기울여야 한다. 제품은 적용 가능한 산업 표준을 따라야 한다. 산업 표준에 적합하지 않은 제품은 이상한 모습을 갖게 될지도 모른다.
- 고객의 입장이나 요구사항을 철저하게 이해하고 측정하기 위한 조사를 수행하는 것은 목표 시장에 적합한 모델의 범위, 크기 및 개수를 결정하는 데 필수적이다.
- 표준화된 디자인은 고객에게 편리함을 제공하며 동시에 경제적이다.
- 디자인 표준화의 중요한 원칙의 하나는 제품을 단순하게 만드는 것이다.
- 단순한 디자인을 보완하는 방법의 하나는 사용설명서를 상세하게 작성하는 것이다.

- 제품의 사용이 직관적인 경우, 사용설명서의 필요성이 줄어든다.
- 모듈화는 제조자 및 고객 모두에게 비용의 절감을 가져오며, 제조, 운영, 유지 보수를 더욱 용이하게 만든다.
- 부품(예비 부품 포함)의 호환성은 모듈화의 중요한 이유 중의 하나이다.
- 제품을 제조하는 경우 사용할 측정의 단위를 결정하는 경우 표적 시장이 미국인지 전세계인지 신중하게 고려해야 한다.
- 누군가에게 무언가를 주문하는 경우에는 상세한 사항을 준비해야 한다. 우리가 직원에게 요구하는 모든 요구조건 및 제반 경영활동을 넘겨라.
- Dell사와 같이 공급망 관리의 전문성으로 유명한 회사들은 제조자와 그들의 공급자간의 관계의 중요성을 매우 강조한다.

chapter 12

기술 패키징

이 단계에서는 제품이 실제로 생산되는 과정에 있다. 다음 단계는 바로 제품 판매이다. 하지만, 제품 판매가 효율적으로 이뤄지기 위해서는 몇 가지 사항이 아직 더 남았다. 이 장의 효율적 설명을 위해 "패키징"이란 의미를 시장 조사, 광고, 제품 이미지 제고, 그리고 독점적 권리 확보를 통칭하는 것으로 정의하겠다. 제품을 판매하기 위해 시장으로 나가기 전에 모든 준비를 철저히 마쳐야 한다. 이 장에서 우리는 준비 과정에서 가장 중요한 이슈를 다룰 것이고, 실제 사례를 통해 한 회사가 어떻게 이를 잘 수행했는지를 보여줄 것이다.

12.1 처음이라는 불명예를 극복하라

10.1에서 우리는 누구도 신제품, 신기술을 사용하는 첫 번째가 되려 하지 않는다는 점을 강조했다. 우리의 경험에 의하면 신기술을 판매하는 데 고객들의 이런 태도보다 더 어려운 점은 없었다. 그럼 이런 결정적 문제를 해결하기 위해 어떻게 기술을 패키징할 수 있을까? 몇 가지 방법이 있다. 첫 번째 그리고 최선의 방법은 최신 기술의 혁신 기업 이미지를 구축하고 싶어 하는 고객을 설득하는 것이다. 이런 기업들은 혁신적 기술을 성공적으로 개발한 사례가 많다. 왜냐하면 이들은 기업 이미지를 기술 혁신 기업으로 만들어 가고 있기 때문이다. 따라서 그들은 최신의 기술 혁신을 찾아다니고 또 그 혁신에 투자하여 효율적이고 경제적으로 동작하도록 만들 충분한 동기가 있다. 그들을 최우선적으로 접촉해야 한다.

두 번째 방법은 우리의 기술을 적용하는 첫 사례이기는 싫어하지만 업계 리더로 변신을 꾀하는 기업에 인센티브를 주는 것이다. 이런 기업들은 조심하는 것뿐이지 혁신적 기술을 회피하는 것은 아니다. 단지 그들을 참여시킬 동기부여가 필요한 것이다. 다른 말로 표현하면 그들은 기술적 지식도 충분하고 재정적으로도 건실하며 혁신적 성향도 강하지만 단지 보수적인 것이다. 이들에게 줄 수 있는 인센티브는 다음과 같은 것들이 있다.

- 해당 업종 내에서 우리 기술에 대한 독점적 권리 부여
- 일정 기간 동안 상당한 수준의 금전적 혜택(예: 할인 등)
- 상당 기간 동안 제품 사용에 따른 면책 조항
- 일정 기산 동안 수익 배분
- 우리 회사의 지분 참여
- 정기적 정보 업데이트

당연하겠지만 가능하면 우리는 그들에게 최소한의 인센티브를 약속해야 한다. 그래서 한 회사가 우리 제품을 사용하도록 권유하는 과정에는 협상이 많이 필요하다.

세 번째 후보군은 우리 제품을 필사적으로 필요로 하고 사용하고 싶어하지만 지금 당장은 자금이 없는 회사이다. 이런 경우 투자자나 사업가가 역량을 최대한 발휘할 때이다. 투자자나 사업가는 우리 회사 제품이 재무적으로 어려움에 처한 기업의 상황을 얼마나 개선시킬 수 있는지 철저히 파악해야 한다. 우리가 기회를 주는 조건으로 그들 역시 우리에게 인센티브를 제공해야 한다. 가령 그 회사의 지분을 우리에게 주는 것 등 말이다.

마지막으로 우리 회사 제품을 통해 혜택을 입을 수 있는 회사는 다양하다. 이런 유형의 회사는 시장 조사 시점에서 이미 발견되었어야 하고, 위에서 언급한 회사들과 같은 특징은 없는 일반적인 회사들이다. 전형적인 마

케팅 방식으로 이런 회사들을 상대하면 된다. 단, 적극적인 관심을 보이지 않는 회사에 많은 시간을 낭비하지 않도록 주의해야 한다. 우리 기술은 이미 검증되었고 일정 기간 안에 가시적인 성과가 없을 시 협상을 그만둘 것이라는 메시지를 확실히 전달해야 한다.

정부 기관은 초기 단계에서 신제품을 판매하기에 좋은 고객이다. 왜냐하면 이들의 필요 사항은 종종 유일한 경우가 많고 또 제도적으로 혁신 활동을 장려하도록 되어있기 때문이다. 그러나 정부, 특히 정부산하 기관은 종종 특정 기술을 사용하는 데 있어서 어떤 기관이든, 어디에서든, 언제든 로열티 무료 같은 특별한 조건을 요구하기도 한다. 게다가 정부 기관의 특성 상 비밀 유지가 어려운 경우도 있다. 반면, 정부 기관과의 거래는 대량 판매로 이어질 수 있고, 단기간 내에 큰 홍보 효과도 기대할 수 있다. 따라서 우리는 정부 기관과의 거래가 우리의 전략적 목적에 부합하는지 잘 따져서 신중을 기해야 한다.

일반적으로 위에서 언급한 유형의 얼리 어댑터 기업은 폭넓은 보장과 보증을 원한다. 이는 어쩌면 미리 예측하지 못한 사항도 아니고 불합리한 것도 아닐 수 있다. 하지만 어느 정도로 받아들일 지는 신중을 기해야 하며, 특히 제3자 보증책임은 더더욱 그렇다. 우리는 얼리 어댑터 기업이 어느 정도로 우리를 압박할 수 있는지 이전 사례에 기초하여 법률적 자문을 충분히 구할 필요가 있다.

우리가 제공한 인센티브와 양보의 대가로, 우리도 무언가를 얻어야 한다. 우리는 초기 고객들의 칭찬과 광고를 절대적으로 필요로 한다. 따라서 우리는 반드시 초기 고객들이 만족할 만한 성과를 제공해야 하며, 고객들은 자유롭게 우리 제품을 널리 알릴 수 있어야 한다. 게다가 고객들에게 우리가 자유롭게 그들의 의견을 활용할 것을 알려야 한다. 단, 고객들에게 우리가 언제 어떻게 이용할 것인지는 미리 알려줘야 하고 필요하면 사전에 허락을 얻어야 한다. 고객들이 놀라지 않게 언론 홍보문을 미리 고객에 보내주는 것도 좋은 방법이다.

반드시 기억해야 할 가장 중요한 것은 첫 번째 성공적 판매 후에는 이어지는 고객들에게 "당신이 우리 제품을 사용하는 첫 고객이 아닙니다. XYZ 회사는 이미 성공적으로 우리 제품을 사용하고 있습니다. 그리고 이것이 우리가 그들을 위해 해준 것에 대한 그들의 감사의 표현입니다."라는 내용을 표현을 하는 것이다.

12.2 주목 받는 기술로 만들기 위해 무엇을 해야 할지 결정하라

이 장의 내용은 11장에서 논의된 크기, 범위, 그리고 제품 모델 수와 같은 업계 표준 준수 내용과 상당 부분 관련이 있다. 이 장에서는 시장의 필요와 잠재적 적용 제품에 대해 다룰 것이다. 비록 우리의 목표는 기성품을 판매하는 것이지만, 우리 제품을 잠재 고객들에게 더 매력적으로 만들기 위한 다양한 선택 사양에 대해서도 연구해야 한다. 물론 기존 표준 모델에서 너무 벗어날 필요도 없고 추가 비용을 요구할 필요도 없다. 단지 우리가 해야 하는 것은 고객이 필요로 하는 다양한 요구 사항을 파악하는 것이다. 고객의 다양한 요구를 얼마나 잘 충족시킬 수 있냐는 시장 규모와 이익률에 직접적 영향을 끼친다.

우리는 우리 제품이 특정 분야에 잘 맞도록 개발되었다는 이미지를 전달하길 원한다. 이런 목적은 기술 저널, 전시회, 잡지나 대중매체 혹은 우편광고를 통해 달성할 수 있다. 잘 디자인된 웹 페이지도 많은 도움이 된다. 우리들이 특정 업계의 구성원이기 때문에 그 분야를 아주 잘 이해하고 있다는 이미지를 우리 고객들에게 전달할 수 있어야 한다. 그 분야의 최고 기업이 제공할 추천서는 아주 좋은 수단이 될 것이다.

목표 고객층이 특정 지역에 집중되어 있다면 유통 센터의 위치를 선정하는 것도 중요하다. 왜냐하면 고객에게 신속히 제품을 배달할 수 있을 뿐만 아니라, 고객들에게 최상의 서비스를 제공하려 노력하는 이미지를 구축할 수 있기 때문이다.

우리 제품이 목표 업계에서 충분히 적용되고 나면 패키징 전략도 수정될 필요가 있다. 예를 들면, 일단 우리가 성공 사례를 확보하고 나면 직접 옵션 사양을 제공하는 것보다 고객이 우리의 조언을 바탕으로 직접 적용토록 하는 것도 좋은 방법이다. 이런 변화는 아주 신중히 결정되어야 하며 긴밀한 고객 협력과 철저한 시장 조사를 통해야 한다.

12.3 인기를 얻는 방법

이 책 전반에 걸쳐 우리는 혁신적 기술에 집중하고 있다. 문화적 상상력을 잘 접목시킨 21세기의 혁신적 기술의 가장 좋은 예로 아이팟을 들 수 있다. 애플의 다른 제품처럼 아이팟은 기술적으로도 섬세할 뿐만 아니라 아주 세련된 제품이다.

아이팟 개발에는 소비자의 아이디어를 처음으로 적용하는 데 주저함이 없었다. 애플사는 기술의 최첨단을 달리고 있다. 그리고 그들의 기업 문화는 최고이자 최초인 혁신을 추구한다. 아이팟 개발을 통해 애플은 안정적인 기기와 유연하고 직감적인 소프트웨어, 그리고 모든 고객에 도달할 수 있는 가상 상점까지 완전한 제품 패키지를 구성하는 단계에 도달하였다.

애플은 시장을 분석평가하지 않고, 시장을 창조한다. 비록 애플의 사업 모델은 고객의 관심과는 다소 분리된 것처럼 보이지만, 그들은 소비자들의 전자기기 생활을 재창조하고 있다. 많은 이들이 음악, 사진, 그리고 비디오를 위해 포켓에 들어가는 작은 기기에 60기가바이트 이상의 메모리 크기가 필요없다고 말하고 있지만, 일단 아이팟을 사용하고 나면 아이팟 없이는 못 살게 된다.

애플의 광고는 경쟁사를 완전히 압도해 버린다. 그들은 깜짝 놀랄 생활 스타일 비전과 가치에 대해 소통한다. 광고는 밝고 활기가 넘치고 자유의 메시지를 즉각 전달한다. 아이팟은 이런 자유로운 삶의 상징이 되고 있다. 반대 의견으로는 애플 역시 다른 컴퓨터 업체와 마찬가지로 기계적이고 비인간적이라는 평가가 있다. 이를 잘 인식한 애플은 미국 사회의 주류층에 호소하기 위해 기술 이상의 당대 최신의 문화적 이미지를 구축하고 있다. 이런 전략은 미국 전역으로 확대되고 있는 애플 매장을 통해 성공적으로 실행되고 있다. 애플 매장은 최신 제품을 홍보할 완벽한 장소가 되고 있다. 베스트 바이와 같은 거대한 전자 제품 판매장은 피하면서 애플은 박물관 효과를 최대한 활용하여 아이팟 제품을 반짝이는 개별 공간에 제품 하나씩을 독립적으로 전시한다.

이런 마케팅적 장점에도 불구하고, 애플은 지적재산의 중요성을 절대 잊어버리지 않는다. 우선 아이팟은 폐쇄형 시스템이다. 비록 이런 폐쇄형은 제3자의 개발을 제한하지만, 소프트웨어 품질과 설정 등 통일된 제품을 보장한다. 브랜드의 경우, 시스코는 애플의 아이폰 상표권 사용에 대해 소송을 제기하였다. 이 책을 저술하고 있는 시점을 기준으로 보면 애플은 아마도 시스코의 지적재산을 침해하고 있는 것으로 보인다. 어떤 경우든 이는 기술 개발에서 지적재산의 중요성을 다시 한 번 잘 보여주고 있다.

12.4 공격적으로 지적재산권을 보호하라

이 장의 메시지는 아주 단순하다. 누군가 당신의 아이디어를 훔치려 시도하면 절대 참지 마라. 단호하고 신속히 대처하라. 게다가 사업화팀이 평가하기에 아이디어가 좋을수록 사업화 초기에 법률적 수단을 강구해야 한다. 우리 분야에 익숙하고 지적재산 보호에 성공적 경험을 보유한 법률 자문을 구하라. 우리는 변호사들에게 초기에 단호하고 신속하게 대처할 것을 강력히 주문한다. 왜냐하면 이렇게 해야 나중에 유사 사건을 미연에 방지할 수 있으며 우리가 공격적일수록 모방업체는 뒤로 물러나 다른 누군가의 아이디어를 훔치려 할 것이기 때문이다.

우리는 우리의 전략적 계획과 우리의 목표 시장에 맞게 특허권을 취득해야 한다. 다시 말하면, 우리 주고객의 대부분이 북미지역에 있다는 가정 하에 우리는 미국, 캐나다, 그리고 멕시코 지역 위주로 특허를 출원할 것이다. 하지만 만약 제품이 전세계 시장에서 판매될 가능성이 있다면 이는 큰 실수이다. 우리 제품은 전세계 시장에서 보호되어야 하기 때문이다. 따라서 다른 특별한 이유가 없는 한, 특허는 가능한 모든 지역에서 출원되어야 한다.

다른 회사가 우리의 특허를 침해하고 있다는 정보에 대해 누군가가 알려줄 것이라 안일하게 생각해서는 안 된다. 우리 스스로가 그런 침해가 있는지에 대해 항상 경계하고 있어야 한다. 실제로 이는 생각만큼 그리 어렵지 않다. 만약 우리가 잠재 고객과 목표 시장을 명확히 알고 있다면, 누군가 우리 아이디어를 망치고 있는지 알 수 있어야 한다. 의심이 확인되면 변호사를 고용해 침해자에 대응토록 해야 한다.

침해자에게 법적 행동을 취하기 전에, 그들을 우리의 동맹군으로 포섭할 수 없는지 알아보는 것도 좋은 방법이다. 만약, 그들이 우리 기술의 장점을 인정하고 필요로 한다면, 그들을 적으로 만드는 대신 우리 대리인으로 만들 수 있을 것이다. 사실 소송 비용이 너무 비싸기 때문에 경쟁자를 포섭할 수 있는 다양한 방법을 우선 고려할 필요가 있다. 만약 이 방법이 통하지 않으면 어쩔 수 없이 법으로 해결하는 수밖에 없다.

12.5 핵심사항

- 제품 패키징은 시장 조사, 광고, 제품 이미지 제고, 그리고 독점적 권리 확보를 통칭한다.
- 첫 번째라는 거부 반응을 극복하는 가장 좋은 방법은 가장 적극적으로 기술 혁신을 주도하는 기업을 설득하는 것이다.
- 두 번째 방법은 우리 기술로 인해 업계 최고가 될 가능성이 있는 기업에게 인센티브를 제공하는 것이다.
- 설득을 고려할 세 번째 유형은 우리 기술을 무조건 원하지만 당장 구매

할 자금 여력이 없는 기업이다. 이런 기업과 협력할 경제적 이유가 충분하면 망설이지 말고 진행하라.

- 정상적인 상황에서 정부 기관은 좋은 얼리 어댑터가 될 수 있다.
- 초기 고객으로부터 지나칠 정도의 칭찬을 받아내야 한다.
- 우리는 특정 업계에 최적화된 제품을 제공하고 있다는 이미지를 심어야 한다.
- 목표 시장이 특정 지역에 집중되어 있으면 유통 센터를 건립할 위치의 선정이 매우 중요하다.
- 애플의 아이팟과 아이폰은 오늘날 전자제품 시장에서 넘보기 어려운 독특한 시장 지위를 차지한 토탈 패키징의 매우 훌륭한 사례이다.
- 지적재산권을 적극적으로 보호해야 하지만, 가급적이면 소송은 피하라
- 경쟁과 침해를 혼동해서는 안 된다.

chapter 13

기술 응용

11장에서 우리는 표준화되고 기본적인 제품 모델의 디자인과 생산이 중요함을 강조하였다. 이 장에서는 고객들의 다양한 요구 사항을 만족시키기 위해 이 기본 모델을 변경하고 기술을 다양한 분야에 적용하는 것에 초점을 맞출 것이다. 그리고 기술 지원과 고객 서비스의 필요성에 대해서도 언급할 것이다.

13.1 기성복은 수선이 필요하다

11장에서 표준 모델의 중요성을 언급할 때, 우리는 기성복과 맞춤복의 비유를 들었다. 이 비유는 이 장에서도 많이 이용될 것이다. 실제로 시중에 판매되고 있는 기성복 바지의 상당수는 소비자의 체형에 따라 수선할 수 있도록 밑단이 마감되지 않은 채 판매되고 있다. 이런 식으로 우리 역시 고객들의 특수한 요구사항을 충족시킬 수 있도록 준비해야 한다.

우리는 가급적이면 변경은 최소로 하고 가능한 쉽게 만들고 싶다. 이 목표는 사전에 어떤 형태의 변경이 어느 정도 필요한지 예측함으로써 가능해진다. 이를 위해서는 철저한 시장 조사를 수행하고 그 결과를 제품 디자인에 반영해야 한다. 분명한 것은 고객의 요구 사항이 표준 제품과 유사할수록, 제품 변경 정도는 줄어든다는 점이다.

사업화팀은 제품 기본 가격에 변경 비용을 어느 정도 포함시킬 지 결정해야 한다. 기껏해야 제품의 여기저기를 조금씩 바꾸는 정도라면 고객들은 제품 가격에 변경 비용이 포함되어 있을 것으로 기대할 것이고 또한 그게 맞다. 최소한 고객들에게는 인색한 이미지를 주어서는 안 된다.

변경에 대해 어느 선에서 비용을 부과할지를 결정하는 것은 이익 관점에서뿐만 아니라 고객 만족 관점에서도 아주 중요하다. 따라서 아주 신중하고 합리적이며 전체 사업 전략과 일치하는 방향으로 결정해야 한다.

13.2 개조와 옵션은 항상 비용이 든다

제품 개조와 옵선에는 항상 비용이 들기 때문에 어떤 비용은 우리가 부담하고 또 어떤 비용은 고객에게 전가시킬지 신중하게 결정해야 한다. 경험법칙에 따르면, 모든 옵션과 우리가 가격 정책을 세울 때 예상하지 않았던 개조에 대해서는 고객이 부담하는 것이 올바르다. 종종 발명가나 기술자들이 범하는 가장 큰 실수는 개조를 원하는 고객들에게 화를 내는 것이다. 이런 태도는 아주 잘못된 것이다. 고객이 제품 개조를 원하는 것은 표준 모델보다 더 높은 마진을 올릴 수 있는 좋은 기회가 된다. 따라서 고객이 추가비용을 지불할 용의가 있다면 우리는 기꺼이 고객의 요구를 들어줘야 한다.

사실, 소비자의 이러한 약점은 성능을 향상시킬 수 있는 기능들을 추가로 팔 수 있는 정말 좋은 기회로 볼 수도 있다. 기술자뿐만 아니라 마케팅과 판매 담당자들도 고객들로 하여금 어떻게 하면 개선된 성능을 확보할 수 있는지에 대해 파악할 수 있도록 교육받아야 한다. 물론, 우리는 성능 향상을 보여주고 추가 비용 투자 대비 효율이 충분함을 증명할 수 있어야 한다. 우리는 아직 개발 단계에 있거나 사업화 가능성이 어려운 기능은 피할 것을 충고한다. 과장하지 말고 현재 가능하지 않은 것을 약속하지 말라.

13.3 기술 지원을 쉽고 접근 가능하게 만들어라

비록 우리의 혁신적 기술이 고객의 기대를 100% 충족시킬 수 있다 하더라도, 고객은 새로운 기술을 사용하고 있기 때문에 항상 신경을 곤두세우고 있다. 신경이 날카로운 고객은 무언가 잘못 돌아가고 있을 때는 바로 도움을 요청하고, 즉각적인 조치를 원하는 것이 일반적이다. 이런 급박한 상황에서 전화 수화기를 통해 음성 녹음된 "당신의 비즈니스는 우리에게 매우 중요합니다."와 같은 메시지만 반복된다면 고객은 좌절할 것이다. 이보다 더 심각한 것은, 여러 번 시도 끝에 전화 연결에 성공했는데 기껏 일반적인 질문만 잔뜩 하고 나중에는 무엇이 문제인지 잘 모르겠다는 대답만 듣는 것이다. 우리는 정확히 이와 반대로 고객 서비스를 해야 한다. 고객과의 상호 작용은 최대한 쉽고 즐겁게 만들어야 한다. 아래 내용은 아주 모범적인 고객 지원 서비스 체계를 갖추는 데 많은 도움이 될 것이다.

첫째, 판매가 이루어질 때 구매자에게 그 제품에 대해 책임지고 서비스를 제공할 사람의 연락처와 인적 사항을 제공하라. 그리고 만약 그 사람이 가능하지 않을 시 대신할 사람까지 지정하라. 게다가 긴급 시 바로 연결될 수 있는 직통 전화번호도 지정하라. 이를 통해 고객은 최대의 만족감을 느낄 것이고 자신의 선택에 대해 후회하지 않게 된다.

둘째, 판매가 증가할수록 정기적으로 고객의 상황을 점검할 수 있는 숙련된 인력을 확보하라. 사업 초창기 고객 리스트가 적당할 때는 우리 제품의 성능이 궁금해서라도 고객과 자주 접촉하게 된다. 하지만, 판매가 늘고 고객이 많아질수록 이런 체계는 유지하기 어려워진다.

셋째, 서비스 담당자는 일상적인 고객의 업무에 능수능란하게 대처할 수 있도록 충분히 기술적으로 교육시켜야 한다. 게다가 서비스 담당자는 복잡한 문제 발생 시 회사의 전문 인력과 접촉하는 절차를 잘 숙지하고 있어야 한다. 우리 제품이 제대로 동작하지 않아서 고객들에게 장기간 불편을 끼치는 상황이 생겨서는 안 된다. 비록 고객이 오작동해서 생긴 문제라도 마찬가지다. 따라서 우선 문제를 신속히 효율적으로 해결하고 문제의 원인 규명은 나중에 할 일이다.

넷째, 우리 서비스 담당자는 고객과 지리적으로 문화적으로 긴밀한 관계를 유지해야 한다. 만약 우리 시장이 글로벌이라면 이를 위해 초기에는 많은 출장과 노력이 필요할 것이다. 하지만 매출이 점점 늘어나면서 우리는 고객들과 최대한 가까운 위치에 잘 훈련된 서비스 담당자를 상주시킬 수 있을 것이다. 이상적으로 이들은 지역 사회의 일원이고 문화적 동질성을 공유하게 된다. 또한 서비스 담당자는 현지 언어를 유창하게 구사할 수 있어야 하고, 가능한 한 문서는 고객의 특별한 요구가 없는 한 현지어로 작성되어야 한다.

마지막으로 회사 조직도를 고객과 공유하고 사장의 연락처를 반드시 명시하라. 만약 무언가 정말 잘못되면 고객이 사장과 직접 연락할 수 있는 채널을 제공해야 한다. 경험상으로 볼때, 최악의 상황에서 사장에게 직접 불만을 토로하는 것이 소송에 가는 것보다 훨씬 유익하다.

위에서 언급된 절차를 성실히 수행했다면 그렇게 심각한 문제는 발생하지 않을 것이다. 그러나 만약에 심각한 상황이 발생하면, 기술지원의 가장 강력한 무기인 "죄송합니다. 신속히 해결하겠습니다!"를 잘 기억하라. 이렇게도 해결할 수 없는 상황이면 우리 비용으로 처리하는 수밖에 없다.

13.4 좋은 서비스는 더 많은 비즈니스를 창출한다

훌륭한 영업사원이 공통적으로 파악하고 있는 것이 하나 있다. 바로 만족도가 높은 고객은 회사에 대한 충성도도 높다는 것이다. 고객들은 기존 공급자와 관계를 원만히 유지하는 것이 결국 그들의 일을 쉽게 만들어 준다는 점을 잘 알고 있다. 그들은 정말로 완벽하게 동작하는 제품을 원한다. 그리고 문제가 있을 때는 빠르고 효율적인 서비스 지원을 기대하고, 고객 서비스 담당자에게는 상호 신뢰를 바탕으로 원활한 의사 소통과 적극적 자세를 원한다. 고객이 만약 비싸게 구매했다고 느끼거나 아니면 무시당하고 있다고 느끼게 되면 고객과의 긴밀한 관계를 더 이상 기대할 수 없다. 고객도 우리와 같은 존재이다. 좋은 제품을 적당한 가격에 구매하기를 원하고, 정말 훌륭한 서비스를 받을 수 있다면 기꺼이 조금 더 많은 비용을 지불할 용의가 있다.

우리 제품과 서비스에 완벽하게 만족한 고객은 나중에 우리를 다시 찾을 뿐만 아니라, 우리를 대표하는 최고의 영업 지원단이다. 추천과 성공 사례는 무엇과도 바꿀 수 없는 아주 소중한 무형의 가치임을 기억해야 한다. 우리는 최고의 서비스에 대한 보답으로 고객들에게 기술 학회 등 여러 단체에서 우리의 성공 사례를 공유할 것을 종종 부탁한다.

만족한 고객이 우리를 위해 할 수 있는 가장 좋은 것은 현장에서 잠재적 고객에게 우리 제품을 직접 보여주는 것이다. 우리 경험에 의하면, 만족한 고객이 직접 그들의 현장에서 외부인에게 우리 제품을 보여주는 것이 우리 현장에서 보는 것보다 훨씬 더 효과적이었다. 이 때 만족한 고객 입장에서는 약간의 추가 비용이나 불편함이 발생할 수 있기 때문에 이를 기꺼이 보상해 주어야 한다.

13.5 핵심사항

- 고객의 요구는 매우 다양하기 때문에, 우리 제품을 다양한 그들의 요구에 맞출 수 있도록 준비해야 한다.
- 시장 조사를 통해 고객의 요구 사항을 최대한 제품 디자인에 반영함으로써 제품 변경이 최소의 범위 내에서 최대한 쉽게 이루어질 수 있도록 해야 한다.
- 제품 변경에 따른 추가 비용을 어느 선에서 고객에게 부과할지 신중히 결정해야 한다. 이 경우 우리의 영업 이익률과 고객 만족의 관계를 잘 따져야 한다.
- 우리 제품의 변경을 원하는 고객들에게 불평해서는 안 된다. 오히려 정상 제품보다 더 높은 이익을 올릴 수 있는 기회가 될 수 있다.
- 고객과의 만남은 편안하고 즐거워야 한다.
- 잘 훈련되고 문화적으로 동화된 서비스 담당자를 고객 근처에 배치해야 한다. 그리고 이 서비스 담당자는 정기적으로 고객의 상황을 점검해야 한다.
- 만족도가 높은 고객은 입소문, 추천 등 다양한 경로를 통해 우리 사업을 도와줄 의향이 있다.

chapter 14

기술 마케팅과 판매

이 장에서는 우선 Davidow의 말을 인용하자. "기술적 우월성은 그 어떤 성공이나 경주에서 좋은 위치를 보장해주지 않는다. 좋은 제품은 스스로 판매하지 않는다. 마케팅이 회사의 운명을 결정하는 데 점점 더 중요한 역할을 하게 될 것이다." 우리는 그간 많은 경험을 통해 혁신적 기술을 어떻게 마케팅하고 판매할지 여러분들에게 설명해줄 자신이 있다. 그리고 여러 훌륭한 책들이 성공적으로 고객을 유치하기 위한 전략과 전술에 대해 다루고 있다. 예를 들면, 위에서 인용한 문구 역시 기술사업화에 진지한 관심이 있는 누구라면 반드시 읽어볼 것을 권하는 책 "Marketing high technology, W.H Davidow"에서 따온 것이다. 이 장에서는 마케팅과 판매 과정에서 유용한 몇 가지 우리의 교훈과 경험을 공유하고자 한다.

14.1 마케팅과 판매의 차이

마케팅/영업쪽에 일하는 사람들은 그들 나름의 자기 업무에 대한 정의가 있다. 하지만 종종 이런 다양한 정의는 다른 분야에 종사하는 사람들을 혼란에 빠뜨리기도 한다. 그래서 이 책에서는 표준화된 정의를 내리기 위함이 아닌 우리의 관점을 독자들이 보다 잘 이해하도록 돕기 위해 아래와 같이 정의를 내리고자 한다.

- 마케팅: 목표 고객을 발굴하고 "무엇이 필요하세요?"라고 묻는다.
- 판매: 우리는 고객의 필요를 충족시킬 좋은 제품을 갖고 있고, 고객에게 "이 제품 사시겠어요?"라고 묻는다.

마케팅과 판매에서 성공하기 위해서는 아주 사소한 혁신과 정말 대단한 제품 사이의 차이점을 명확히 구별해야 한다. 종종 우리는 거의 모든 혁신을 세상을 바꿀 엄청난 존재로 바라보곤 한다. 사실 정말 대단한 아이디어라면 목표 고객들에게 모든 종류의 놀라운 혜택을 제공하는 마법을 발휘할 수도 있을 것이다. 하지만 그래도 우리는 이런 서비스와 기술을 제품으로 탈바꿈시켜 세상에 "나를 사세요!"라고 외칠 수 있도록 하는 마케팅이 필요하다. 영업 인력은 서비스나 기술이 제품으로 변화는 과정을 잘 이해하고 있다. 이제 그들은 잠재적 고객을 발견하기 위해 내실있는 마케팅 활동이 필요하다. 그들은 고객의 사무실로 진출할 길을 평탄하게 디지기 위해 광고도 필요하다. 그리고 제품이 어떤 일을 수행할 수 있고 어떻게 고객의 요구를 만족시킬 수 있는지 명확히 이해해야 하고, 그들을 도와줄 판매자료(브로셔, 매뉴얼, 샘플, 데모 등)도 필요하다.

종종 판매는 마케팅 과정의 일부라고 인식되지만 우리는 마케팅과 판매는 완전 별개의 활동이라 믿는다.

14.2 비용이 아닌 가치를 판매하라

만약 우리 제품이 정말로 혁신적이라면 대부분의 잠재적 고객들은 이런 유형의 기술을 전에 사용해본 적이 없을 것이다. 따라서 일반 일용품을 팔기 위한 기술은 우리에게 전혀 쓸모가 없다. 가장 좋은 방법은 기존 방법으로는 제공할 수 없는 특별한 혜택을 줄 것이고 결국 고객의 돈을 아끼게 될 것임을 강조하는 것이다. 이런 과정에서 우리는 비용이 아닌 가치를 강조해야 한다. 비용에 근거한 구매는 이미 경쟁자들이 많거나 일상적 필요를 충족시키거나 아니면 품질에서 큰 차이가 없는 제품의 경우이다. 즉, 슈퍼마켓과 같다고 생각하면 된다. 주부들에게 어떤 생필품을 사는지 질문해 보라. 그들은 한결같이 "세일 중인 품목을 사요"라고 대답할 것이다.

사실 다른 방법으로 해결할 수 없는 문제를 풀 수 있는 혁신은 드물다. 예를 들어, 이온 교환을 이용한 물 정수 기술은 수 년 간 최고로 인정받았다. 하지만 역삼투 기술이 가정용으로 이용될 정도로 비용이 내려가자 상황은 역전되었다. 많은 나라의 음료용 수질 평가 기준이 이온 교환 기술보다 역삼투 기술에 더 호의적이었다. 이런 식으로 새로운 기술로의 전환이 이루어졌다. 시장 출시 초기에 가정용 역삼투 정수기는 혁신적으로 평가받았고, 여전히 이온 교환 정수기는 실용적 대안이었다. 그럼 어떻게 역삼투 기술이 초기 신상품이라는 신선한 이미지 효과가 떨어진 후에도 기존 경쟁 제품을 이길 수 있었을까? 그것은 바로 다음 단계의 판매를 쉬운 조작, 사용된 염수의 배출량 감소, 재료의 내구성 증가, 그리고 쉬운 삼투막 교체 등에 집중했기 때문이다. 이 모든 요소들이 비용에 긍정적 효과를 가지고 있다. 가정용 정수기 판매원은 제품 수명 전기간 동안의 비용과 혜택을 강조하며 역삼투압 정수기를 판매하였다. 그리고 이온 교환 정수기 회사들도 신속히 역삼투 정수기를 판매하기 시작한 것도 도움이 되었다. 수중 나트륨 농도가 이온 교환 방식보다 역삼투 방식에서 훨씬 낮게 측정되자 건강에 관한 소비자들의 관심도 중요한 판매 포인트였다.

그래서 위 사례로부터 얻을 수 있는 교훈은 무엇인가? 몇 가지를 언급하면 아래와 같다.

- 사업화 초기에 혁신적 기술의 독창성은 아주 큰 장점이다. 특히 새로운 기술이 기존보다 훨씬 우월함을 시연한 후에는 더욱 그러하다.

- 다음 단계에서는 제품 수명주기 동안 낮은 비용으로 인한, 장기적 관점에서의 혜택이 강조되어야 한다.
- 경쟁 기술인 이온 교환 방식에 비해 역삼투 방식이 건강에 더 좋다는 결과가 알려지자 역삼투 방식 정수기의 판매량이 급격히 증가하였다.
- 요약하면, 비용은 고려 요소이지만 가치는 실제 판매를 성사시키는 요인이다.

비용에만 근거하여 판매를 하고 있다면 이제 우리는 다음 단계로 넘어갈 때가 된 것이다. 모든 게 다 좋다. 하지만 어떻게 우리 제품의 판매 가격을 성할 수 있을까? 이는 실로 정말 단순하다. 즉 시장이 받아들일 수 있는 금액을 제시하라. 만약 우리 제품이 경쟁사 제품보다 더 빠르고 더 좋다면 경쟁사 제품 가격 이상으로 매길 수 있다. 그럼 얼마나 더 많이? 경제학의 기본 이론상 우리 이윤을 최대화할 수 있는 수준이 적정 가격이다. 그 이상 가격은 고객이 구매를 꺼려하기 때문에 결국 이윤을 떨어뜨리게 된다. 일반적으로 개발과 생산 비용을 모두 더한 후 적정 이윤을 더하는 식의 가격 산정 방식은 큰 실수를 범하는 것이다. 물론 이런 방식 역시 가격 산정의 한 방식임에는 틀림없지만 정말 혁신적 제품의 경우에는 적용되지 않는 방식이다.

14.3 진지하지 않은 사람에게 시간 낭비하지 말라

많은 사람들은 다양한 이유 때문에 새로운 아이디어에 관심을 보일 것이다.

일부는 최신 흐름에 보조를 맞추고 싶어 하고, 일부는 학구적 관심에서 새 제품이 어떻게 동작하는지 배우고 싶어할 것이다. 그리고 어떤 사람들은 똑같은 제품을 모방할 수 있는지 알고 싶어 할 것이다. 새 제품에 관심을 보이는 이유야 어찌됐든 이런 사람들에 대한 결론은 그들은 항상 관심만 보인다는 것이다. 그들은 다양한 정보를 공유하지만 정작 그들의 진심은 얘기하지 않는다. 따라서 이런 종류의 사람들을 대할 때는 그들의 관심에 고마움을 표시하고 신속히 다른 사람들을 찾아 나서야 한다. 그들에게 많은 시간과 노력을 들이는 것은 아무런 도움이 안 된다.

우리 시간을 낭비하게 만드는 또 다른 유형의 사람은 겁쟁이들이다. 이들과 일하는 것은 사람을 미치게 만든다. 왜냐하면 그들은 항상 조만간 고객이 될 것처럼 행동하고 말하기 때문이다. 그들은 우리 제품을 얼마나 사랑하는지 숨김없이 말하고 심지어는 우리 제품을 어떻게 활용할 것인지에 대해서도 구체적으로 말할 것이다. 그러나 그들은 의사결정하지는 못한다. 잠재적 고객과 협상 과정에서 겁쟁이 유형이 판단되면 정중하게 다음과 같이 말하라. "우리는 당신과 여러 가능성에 대해 논의하는 것이 정말 좋습니다. 보다 구체적인 사항에 대해 논의하기 위해 의사결정이 내려지면 다시 연락주세요." 물론 메일, 전화와 같은 통신 수단을 이용해서 이들과 꾸준히 관계는 유지해야 한다.

세 번째는 좀 더 악의 있는 잠재적 고객이다. 몇몇 사람들은 고의적으로 남의 시간을 뺏는 경우가 있다. 그들은 우리와 다른 관심사를 가지고 있고, 이해하기 어려운 구석이 있다. 이는 꽤나 나쁜 일이다. 그러나 다행히도 그들은 모든 사람들에 대해 그런 식인 경향이 있다. 그 결과 그 업계에서 아주 평판이 좋지 않다. 따라서 우리가 진출하고자 하는 업계에 대해 충분히 조사하였다면, 그들이 누구인지 알고 있고 그들을 피할 수 있을 것이다.

모든 사람들이 단순히 호기심이 있거나 악의적인 것은 아니다. 문제는 우리는 이들을 직접 만나 실제 경험하기 전까지 그들의 실체를 정확히 파악하기 어렵다는 것이다. 간단한 처방은 구체적 진행 사항이 없으면 언제까지 얼마나 많은 노력을 기울일지 고객을 접촉하기 전에 결정하는 것이다. 우리의 경험에 따르면 가장 다루기 어려운 고객일수록 우리에게 가장 도움이 되는 존재였다.

14.4 시장 점유율의 중요성

Davidow는 시장 점유율의 중요성에 대해 확실한 믿음이 있었다. 그는 "마케팅은 제품을 완성시키고, 시장 지배적 위치로 이끌 수 있어야 한다."라고 강조하였다. 그리고 30% 이상 시장 점유율을 유지하는 회사는 항상 흑자 기조를 유지할 수 있음을 보여주는 GE의 사례를 자주 인용하였다. 반대로 15% 이하의 시장 점유율을 유지하는 회사는 거의 대부분 적자를 면치 못하고 있다. 그의 저서 마지막 부분에서 그는 독자들에게 다음의 전략을 추천하고 있다. "회사는 적어도 25% 이상의 시장 점유율을 목표로 해야 한다. 최소 15% 이상 시장 점유율을 차지할 자신이 없으면 절대 시장에 진입해서는 안 된다." 이 규칙이 여러 면에서 참고할 만하지만 절대 불변의 것은 아니다. 우리의 경험상, 예상 시장 점유율이 15%보다 매우 낮은 수치로 떨어지지 않는다면 그 시장에 진출할 충분한 이유가 있다고 강력히 믿는다.

14.5 마케팅 수단

판매원들은 고객들과의 관계를 유지하기 위해 다양한 기술을 동원한다. 이 장에서 우리는 그 동안 우리의 경험을 토대로 중요한 몇 가지를 언급할 것이다. 만약 우리가 최첨단 기술을 팔면서 웹사이트 하나 갖고 있지 않다면 우리는 아마도 구시대적 사람들로 인식될 것이다. 우리는 사람들이 웹 사이트를 통해 신속히 원하는 정보를 얻을 수 없다는 것을 얼마나 심각하게 생각하는지 잘 알지 못한다. 고객들이 궁금해 할 질문들을 사전에 예측하는 것은 마케팅의 역할이다. 사람들은 우리가 무엇을 하고, 우리가 누구인지(임직원의 배경과 자격 등), 사무실은 어디 있는지, 무엇을 판매하고 있고 얼마인지, 우리에게 어떻게 접촉할 수 있는지 등에 대해 명확히 알고 싶어한다. 이런 면에서 독자들이 직접 다른 하이테크 업체들이 어떻게 그들의 웹 사이트를 구축했는지 직접 방문해 볼 것을 권한다. 우선 우리와 목적이 비슷한 회사를 선정하고 전문 웹 디자이너를 고용해 웹 사이트를 흥미롭고 세련되게 디자인하라.

하이테크 기술의 잠재적 고객은 바보가 아니다. 그들은 혁신적 제품을 구매하기 전에 많은 조사를 한다. 가령 기술 저널을 조사하거나, 전시회에 참가하고, 여러 세미나에서 발표를 듣는다. 그들 역시 최신 기술 정보에 정통하기 때문에, 우리 기술자들이 저널에 글을 발표하고 학회나 전문 세미나에 참석해서 발표하게 해야 한다. 이를 통해 잠재적 고객들에게 우리의 기술 수준을 널리 알리고 제품의 신뢰성과 안전성에 대해 확신을 줄 수 있어야 한다.

잘 작성된 신문 기사도 아주 중요하다. 이 책의 저자 중 한 명이 젊은 연구원으로 Battelle 연구소에 근무할 때, 그의 성공적 프로젝트가 여러 언론을 통해 공개되었고 수많은 질문들이 여기저기서 쏟아져 들어오는 것을 보고 놀라움을 금치 못했다고 한다. 다행히 Battelle에는 이런 종류의 반응을 사전에 예상하고 신속하게 이에 대응할 능력을 갖춘 전문 인력이 있었다. 이에 우리는 전략적으로 언론 홍보를 활용하고 여러 반응을 신속하고 정확하게 다룰 수 있도록 사전에 준비할 것을 강조한다. 그렇지 않으면 우리의 신뢰도는 떨어질 것이고 결국 훌륭한 고객들을 잃어버리게 될 것이다.

14.6 성과 측정하기

마케팅 계획이 성공적인지 어떻게 알 수 있을까? Davidow는 효과적으로 마케팅을 수행할 수 있도록 아래의 16가지 질문 리스트를 고안했다.

1. 마케팅 프로그램이 전략적 원칙과 잘 부합하는가? 대부분의 회사는 그들이 추구하는 시장에 대해 명확한 정의를 내리지 않기 때문에 실패한다.
2. 마케팅 직원이 고객의 제품 동기에 대해 충분히 이해하고 있는가? 마케팅 직원이 제품에 대해 잘 모르면 고객에게 물건을 팔 수 없다.
3. 사명감과 희생정신이 있는가? 제품이 정말 중요한 것이면, 사명감과 희생정신이 있는 직원을 활용해야 한다.
4. 고객 만족이 보장되는가? 고객을 만족시키기 위해 제품 판매는 서비스와 잘 연계되어야 한다.
5. 제품 전략이 판매와 유통 채널과 잘 일치되는가? 모든 면에서 좋은 제품이 때로는 고객에 판매/전달되는 과정에서 문제점이 드러날 수 있다.

6. 판매 홍보 프로그램이 적절한가? 제품의 차별화 전략이 광고, 홍보 등 모든 판매 전략의 핵심이어야 한다.
7. 제품이 차별화 되는가? 기존 제품과 여러모로 차별화될 때 시장에서 성공할 수 있다.
8. 마케팅 계획이 있는가? 일반적으로 문서화되지 않은 계획은 계획이 없는 것이나 마찬가지다.
9. 가격이 적절한가? 마케팅 직원은 가격이 왜 적절한지 고객과 경영진들에게 설명할 수 있어야 한다.
10. 마케팅 프로그램이 통합되어 있는가? 회사 입장에서는 제품과 관련된 모든 전략과 계획이 상호 연동되고 일관성이 있어야 한다.
11. 마케팅이 고객 접점을 항상 유지하고 있는가? 시장 동향을 가장 잘 파악할 수 있는 방법은 시장에 있는 것이다.
12. 마케팅과 영업은 서로를 존중하는가? 마케팅과 영업간 진정한 팀워크가 가능할 때 훌륭한 제품은 더 크게 성공할 수 있다.
13. 마케팅이 조직을 주도하는가? 마케팅 부서는 개발 부서에 고객의 요구사항을 충분히 전달하고, 제조 부서는 생산 능력과 원가 문제를 정확히 파악하도록 주도해야 한다.
14. 제품이 수명주기 동안 잘 관리되는가? 훌륭한 마케팅 부서는 전 제품군의 상황을 잘 인지하고 있고, 신제품과 구제품의 전환 시기를 적절히 관리할 수 있어야 한다.
15. 예측 시스템이 갖춰져 있는가? 정교한 예측 시스템이 갖춰져 있지 않으면 변화의 시기에 문제점들이 발생하게 된다.
16. 마케팅은 품질 관리를 하는가? 고객 서비스는 측정가능하다.

우리는 꼭 Davidow의 평가요소가 사용될 것을 추천하지는 않지만 마케팅 성과와 효율성을 측정할 수 있는 시스템을 고안할 것을 강력히 추천한다. 확실히 Davidow 요소는 시스템 고안의 출발점으로 삼기에는 아주 좋다.

14.7 라이센싱시 필수 고려사항

주요 수입원이 라이센싱이라면, 어리석은 고객은 우리를 곤경에 처하게 만들 것이다. 따라서 라이센시와의 성과 관련 계약 조건은 아주 구체적으로 작성되어야 한다. 우리는 이 부분을 적절한 라이센시를 찾고 계약 조건을 협상할 때 가장 중요한 부분이라 강조하고 싶다. 라이센시는 제품 판매를 위해 신속히 움직여야 한다. 왜냐하면 그들의 판매 실적이 우리의 실적과 직결되기 때문이다. 따라서 계약 기간 동안 계획된 스케줄에 따라 일정 성과를 할당해야 한다. 다시 말하면, 사전에 협의된 일정에 일정 성과를 달성하지 못하면, 계약은 파기되어야 한다.

성과 할당과 장부 등의 보관의무가 중요한 이유는 과거에 좋지 않은 사례들이 많았기 때문이다. 1970년대와 1980년대 일본에서 거대 기업들이 성장하면서 많은 사업가들은 이 거대 기업들과의 거래를 성사시키기 위해 온 사방을 헤매고 다녔다. 그리고 당시 미숙한 딜 메이커들은 그들의 모국 벤처 투자자들로부터 충분한 투자를 받지 못한 경우 재무조달을 위해 아시아로 눈을 돌리는 상황이었다. 일본기업에 제안된 혁신제품 중 일부는 일본기업의 관련 제품이 가진 전략과 직접적인 충돌을 일으키고 있는 상태였다. 이러한 상황 하에서 일본기업은 충돌하고 있는 권리를 라이센스 계약한 후 아무것도 하지 않았다. 라이센스 취득을 통해 경쟁자를 시장에서 제거해 버린 것이다. 이런 뼈아픈 경험을 통해 많은 사업화팀은 더 현명해졌고 더 성숙해졌다.

종종 라이센시는 제품을 팔기 위해 많은 노력을 기울였지만 사업 환경이나 기타 다른 이유로 인해 목적을 달성하지 못하는 경우가 있다. 이런 경우는 계약을 파기하기 전에 심사숙고해야 한다. 우리는 라이센시들이 정상궤도에 다시 돌아올 수 있도록 우리 기술적 재무적 그리고 마케팅 기술을 공유하며 함께 노력한다. 우리는 밑 빠진 독에 물 붓는 격이 되지 않기 위해서 얼마만큼의 도움을 줄지 사전에 결정해야 한다. 즉 우리의 구제 노력 계획을 신중히 세워야 한다.

항상 전문적이고 도움이 되도록 라이센시를 대해야 한다. 세세한 관리나 놓쳐버린 기회에 대해 끊임없이 질타하는 것은 성공에 필수적인 건설적 관계를 수립하는 데 걸림돌만 될 것이다. 게다가 라이센시에 대한 우리의 불공정한 행위는 금방 소문이 날 것이기 때문에 다른 이들이 우리와 함께 일하려 하지 않을 것이다.

14.8 핵심사항

- 우리의 마케팅 정의를 기준으로 고객들을 발굴하고 그들이 무엇이 필요한지 질문하라.
- 마케팅/판매 과정에서 사소한 혁신과 훌륭한 제품을 잘 구별하는 것이 성공의 지름길이다.

- 비용이 아닌 가치를 판매하는 가장 좋은 접근법은 우리는 다른 방식으로는 할 수 없는 것을 고객에게 제공할 수 있고, 우리 제품이 궁극적으로 비용을 절약하는 길임을 설득하는 것이다.
- 가치를 판매할 때, 독창성, 제품 총운영 비용, 객관적 성능 평가 자료, 건강상의 이익 등과 같은 요인들이 강조되어야 한다.
- 가장 좋은 가격 정책은 시장이 허용할 수준을 매기는 것이다.
- 우리 기술에 궁금해 하지만 진지하게 관심을 갖지 않는 사람들이 가장 안 좋은 고객층이다. 이들은 단순히 호기심은 있고 새로운 선택을 두려워하고 남의 불행을 즐기는 유형에 속한다.
- 적어도 25% 이상의 시장 점유율 차지를 목표로 삼아야 한다. 최소 15% 이상 시장 점유율을 차지할 자신이 없으면 시장에 아예 진입하지 마라. (Davidow)
- 보기 좋게 디자인된 웹 사이트는 필수적이다.
- 잠재적 고객의 기술자들에게 신뢰를 주기 위해 기술 저널에 기고하거나 전문 컨퍼런스에 참여 혹은 발표하는 것이 매우 중요하다.
- Davidow는 마케팅 효율성을 높일 수 있는 16가지 마케팅 요소를 개발하였다. 14.6에서 리스트를 소개하였다.
- 성과 할당과 계약 파기 조건은 달성할 목표를 구체적으로 명시하는 것이다. 만약 라이센시가 이런 목표를 달성하지 못하면 계약은 파기될 수 있다.
- 라이센시의 노력에도 불구하고 목표를 달성하지 못하면, 기술, 마케팅 등의 인력 지원을 통한 협력이 필요하다.
- 사업화팀원 모두 프로답게 행동해야 한다. 라이센시에 대한 가혹한 대우에 대한 소문은 널리 퍼질 것이다.

chapter 15

기술 사후 관리

제품이 팔리기 시작했다고 해서 사업화 과정이 끝난 것은 아니다. 오히려 이와 반대로, 제품을 팔고 나서 물러선다면 기업가로서 우리의 생명은 그리 길지 않을 것이다. 이 장과 이어지는 장에서는 장기적 성공을 위해 아주 중요한 과제를 다룰 것이다.

15.1 구매자가 기술을 제대로 활용하고 있는지 확인하라

Uncle Gene은 아주 똑똑하고 에너지가 넘치며 훌륭한 매너를 갖추고 있다. 그는 77세가 되던 해 그의 첫 컴퓨터를 사기로 결정하였다. 그는 그 전에 결코 컴퓨터를 사용해 본 적이 없었다. 신문 광고에서 본 전화번호에 전화를 걸어 구매한 컴퓨터는 아주 기본적인 설명서와 함께 배달되었다. 자세한 설명서는 모두 CD-ROM과 하드디스크에 저장되어 있었다. 몇 년간 그 컴퓨터를 사용하려 노력한 끝에 그는 이제 이메일도 작성하고 간단한 인터넷 검색도 할 수 있으며 딸려있는 컴퓨터 게임도 할 수 있게 되었다. 그러나 그는 컴퓨터 구매를 후회하고 있고 그의 11세 손자가 컴퓨터에 매우 만족하고 있음에도 불구하고 사기를 당했다고 생각한다. 무엇이 잘못되었을까?

첫째, Uncle Gene은 컴퓨터의 기능에 대해 잘 몰랐지만, 그의 친구들이 컴퓨터가 여러 잡다한 일들을 처리하는 데 아주 훌륭하다고 설득하였다. 둘째, 그는 컴퓨터를 사용해 본 적이 없기 때문에 어떻게 사용해야 하는지 몰랐다. 심지어 마우스 조작하는 것도 그에게는 낯설었다. 셋째, 그의 미숙

함 때문이든 아니면 그의 잘못이 아니든 컴퓨터가 동작하지 않을 때, 기술 지원 요청 전화는 한 마디로 좌절이었다. 이유는 그를 돕는 사람의 말을 알아듣는 데 어려움이 있었거나 혹은 문제를 설명하는 데 어려움이 있었기 때문이다. 사실 그는 문제를 어떻게 설명해야 될지도 몰랐다. 그래서 아주 유명했던 이 사람은 그에게 컴퓨터를 판매한 회사의 경쟁사를 위한 걸어 다니는 광고였다. 이 이야기에서 배울 수 있는 교훈이 아주 많다.

- 고객이 기술을 필요로 하는지를 명확히 하라. 우리가 만난 가장 화난 고객의 일부는 그들이 필요치도 않는 기술을 구매했다고 생각하는 사람들이다. 단기간 판매 목적은 오히려 장기적으로 볼 때 회사에 손실이 될 수 있다. 따라서 적절한 고객을 대상으로 하는 마케팅 계획에 집중해야 한다.
- 고객 스스로 사용할 수 있다는 확신이 들 때까지 고객을 혼자 내버려 두지 말라. 우리 기술이 참신하지만 대부분의 사람들은 어떻게 이용하고 그들의 필요에 어떻게 적용하는지 모르는 경우가 많다. 이런 경우 우리는 차근차근 고객의 적용 과정을 도와야 하고 스스로 능숙하게 사용할 수 있을 때까지 가까이 있어야 한다. 이 과정에서 단순히 기계적 작동법을 알려주는 것 이상으로, 어떻게 하면 고객이 최대의 가치를 뽑을 수 있는지 알려줘야 한다.
- 잘 작성된 매뉴얼을 제공하라. 우리 기술을 어떻게 이용하는지 교육시킨 후, 많은 경우 고객들이 필요로 하는 것은 잘 작성된 매뉴얼이다. 따라서 매뉴얼은 우리들의 반복된 수고를 덜어줄 수 있다. 사실 고객들은 우리 도움없이 스스로 기술을 잘 사용하기를 원한다. 고객에게 출력 문서를 전달하는 것 외에 매뉴얼을 제공하는 또 다른 방법은 온라인을 활용하는 것이다. 웹 사이트에 매뉴얼을 올려놓을 수 있고 교육용 매뉴얼을 파일로 제작하여 고객들이 다운로드 받을 수 있게 하는 것도 아주 효율적이

다. 정보에 대한 접근성이 중요한 초점이지 매체의 형태는 중요한 포인트가 아님을 이해해야 한다.

- 방문 지원을 제공하라. 가장 효율적이고 비싼 고객 지원은 방문 서비스이다. 우리는 방문 지원을 위한 계획과 예산을 준비해야 한다. 가능한 범위 내에서 최대한 많은 방문 지원 전담 인력을 배치하라. 우리 기술은 새롭고 사용법을 익히는 데 시간이 많이 필요함을 기억하라. 기술 지원을 제공할 때 불명확하거나 건방지면 안 된다. 만약 고객에게 '고객이 너무 멍청해서 우리 기술을 이해하지 못한다.' 는 인상을 주면 걷잡을 수 없이 퍼져나가는 적을 키우는 것이나 마찬가지임을 명심하라.
- 고객이 우리 기술을 올바로 사용하는지 확인하기 위한 정기 점검 프로그램을 준비하라. Uncle Gene은 컴퓨터 제조사가 그 당시 그의 문제점을 올바로 해결하지 못했기 때문에 화가 났다. 최근에 그는 "그 쓸모없는 사람들로부터 내가 이야기라도 들을 수 있는 시간은 나에게 프린터 카트리지나 업그레이드를 팔기 위한 때뿐이었다."라고 언급했다. 확실히 Uncle Gene은 우리가 예상하는 고객과 다르다. 하지만 고객이 모든 것을 잘 이용하고 있으면 정기 점검 프로그램을 위한 우리의 수고와 비용 역시 최소일 것이다. 그러나 우리 도움이 필요하면 즉시에 발견하여 사태가 더 심각해지는 것을 막을 수 있다. 어떤 경우든 고객은 우리에게 고마워할 것이고 우리의 이런 노력을 많은 사람들에게 알릴 것이다.

우리 고객을 행복하게 만들 수 있는 다른 방법은 정기 교육 프로그램에 고객사의 기술자나 운영자를 초대하는 것이다. 그러나 초기 교육이 성공적 기술 도입을 위해 가장 중요한 것임은 잊지 말아야 한다. 정기 교육이 좋은 아이디어이지만 초기 교육은 필수 사항이다. 정기 교육을 통해 업그레이드 기술을 팔 수 있다면 교육에 필요한 비용은 아무것도 아닌 셈이다. 그러나

Uncle Gene이 처음에 다 포함됐다고 생각했던 것을 다시 구매해야 된다고 생각하면 그는 아주 화가 날지도 모른다.

15.2 고객을 위해 직접 운영하기

지금까지 우리가 직접 고객을 위해 제품을 동작시켰다면 훨씬 간단한 문제인 경우가 몇 번 있었다. 실제로 몇몇 사례는 우리가 직접 그렇게 해서 아주 큰 성과를 거둔 경우도 있다.

일례로 우리가 일한 한 회사는 석탄을 가루로 만들어 에너지 잔량이 높은 산업 부산물과 섞는 독점적 실시권을 갖고 있었다. 제조 과정에서 두 물질이 적절히 배합되면 에너지 소비가 높은 업체에 아주 훌륭한 에너지원이 될 수 있다. 하지만 몇몇 이유 때문에 일부 고객은 에너지 시스템을 구입해서 직접 운영하는 것을 꺼렸다. 우선, 그 기술이 상대적으로 새로운 것이어서 미국 내에서 아직 검증되지 않았다. 둘째, 에너지 시스템을 정상적으로 운영하지 못하면 심각한 환경오염을 유발할 수 있었다. 셋째, 그런 복잡한 시스템의 운영을 맡길 믿을 만한 직원을 찾지 못했다. 넷째, 다른 투자가 필요한 상황에서 상당 수준의 투자 집행이 필요한 에너지 시스템 구매를 꺼렸다. 다섯째, 일반적인 책임 문제에 민감하였다. 따라서 우리는 일정 비용을 받고 에너지 시스템을 운영하여 에너지원 공급까지 담당하는 조건에 합의하였다.

우선, 우리가 합의한 조건이 두 가지인데, 이에 대해 조금 더 구체적으로 설명하겠다. 첫 번째는 tolling 계약으로 이는 일정 양의 원료를 일정 기간 동안 투입하여 생산한 에너지원의 양에 비례하여 대금을 지급받는 것이었다. 두 번째는 take-or-pay 계약으로 제품이나 서비스가 고객에 제공되지 않아도 구매자가 일정액을 지불하는 판매자와 구매자간의 합의이다. 두 번째 계약이 우리가 일반적으로 운영 계약을 맺을 때 주로 이용하는 형태이다. 왜냐하면 우리의 인력이 고객의 인력보다 더 뛰어나다는 것을 잘 알고 있기 때문에, 이는 상당한 이익을 남기기에 좋은 기회이기 때문이다.

어떤 경우에는 우리 방어를 위해 운영 계약을 체결한 경우도 있다. 우리가 개발한 혁신적인 지하수 오염 방지 시스템이 고객과의 협력에도 불구하고 제대로 동작하지 않았다. 그 결과 고객은 우리에게 대금 지불을 거부하였다. 우리는 우리가 알려준 대로 운영하였다면 정상적으로 동작하는 시스템임을 강조하였지만 그들은 동의하지 않았다. 사실 그들은 우리가 말한 모든 것에 동의하지 않았다. 그래서 우리는 다음과 같은 해법을 찾았다. 우선 우리 인력을 동원하여 6개월 동안 그 시스템을 직접 운영하여 모든 규제 조건을 만족시키고 95% 이상 목표 성과를 달성하겠다고 제안하였다. 대신, 우리가 조건을 만족시키면 기존 대금뿐만 아니라 6개월간의 운영비를 모두 지급할 것을 요구하였다. 만약, 우리가 실패하면 아무것도 지급하지 않는 조건을 제시하였다. 그들은 당연히 우리가 실패할 것이라 생각하였다. 우리 입장에서는 어떤 문제점에도 불구하고 시스템이 정상으로 돌아가도록 만드는 방법 외에는 없었다. 결국 우리는 고객이 틀렸음을 보여주었다. 기존 조건을 만족시키는 것에 더해 거의 99% 이상 합격률을 보였기 때문이다.

고객을 위해 직접 시스템을 운영하는 것이 때로는 최선의 선택임을 보여주는 많은 사례가 있다. 아래 내용이 직접 시스템을 운영하면서 배운 교훈들이다.

- 고객이 직접 시스템을 운영할 인력과 능력이 있음을 반드시 확인하라. 그렇지 않으면 우리가 직접 해야 한다.
- 고객이 우리가 시스템을 운영할 것을 원하고 비용을 지급하고자 하면, 진지하게 고려해 보아라.
- 고객의 잘못 때문에 우리가 비난받는 상황은 피해야 한다. 고객이 다룰 수 없는 상황이라 판단되면 운영을 직접 맡을 준비가 되어 있어야 한다. 그렇지 않으면 우리는 우리의 평판과 자금을 잃게 된다.
- 상황이 악화되게 내버려 두지 마라.

기술의 종류에 따라서 우리가 직접 다룰 수 없는 상황도 분명히 있다. 하지만 가능성이 있을 때 곰곰이 고려해 보라. 또 다른 혁신적 사업으로 연계될 수도 있다.

15.3 당신의 성공을 만인에게 알려라

우리는 기술 시연회를 진행할 때 부정적인 참석자들의 중요성에 대해서 언급한 바 있다. 이는 상업적 판매 성공 후에도 역시 마찬가지다. 우리의 성공을 목격한 부정적인 사람들은 오히려 더 우리에 대해 긍정적으로 바뀌는 경향이 있기 때문이다. 따라서 우리 기술이 일관되게 훌륭한 성과를 보일 때 우리는 공격적으로 대중 매체를 동원하여 이를 홍보해야 한다(가령 언론 매체, 전시회, 기술 잡지 등).

메시지를 전달할 때 전문가의 도움을 받아라. 우리는 너무 많이, 우리 스스로 모든 유형의 잠재적 고객들과 접촉할 수 있다고 믿는다. 하지만 우리 경험에 의하면, 전문적인 홍보 업체는 우리보다 훨씬 더 세상을 객관적으로 명확하게 바라볼 수 있다. 왜냐하면 우리는 우리 기술에 너무 치우쳐 있기 때문이다. 우리는 비록 전문적 홍보 업체의 기술적 지식이 부족함에도 불구하고 지속적으로 그들의 현명함에 놀라게 되었다. 결국 우리는 우리의 비전과 성공을 이 세상에 알리기 위해 그들의 훌륭한 경험을 최대한 활용하는 것이 최선의 방책임을 깨닫게 되었다.

우리는 만족한 고객들이 성공 사례를 외부에 알리도록 적극 장려해야 한다. 이렇게 함으로써 결국 그들도 우리를 선택한 것이 잘한 결정이었다는 것을 간접적으로 알리는 것이다. 그래서 우리의 홍보 컨설턴트에게 가급적 많은 고객을 포함시키도록 강조한다. 한 걸음 더 나아가 제품 적용에 성공적으로 참여했던 사람들의 구체적 이름을 많이 언급하라. 그들의 이름이 대중에 알려지게 되면, 그들은 평생 고마워하고 우리를 많은 사람들에게 알릴 것이다. 왜냐하면 우리의 성공이 그들에게도 긍정적 영향을 미쳤고 그들의 아이디어가 현실화되도록 기여한 천재임을 만천하에 알리게 되었기 때문이다.

15.4 언제 전진할지 파악하라

지금 정도의 사업화 단계에 와 있다면 우리의 전략 중 어디에 있는지 한 번 돌이켜 볼 시간이다. 즉, 최종목표를 실행할 시간이 온 것이다. 만약 우리 당초 계획이 라이센스를 판매하거나 회사 전체를 매각하거나 회사공개이거나 자회사 설립이거나 혹은 다른 유형의 거래라면(3.1 참조) 지금이야말로 다른 혁신을 찾아 옮길 수 있는 가장 좋은 시점이다.

가끔 우리는 철저하게 합리적으로 행동하도록 우리 스스로를 강제할 필요가 있다. 왜냐하면 우리 자식이 아무리 성숙해도 이 세상에 홀로서기 하도록 내버려 두는 것은 쉽지 않기 때문이다. 그래서 우리는 질질 끌거나 방황하게 된다. 특히 제품을 만들어 이익을 남기며 판매하는 재미가 쏠쏠할 때는 더욱 그렇다. 가장 어려운 일은 떠나야 할 때를 아는 것이다.

15.5 핵심사항

- 초기 제품 판매가 성공적으로 이뤄진 후 아주 중요한 일들이 많이 발생한다.
- 기술이 제대로 적용되지 않을 때 어떤 상황이 발생하는지 몇 가지 예를 보여주었다. 이 사례로부터 배울 수 있는 교훈은 다음과 같다.
  - 고객이 우리 기술을 필요로 함을 반드시 확인하라.
  - 고객이 제품을 스스로 동작할 수 있을 때까지 혼자 내버려 두지 마라.
  - 고객에게 잘 작성된 설명서를 제공하라.
  - 고객에게 본보기가 될 만한 기술지원을 제공하라.
  - 고객이 기술을 제대로 사용하는지 지속 점검할 수 있는 정기 프로그램을 만들어라.

- 고객 만족을 유지시킬 수 있는 다른 방법은 정기 교육 프로그램을 사용자에게 제공하는 것이다.
- 우리가 판매한 시스템을 우리가 직접 운영할 때 고객이 가장 만족하는 경우가 종종 있다.
- 우리의 비전과 성공을 알리기 위해 전문적 홍보 업체를 활용하는 것이 필요하다.
- 다른 혁신적 기술을 찾아 떠나야할 시간을 결정하는 것이 핵심적인 사항이다. 그때가 언제일지를 파악하라.

chapter 16

기술 모니터링

이 장에서는 혁신 기술이 라이센스되거나, 리스되거나(leased) 혹은 다른 형태로 제3자(자회사나 계열회사 포함)에게 이전되어, 그 계약에 따른 보상이 매출, 이익 또는 이들의 조합에 의해 계산되는 경우에 초점을 맞출 것이다. 궁극적인 목표는 우리 기술로 인해 발생하는 모든 수익을 가져오는 것이다. 보상의 근거를 위한 모니터링 이외에, 실제로 잠재 고객들이 혁신 기술을 어떻게 바라보는지 살펴볼 필요성에 대해 알아보겠다. 그리고 프로세스의 개선이나 수익의 관점에서 실제 영업 데이터를 조사할 필요성에 대해 언급하겠다.

16.1 당신의 노력으로 인한 모든 수입을 얻을수 있는 시스템을 갖추고 확인하라

라이센스나 리스 혹은 다른 계약에 따른 계약자가 제품이나 프로세스의 판매를 통해 얼마나 많은 돈을 벌었는지를 결정할 수 있는 공정하고 안전한 시스템이 필요하다. 그러한 시스템은 미리 합의된 것이어야 하고,주관적이거나 정성적인 판단에 의존하지 않아야 한다. 객관적이고 공정한 시스템일 수록 오해와 싸움이 적어질 것이다. 실제로 모든 사람들이 그러한 시스템을 조작하는 것이 불가능하다고 확신한다면 회사간의 관계는 더욱 향상된다. 자동으로 동작하는 좋은 시스템은 실질적으로 시간을 절약해 줄 뿐만 아니라, 이익을 배분하는 것보다 매출을 증가시키는 데 더욱 초점을 맞추도록 한다. 이러한 시스템은 개방적이며 알기 쉬워야 하고, 계산보다는 마케팅과 판매를 촉진시키는 것이어야 한다.

합의된 시스템은 쉽게 감사받을 수 있어야 하고, 사전에 상호 합의된 제3자에 의해 독립적으로 관리되어야 한다. 시스템의 감사역은 통상적으로 계약당사자를 위한 회계법인과는 별도로 분리하는 것이 좋다. 만약 제품이나 프로세스가 고도의 기술적 방법이나 복잡한 방법으로 운영된다면, 감사역은 어떤 형태로 기술이 작동하는지, 그 작업의 기본 원리를 이해할 수 있어야 한다.

비용과 이익을 구분하는 데 오랜 시간이 소요되는 상황은 피해야 한다. 실제로 시스템이 가능하면 실시간에 결과를 제공해 주어야 한다. 왜냐하면 감사가 완료되는 시점까지 이익 배분을 기다리는 것은 많은 문제를 야기할 가능성이 높기 때문이다. 따라서, 우리는 적용 가능한 확실한 데이터에 근거한 대차대조표 및 손익계산서를 기반으로 사용할 수 있기를 원하고, 반드시 필요한 경우에만 추정치를 활용하기를 바란다. 실시간의 결과들은 다른 계약당사자들과의 오해를 실질적으로 줄여줄 수 있다.

경험 상, 사업에서 가장 난처한 문제들은 수입이 재산정되어야 하는 경우에 발생한다. 경영진이 이사회나 주주들에게 돌아가 그들의 지난번 숫자가 잘못되었다고 말하는 것은 대표이사의 무덤이 될 것이다. 따라서, 알기 쉽고, 시기 적절하며, 매우 정확한 수익과 이익률을 측정할 수 있는 시스템을 갖추어야 한다.

16.2 잠재적 고객이 기존 고객과 자유롭게 접촉할 수 있도록 지원하라

신규 고객들에게 판매하는 경우 실제로 프로젝트가 성공적으로 작동하는 것을 지켜보게 하는 것은 확실한 장점이 있다. 방문을 통해 우리가 성능을 과장하고 있다는 의혹을 줄이거나 아예 없앨 수 있고, 실사단에게 우리의 주장에 대해 신뢰를 줄 수 있다. 분명한 목적은 실사단이 직접 관찰하여 그들 스스로 결론에 도달하도록 하는 것이다. 실사단에 보다 호의적인 고객들을 포함시킴으로써 프로젝트의 성능에 좀 더 호의적인 판단을 유도할 수 있다. 사실, 실사단은 우리를 혹평했던 고객들의 칭찬에 더욱 영향을 받는 경향이 있다.

우리 고객이 현장에 출입 및 접근하는 것은 매우 민감한 사안이다. 이 문제는 미리 잘 조정되어야 한다. 실제로, 우리가 출입하고자 하는 시설을 갖고 있는 고객과의 원 계약에서 그 내용을 포함해야 한다. 초기 사용자나 고객들에게 그들과의 초기 협상 단계에서 추후에 방문의 필요성이 있음을 알려야 한다. 경험적으로, 만약 다른 사람이 그들의 공장에 출입하는 것을 꺼린다면, 이 문제는 강하게 주장하지 말아야 한다. 어떤 고객들은 그들의 설비시설에 방문자들을 허락하는 것을 매우 조심스러워 한다. 특히, 잠재적인 경쟁자들일 경우 더욱 그러하다. 따라서 우리는 이러한 민감한 부분을 잘 이해하고 이를 출입 계약에 포함해야 하며, 방문자들을 위해 필요한 비밀유지 계약도 포함해야 한다. 그리고 우리가 실사단을 데려오는 경우에는 그들이 필요로 하는 것만을 볼 수 있도록 해야 한다. 또한, 그들이 꼬치꼬치 캐묻도록 해서는 안 된다.

우리는 미리 다음과 같은 문서를 준비함으로써, 방문할 시설을 가진 고객이 민감하게 생각하는 부분을 완화시킬 수 있다.

- 우리가 보여 주고자 하는 시스템의 위치를 지정한다.
- 보여 주고자 하는 운영조건의 범위와 종류를 지정한다.
- 포함되는 시설의 범위와 정도를 정의한다.

또한, 언제 방문할 것이고, 얼마나 많은 사람들이 참석할 것인지, 그들은 누구인지, 어떠한 지위를 갖는 사람들인지, 얼마나 오랫동안 머물 것인지 등의 내용을 준비해야 한다. 호의를 베풀어 준 고객에게 방문 후에 방문 내용의 결과를 공유하는 것이 적절한 경우도 있을 것이다.

우리는 고객의 시설에 초대할 사람을 선별하는 데 매우 신중해야 한다. 왜냐하면 일반적으로 이는 비밀유지의 문제뿐만 아니라, 공장 운영에의 지장 때문에 공장 관리에 부담이 되기 때문이다. 방문객들로 인해 일상적인 작업 시간을 빼앗기고, 영업 비밀을 보호하기 위해 정상적인 공장 운영을 방해받게 되기 때문이다. 간단히 말해서, 이는 성가신 일이다. 따라서 정말 가치 있는 실사단을 선별해야 한다.

만약 적절한 인센티브를 지급한다면 허락받는 게 더 용이할 것이다. 다양한 비즈니스에서 사용되는 방법 중 하나는 방문하는 실사단이 운전 중인 혁신기술을 보고 난 후에 이를 구매할 경우 인센티브를 지급하는 것이다. 또한, 우리는 추천받은 고객이 공장을 방문하지 않고 구매하게 된다면 기꺼이 추천인에게 인센티브를 지급해야 할 것이다. 공장의 접근을 허락하는 데 대한 보너스는 추천인에 대한 것보다는 더 많아야 할 것이다. 하지만, 방문 허락에 따른 인센티브는 기술 시연할 때 제공하는 것처럼(10.1장) 후할 필요는 없다. 성공적인 기술 시연은 "사느냐 죽느냐"의 문제이지만, 방문은 고객도 많고, 기회도 많기 때문에 좀 더 쉽게 얻을 수 있는 것이다. 따라서 인센티브는 기술의 시연에서처럼 클 필요는 없다.

우리가 잠재 고객의 실사를 기획할 때에는 큰 행사로 만들어야 한다. 잠재 고객뿐만 아니라 방문을 허가해준 고객에게도 설레는 경험을 제공할 수 있도록 이 기회를 중요한 시상식인 것처럼 다루어야 한다. 이렇게 하는 이유는 잠재 고객들이 이 행사를 오랫동안 기억하고, 그들이 현장에 머무는 동안 구매를 확신하도록 만들거나, 나아가 계약을 위해 가장 중요한 사항을 결정하도록 하기 위함이다. 고객들이 즐겁게 방문하여 다음에 또 방문하도록 만드는 것은 매우 중요하다. 비밀유지는 문제가 되지 않는다는 것을 전제로, 우리를 위한 시설의 소유자와 밀접하게 일함으로써 방문을 통한 이점 및 선전효과를 극대화해야 한다.

16.3 실제 운영 데이터를 수집하라

실사단이 개인적으로 고객을 방문하도록 준비하는 것이 최선이지만, 종종 엄선된 운영 자료를 공유하는 것이 좀 더 수월하고 적당한 방법이 될 수 있다. 이는 그들이 실제로 이동하는 부담을 없애주고, 방문과 관련된 계약도 필요없을 뿐 아니라, 현장의 고객을 더욱 편안하게 만들 수 있다. 비밀유지는 여전히 문제될 수 있지만, 이러한 염려를 완화할 수 있는 다양한 방법이 있다. 최선의 방법은 여러 고객으로부터의 자료를 통합하여 해당 자료가 어디에서 생성된 것인지를 확인할 수 없도록 하는 것일 것이다.

이러한 방법의 문제점은 실사단이 우리가 업적을 최대화하기 위해 최고의 데이터만을 제공한다고 생각할 수 있다는 점이다. 이는 실제로 발생할 수 있는 상황이다. 따라서 우리는 개방적이어야 하고, 우리의 가설, 운영조건과 데이터 선택의 기준을 공유해야 한다. 그러면 실사단은 이를 검토할 수 있고, 데이터의 신뢰성 부여가 가능하다.

만약 특별한 우려가 있거나, 실사단이 선택된 자료에 나타나지 않은 상세 정보를 원하는 경우, 원하는 수준의 정보 공유에는 적절한 조정이 필요하다. 가능한 한 방법으로 그 자료가 선택된 시설의 담당자를 지정하여 이메일, 전화 혹은 서면으로 질문에 대답하게 하는 것이다. 그리고 그러한 담당자나 회사에 어떠한 형태의 보상을 제공하는 것도 나쁜 생각은 아니다. 가령, 우리는 그들의 협조에 대해 현금 보너스를 제공할 수도 있고, 그 외에 무료 업그레이드 지원이나 추가 기술지원 계약을 제공하는 것도 방법이다.

우리는 또한 고객들이 그들의 정보를 정기적으로 우리와 공유하기를 바란다. 몇 번의 시행착오를 거쳐 실적 데이터들이 매우 정확하게 예측 가능하게 되면, 우리는 단순한 정기적인 요약 정보만이 필요하게 될 것이다. 현장의 고객들은 그들이 정보를 공유함으로써 받는 혜택이 명확하다면, 좀 더 쉽게 그들의 정보를 공유할 것이다. 가능한 혜택은 다음과 같다.

- 운영의 문제를 미리 발견하고, 심각한 문제가 발생하기 전에 미리 대응할 수 있다.
- 결함을 수정하거나 효율이나 출력을 향상시키기 위한 개선된 시스템을 언제 어디에 적용할 것인지를 결정할 수 있다.
- 고객 제품의 품질이나 성능을 홍보함으로써 그들의 매출을 향상시킬 수 있다.
- 운영 공정의 개선사항을 발견하거나 비용을 줄일 수 있는 방법을 발견할

수 있다.

- 기술저널에 공동으로 자료를 공개함으로써 대표적인 제품의 품질이나 성능에 대한 유리한 홍보를 할 수 있다.
- 우리는 고객으로부터의 자료들이 반드시 필요한 것이고, 그것이 쌍방의 이익을 위해 활용됨을 명확하게 보여 주어야 한다. 또한, 그러한 자료들이 좋은 목적을 위해 현명하게 사용됨을 보여 주어야 한다. 우리가 자료를 분석한 후에는, 자료를 제공해 준 사람들이 이를 적극적으로 활용하도록 반드시 그 분석결과를 공유해야 한다.
- 전세계적으로 새로운 기술에 대해 배우기를 열망하는 수많은 사람들이 있다. 기업 스파이 활동과 같은 부당한 목적으로 그러한 자료들이 활용되지 않도록 보호하는 것은 매우 중요하다. 또한, 많은 나라들이 특허에 대한 정당한 보호를 제공하지 않는다는 점을 명심해야 한다. 그러한 나라들에서는 제품을 모방하는 것에 대해 일말의 가책도 느끼지 않을 뿐만 아니라,우리에게 어떠한 경제적 보상도 고려하지 않고 제품을 판매하는 사람들이 있다.
- 회사들간에 인터넷을 통해 자료를 공유하는 방법은 빠르게 발전하고 있다. 따라서 자료를 공유하기로 합의가 되면, 그러한 자료들은 실시간으로 보안 웹 사이트를 통해 얻어질 수 있다. 일단 보안에 대한 문제점(비밀 취급 인가, 패스워드, 암호화 등)이 해결되면, 자료의 전송은 매우 쉽고 저렴하다.

16.4 핵심사항

- 라이센스나 리스 혹은 다른 계약에 따른 계약자가 제품이나 프로세스의

판매를 통해 얼마나 많은 돈을 벌었는지를 결정할 수 있는 공정하고 안전한 시스템이 필요하다.

- 그러한 시스템은 미리 합의된 것이어야 하고, 주관적이거나 정성적인 판단에 의존해서는 안 된다. 고안된 시스템은 독립적인 제 3자에 의해 쉽게 감사받을 수 있어야 하고, 가능한 실시간에 가깝게 결과를 제공할 수 있어야 한다.
- 신규 고객들에게 판매하는 경우 실제로 프로젝트가 성공적으로 작동하는 것을 지켜보게 하는 것은 확실한 장점이 있다.
- 접근은 민감한 문제이므로, 이를 위해 방문자를 위한 출입 및 비밀유지의 내용을 미리 계약에 포함시켜야 한다.

- 시설 방문의 목적을 기술하는 문서를 미리 준비하여 제공해야 한다.
- 시설 인원은 방문 전에 명확한 협의사항을 갖고 있어야 한다.
- 공장 방문을 용이하게 하기 위해 고객에게 인센티브를 지급해야 한다. 방문을 중요한 행사로 만들어야 하며, 공공부문 인사를 적극 활용해야 한다.
- 운영 자료를 공유하는 것이 자료를 공유하는 고객에게 명확한 이점이 있음을 보여 주어라.
- 자료 공유에 웹 기반 기술을 활용할 수 있다.

chapter 17

기술 개선

이번 장은 특히 기술을 개발하고 그 기술을 개선하는 전과정에 관심이 있는 독자를 위한 것이다. 본격적인 논의에 앞서, 우리는 독자들이 우리가 보여주려고 하는 기술 사업화의 몇가지 중요한 측면을 기억하기 바란다. 첫 번째로 우리 사회의 어떤 부분에서 크거나 작은 변화를 가져온 혁신을 제안한 훌륭한 사람들은 대체로 기술의 사업화에 관여했으며, 그 이유는 혁신의 과정이 주는 짜릿한 기쁨 때문이었다. 그들에게 돈을 버는 것은 부수적인 문제였다. 우리는 그들의 재능과 헌신, 열정을 존중한다. 두 번째는, 우리는 오직 하나의 아이디어에 모든 역량을 집중하기를 원하지 않는다. 오히려 잠재력을 갖는 관련된 혁신적인 기술이나 아이디어의 집합을 찾아 개발하기를 원한다. 그리고, 우리는 그것으로부터 돈을 버는 것으로 목적을 달성하기를 원한다. 이는 돈에 대한 탐욕 때문이 아니라, 이것이 성공을 측정하는 본질적인 방법이기 때문이다.

4장의 서두에서 우리는 개별 아이디어나 개념을 사업화하기 위한 전략에 초점을 맞출 것이라고 언급하였다. 그러나, 이번 장과 다음 장의 내용은 처음 세 개의 장을 통해 언급한 전체 전략 관점에서 가장 의미있는 부분이 될 것이다. 기술을 개선하고 성공의 기반을 다지는 것은 단순한 의외의 수확이 아니라 전체 계획의 일부이다.

많은 사람들이 사업화는 현상을 뒤집을 만한 혁신적인 개념에 의한 것이라고 믿는다. 하지만 종종 단순한 시도가 더 우수하고 더욱 오래 지속될 수 있는 개선을 가져온다. 인류의 삶의 환경을 향상시킬 거대한 발전은 도전적인 사람들이 이미 존재하는 기술이나 아이디어를 혁신적인 시스템에 결합할 때 이루어질 수 있다. 본 장은 이러한 시너지(synergy)를 활용하는 것을 강조한다.

17.1 기술 개선 방안

우리가 사업화의 과정을 여기까지 진행하고 나면, 그 아이디어나 개념에 대하여 전 세계에서 어떤 누구도 우리보다 더 잘 알지 못한다. 더욱이, 15장과 16장에서 지적한 바와 같이 판매 이후에 모든 것이 끝나는 것은 아니다. 우리는 부지런히 그 기술이 제대로 작동하는지 추적하고 모니터링해야 한다. 따라서, 우리가 이러한 것들을 활용하여 제품을 개선하는 것은 필수적이다. 제품의 업그레이드를 통해 최초의 모델보다 더 많은 이득을 얻을 수도 있다. 이는 이미 힘든 일이 지났으며, 막대한 개발 비용도 이미 지불했기 때문이다.

개선을 진행하기 전에 반드시 기존 고객들에게 제공한 판매 조건에 주의해야 한다. 어떠한 개선이 이루어지면 이를 고객들에게 제공하기로 약속하였는가? 그들에게 무상으로 개선된 사항을 제공하기로 약속하였는가? 원 판매 계약에 따라 모든 소유권을 이전해야 하는가? 고객들의 지적재산권에 대한 책임은 무엇인가? 만약 우리가 그들의 설비와 자료를 활용하여 개선을 이루었다면 그들의 권리는 무엇인가? 이러한 질문들은 매우 중요하며, 반드시 전문가와 상의해야 한다. 그러나 만약에 이러한 질문들을 미리 고려하였다면, 사업화 초기에 이루어지는 판매의 계약조건들에서 이러한 사항들을 정했을 것이다. 우리는 사업화팀이 전략 계획의 초기단계에서 미리 기술의 개선을 위한 예산을 고려하기를 추천한다. 이를 통해 사업화팀은 최종 목표물이 최종 소비자에게로 전달되기 이전에 의식적으로 기술 개선의 가능성을 고려하게 될 것이다.

17.2 기술을 결합하여 완성된 시스템 만들기

이미 성숙되었거나 이제 그 수명이 다한 기술인 것처럼 여겨지던 기술들이 새로운 가능성(활용성)을 발굴함으로써 그 수명이 확대 연장되는 많은 예들이 있다. 가장 극적인 예 중의 하나는 한때 기적의 약이였던 아스피린이다. 처음 그 약의 용도는 단지 두통이었으나, 지금은 심장질환을 완화하는 효능이 확인되었다. 사실, 두통을 없애는 용도보다는 혈액 순환을 좋게 하기 위해 더 많은 아스피린이 팔리고 있는 것이다. 좋은 아이디어는 다른 기술과 만나면 더 좋아질 수 있다. 단순히 기술의 수명을 늘리는 것뿐만 아니라, 좋은 아이디어를 모으고 이를 함께 연결하는 것은 많은 이득을 가져다 줄 수 있다.

기술의 수명을 연장하거나 개선하는 방법에는 세 가지 유형이 있다. 첫 번째는 개발되어 상용화된 혁신적 시스템에 다른 기술을 부가하여 통합된 시스템을 개발하는 것이다. 다른 하나는 두 가지 이상의 종래 기술들을 결합하여 새로운 수요를 충족시킬 수 있는 새로운 응용을 개발하는 것이다. 마지막은 아스피린의 경우와 마찬가지로 이미 존재하는 하나의 기술을 완전히 다른 방법으로 활용하는 것이다. 각각의 경우는 하나의 새로운 아이디어를 사업화하는 것처럼 도전적인 일이지만 훨씬 수익성이 좋을 것이다. 훨씬 수익성이 좋은 하나의 이유는 그러한 아이디어들은 이미 상당한 수준까지 개발되었거나 입증되었을 가능성이 높기 때문이다. 이미 많은 투자가 이뤄졌단 말이다.

통합 시스템을 개발하는 이점은 그 시스템을 복제하는 것을 힘들게 만들고 그에 따라 시장에서 경쟁력을 갖게 된다. 물론, 이를 위해서는 그 시스템의 모든 구성요소에 대한 적절한 지적재산권을 갖고 이를 제어할 수 있어야 한다. 통합된 시스템을 개발함으로써 우리는 단지 하나의 혁신에서가 아니라 보다 복잡한 규모의 상용화에서 명성을 쌓을 수도 있다. 이러한 신뢰도는 대기업들과의 거래에서 매우 큰 이점을 제공한다.

요약하면, 우리는 어려운 문제에 대해 완벽한 해답을 구했다고 생각하더라도 거기에서 멈춰서는 안 된다. 우리는 다른 상업적인 스타와의 연계를 통해 통합된 시스템을 창조하고 이를 통해 보다 많은 필요에 대응할 수 있어야 한다.

다음의 두 절에서 우리는 어떻게 혁신적인 시스템에 종래의 기술을 결합하여 납세자들의 비용을 절감하도록 해 주었는지 이에 대한 과정을 보여줄 것이다. 더욱 중요한 것은, 이러한 창의적인 접근을 통해 많은 용기있는 미국 시민들과 동종 서비스업 종사자들의 생명을 구했다는 점이다.

17.3 기술의 혁신적 변환: RIPRNET

2005년 9월, 미 공군 중앙 사령부(U.S. Central Command Air Foces, USCENTAF)는 이라크에서의 역사적인 헌법선거의 준비로 매우 분주했다. 이라크와 연합군은 해외의 입회인 및 현지 선거관리위원회와 함께 투표용지 준비, 투표소 준비 및 선거 절차와 유권자들의 안전을 위한 준비를 진행하였다. 연합군 공군 사령관(Combined Forces Air Component Commander, CFACC)은 이라크 영공의 안전을 책임지고 있었다.

이라크와 연합군은 적들이 민간여객기를 납치하여 바그다드의 주요 타겟을 공격하여 유권자들을 혼란에 빠뜨릴 가능성에 대해 매우 염려하고 있었다.이에 우리는 CFACC의 지시로 이라크 상공의 모든 항공기를 탐지하고, 지상 관제사가 영공의 모든 항공기와 통신할 수 있고, 지정된 방공 조직과 항공사진을 공유하고, 모든 방공 센터와 CFACC를 연결하는 시스템을 개발하게 되었다.

미국 엔지니어로부터 유니버셜 데이터 번역기의 도움을 받아 우리의 엔지니어들은 미 공군의 장거리 레이더, 민간 항공 관제 레이더, 미 해병대 방공 레이더로부터의 레이더 피드를 통합할 수 있었다. 우리의 수석 기획자인 호주 왕실 공군의 공군 소령 Patrick Del Guidice에 의해 모든 레이더로부터의 입력을 공통 항공사진으로 통합하여 이라크의 모든 영공을 커버하는 통합 장비를 설치하게 되었다. 또한 이는 주요 지역에서의 저공 감시도 가능했다.

우리는 주요 방공 센터들간에 신뢰성이 높은 음성연결을 가능하게 하면서 보안을 유지해야 했다. 게다가, 전력 공급이 힘든 야전 상황에서, 모든 참여자들(지휘관, 공군 포병, 레이더 기지, 방공기지)이 즉시 연결되고, 위험을 평가하고, 즉각적이고 적절한 명령에 반응할 수 있는 무결점의 회의 전화 시스템을 개발해야 했다. USAF의 대위인 Terry Scott에게 카타르의 합동 항공 작전센터(Combined Air Operation Center, CAOC), 바그다드 북쪽 발라드 공군기지의 전구항공통제본부(Theater Air Control Center), 바그다드 본부의 유엔 다국적군(Multi-National Forces-Iraq, MNF-I), 그리고 바그다드의 민방위를 연결하는 중요한 임무를 할당하였다. 전체적으로 1200 마일이 넘는 거리였다. 그에게 보안이 유지되는 서로 다른 세 가지의 음성 통신 방법을 2주 이내로 가져오도록 지시하였다. 통상적으로 이러한 일은 몇 달이 걸리는 것이지만, Terry는 놀라운 집중력으로 이 모든 것을 2주 이내에 이루어 냈다.

CFACC는 선거를 일주일 앞두고 통합 레이더 디스플레이를 통해 항공기들을 관찰할 수 있는 능력과 모든 지휘반들과 통신할 수 있는 능력을 갖게 되었으며, 이를 통해 가능한 항공기 공중 납치에 대응할 준비를 갖추게 되었다. CFACC의 부책임자인 Blair Hansen 준장은 전쟁 게임 시나리오에 따라 그 시스템을 시험하였다. 테스트 과정에서 C-17 Globemaser II와 같은 큰 화물수송기가 바그다드로 접근하고 있었다. 이 테스트는 얼마나 빨리 항공기를 발견하고 그 이동경로를 추적하는지, 얼마나 빨리 항공기와의 접촉을 시도하는지, 그들의 통신을 수신해서 그들의 의도를 파악하고 이를 통해 지상의 방공 요원이나 민방위 요원들에게 경보를 제공하는 능력을 측정하도록 설계되었다. 이 테스트 동안 우리의 통신 시스템과 레이더 시스템은 적어도 몇 시간 동안은 정상적으로 잘 작동하였다. 테스트 이후 Blair Hansen 준장은 우리에게 새로운 요구사항을 전달하였다. 그는 요격 항공기 조종사의 이야기를 듣고, 그와 이야기를 나눌 수 있기를 원했다. 그리고 그는 그것을 6일 이내에 원하였다. 테스트 과정에서, Blair Hansen 준장은 전술 항공 통제 센터에서 활용 가능한 전투기를 잠재적인 적에게 안내하여 요격할 수 있고, 전투기와 지휘본부와의 통신을 중계하는 시스템의 필요성을 느꼈다. 바그다드 국제 공항으로 접근하는 항공기는 몇 초 이내에 갑자기 중요 타겟으로 항로를 변경하는 것이 가능했으며, 제어센터로 통신을 중계하는 시간은 용인할 수 없는 것이었다. CFACC는 직접 조종사와 통신을 해야만 했다. Blair Hansen 준장은 "이것은 방어 시스템의 필수 요소이며 우리는 이것이 지금 당장 필요하다"고 말했다.

일반적으로 이러한 형태의 무선 시스템을 만드는 데는 일 년 이상의 계획기간과 값비싼 무선 통신, 장거리 통신 라인, 무선 안테나와 타워 그리고 전화 인터페이스 장치가 필요하였다. 그러나 우리는 이를 6일 이내에 마쳐야 했다. 이는 기적과 같은 시간이었다. 나는 빨리 우리 팀을 한 클럽에 소집했다. 거기서 종이 타월을 빌려서 워킹 페이퍼로 사용하면서 솔루션을 설계하려고 시도했다. 호주 맥주와 콜라를 마시며 최고의 사업화팀을 구성하였다. 우리의 발명자는 민간 계약자로 수석 무선 엔지니어인 Jeff Sapp였다. Jeff는 인터넷 기반의 무선 라우트 네트워크를 연구하였으며, 우리는 이를 좀 더 연구하기를 제안했고, 나는 "바로 지금이다"라고 이야기했다. 우리의 투자자는 사우스 캘리포니아 공군비행장의 커뮤니케이션 담당이사인 Marty Edmonds 대령이었다. Marty는 우리가 처한 상황을 누구보다 잘 알고 있었으며, 임무 달성에 필요한 자원(사람과 비용)을 지원하였다. 우리 팀의 기술자는 Dave Canady 대위와 나의 엔지니어링 팀의 Mike Byard 였다. Dave는 팅커 공군기지의 3전투통신단에서 배치되었으며, Mike는 버지니아의 랭글리 공군기지에서 배치되었다. 그들은 가장 똑똑하고 현장 경험이 많은 엔지니어였으며, 해법을 현장에 적용하여 설치하는 역할을 담당하였다. 팀의 리더로서 나는 모든 것을 한데 모으는 역할을 하는 사업가였다.

페이퍼 타월에의 초기 설계를 갖고, 나는 팀을 트레일러로 소집하여 우리의 목표를 명확히 하고 예상 스케쥴을 만들었다. 동시에 미국의 동료들과도 보안 회의를 진행하였다. 일반적으론 8시간의 시차는 큰 장애물이었지만, 이번 만큼은 유리한 점이었다. 일을 전방에 배치된 팀 멤버와 미국에 있는 동료들에게 분배함으로서 우리는 그 문제에 대해 24시간 매달릴 수 있었다.

우리의 계획은 간단했다. 바그다드 주위에 요격 항공기의 주파수에 맞춘 무선장치를 설치하고, 디지털신호로 변경하는 장치와 연결시키고, 이를 통합항공작전본부의 컴퓨터 네트워크를 통해 연결시키면, CFACC는 항공기들의 통신을 모니터링 할 수 있게 된다. Jeff는 변환장치로 설치가 용이하고 저렴한 Telex IP-223을 선택하였다. Mike와 Dave는 Jeff와 함께 시스템에 필요한 다른 구성요소들을 준비하고, 항공 교통 무선오디오 입력단자(air traffic radios audio jacks)와 IP-223의 입력단자 사이의 인터페이스 장치를 만들어 그들이 함께 작동하도록 만들었다.

동시에 Marty Edmonds 대령과 그의 팀은 우리가 필요한 것들을 열심히 구해 주었다. Marty는 플로리다 맥딜 공군기지의 중부 사령부와 함께 Chris Wilhelm 대령의 도움으로 바그다드로부터의 정보를 통합항공작전본부(CAOC)로 연결시키기 위해 필요한 위성 채널을 확보하였다. 비상시여서 우리는 운 좋게 이러한 것들을 일주일 이내에 모두 마칠 수 있었다. Marty와 Chris는 하루 만에 우리의 요구를 모두 완료해 주었다. Marty는 또한 우리의 무선기지 두 곳에 추가적인 무선장치를 제공해 주었다. 우리는 긴급히 필요한 것들을 다른 곳으로부터 무단으로 사용하였으나, 기존의 사용자가 인식하기 전에 대체하여 제자리로 돌려놓아야 했다. Marty는 필요한 것들을 파악하고 바로 항공으로 공수해 주었다. 그는 이 프로젝트에서 가장 중요한 영웅이었다.

무선장치와 설비를 설치하는 것이 핵심이었다. 우리는 무선 신호의 송신과 수신이 잘 되고, 또한 무선 신호를 장거리 회로에 접속하기에 뛰어난 장소를 선정해야 했다. Del Guidice 소령은 다시 한 번 그의 능력을 제대로 발휘하였다. 그는 바그다드 국제 공항과 발라드 공군기지와 함께 적당한 장소를 선정하고 장비를 지원하였다. 그리고 그는 수석 기술자인 Canady와 Byard와 함께 설치계획을 확인하고 설치팀을 구성하였다. Canady와 Byard에 의해 훈련된 설치팀은 팀 구성 후 3일 만에 바그다드와 발라드로 출발할 준비가 되었다.

전투지역을 이동하는 것은 쉬운 일이 아니었다. 특히나 항공 이동이 필요한 경우는 더욱 그러하였다. 전투지역에 익숙한 나는 누가 도움이 될 수 있을지 알았다. 나는 통합항공작전본부의 공군기동본부의 도움으로 설치팀과 그들의 장비를 바그다드와 발라드까지 데려다 줄 C-130 운송기를 확보하였다. 용감한 Daniel Urbanski은 4일째 저격의 위험을 무릅쓰고 타워에 올라 요격기와 우리를 연결시켜줄 특별한 무선 안테나를 설치하였다. Canady와 Byard는 미 육군의 블랙호크 헬기를 타고 이동하면서 모든 것이 제대로 설치되었는지 그리고 장거리 라인이 제대로 신호를 전달하도록 설정되었는지를 확인하였다. 동시에 Jeff Sapp와 Del Guidice 소령은 CAOC의 네트워크 팀과 함께 지휘부와 항공기를 연결하는데 사용되는 컴퓨터, 스피커, 마이크 등을 설치하였다.

5일째 모든 설치가 끝나고, 인터넷 기반의 무선 라우트 네트워크(Radio-Over-Internet Protocol Routed Network, RIPRNET)가 완성되어 테스트를 기다리고 있었다. 나는 상대방 운영담당 이사인 Wade Thomson 대령과 함께 라이브 비행 훈련을 통한 시스템 테스트를 수행하였다. 다음 날 우리는 통합 방공시스템의 일부 테스트로 바그다드 상공의 F-16, F-18, 영국 토네이도 항공기를 대상으로 테스트를 성공적으로 수행하였다. RIPRNET 사업화팀은 불가능하다고 생각한 것을 이루어내었으며, 바그다드의 방공을 지원하기 위한 장거리 무선시스템을 전달하였다.

RIPRNET는 효과가 있었는가? 선거기간동안 비행기 납치는 없었으며, 그 후 6개월 동안 RIPRNET 시스템은 8차례 바그다드의 주요 타겟에 접근하는 적의 항공기를 성공적으로 타겟으로부터 멀리 인도할 수 있었다. 또한 RIPRNET는 우리의 방공 수행 방법을 바꾸어 놓았다. 요격기 조종사들의 메시지를 전술항공통제센터를 통해 중계하는 대신, 직접적으로 교신내용을 모니터링함으로써 의사결정의 스피드를 높이고, 조종사들의 직접적인 신호에 근거하여 언제 어떻게 대응할 것인지를 결정할 수 있게 되었다.

RIPRNET는 이라크에서 지상 호송을 지원하는 방식도 바꾸어 놓았다. 이전에 호위대는 지도와 저전력 초단파 가시거리 무선장치로 무장하고 기지를 출발하였다. 이 무선장치는 기껏해야 10마일 이내의 차량과 통신을 할 수 있었다. 군단지원사령부(Corps Support Command, COSCOM)는 길을 따라 일정한 간격으로 중계 사이트를 제공하였다. 그리고 미공군은 제이스타(JSTARS, Joint Surveillance, Targetting, and Acquisition Radar System)를 통해 무선 영역을 확대하는 역할을 수행하였다. JSTARS를 이러한 용도로 사용하는 것은 그다지 효율적이거나 바람직하지 않다. 왜냐하면 원래 JSTARS는 원래 강력한 레이더 기능을 활용하여 지상의 적의 움직임을 감지하기 위해 고안되었기 때문이다. 또한, 만약 이것이 무선 통화를 연결하는 역할을 하게 되면, 그 원래의 목적인 군사용 폭발물 폭파범을 사냥하기 위한 고유의 목적을 달성하기 힘들 것이다.

사업화팀은 이라크를 위아래로 이동하는 호위대를 위한 확대된 무선 영역을 갖는 통합 무선네트워크를 제공하기 위해 RIPRNET 기술을 적용하였다. RIPRNET을 기반으로 하는 무선네트워크를 적용함으로써 연합군은 날씨에 영향을 받지 않는 안전한 무선 네트워크를 갖게 되었다. 이로서 3대의 JSTARS 항공기와 그에 딸린 승무원 및 지원인력들이 더 이상 필요하지 않게 되었으며, 기존에 무선 중계의 임무를 수행하던 200여명의 군인들이 더 이상 위험을 무릅쓸 필요가 없어지게 되고, 그들에게 더 안전한 임무를 할당할 수 있게 되었다.

이러한 업적으로 우리는 2006년 미 공군 과학기술상(2006 U.S. Air Force

Science and Engineering Achievement Award)을 수상하게 되었다. 그러나, 그보다 더 중요한 것은 우리의 업적을 통해 이라크를 피해가 없는 더 안전한 곳으로 만들었다는 점이다.

RIPRNET 이야기의 에필로그로 Martin K. Schlacter 중령이 미 공군의 공식 웹사이트에 올린 RIPRNET에 관한 기사를 소개하고자 한다.

*RIPRNET*는 길가의 초소에서 근무해야 했던 수백 명의 군인들을 작전기지의 안쪽으로 이동할 수 있도록 해 주었다고 연합군 항공작전센터의 아키텍처 및 통합담당 부서장인 *Marty Schlacter* 중령이 말했다. "그것은 의사결정권자들에게 호송 작전에 필요한 적절한 항공 및 지상 통합 지원을 가능하게 만들어 주었으며, 항공기들은 더 중요한 임무를 위해 활용할 수 있는 여지를 주었다."

부서장으로서 *Schlacter* 중령은 *RIPRNET*의 개발, 설치, 유지보수를 감독하였다. 그는 이 시스템을 통해 긴급 상황에 대한 응답시간을 단축시킬 수 있었으며, 구조 요청을 제3자를 통하지 않고 직접 수신함으로서 복구를 신속하게 할 수 있게 되었다고 했다.

*Schlacter*는 개인적으로 "또한, *RIPRNET*가 실제로 군인들의 생명을 구했다는 의료팀의 보고서를 받았다"고 언급했다.

17.4 전화 연결을 통한 근접 항공지원

아프가니스탄을 방문해 본 적이 있는가? 보통 사람들은 그런 기회를 갖기가 어려웠을 것이다. 아프가니스탄은 매우 큰 나라이며 그 규모는 미국대륙의 절반에 가깝다. 북쪽에는 거대하고 험한 산들이 존재하며, 남쪽으로는 건조하고 황폐한 지역으로 이루어져 있다. 내가 아프가니스탄의 바그람 공군기지에 도착하였을 때, 미 육군의 제10 산악사단의 군인과 항구적 평화 작전의 퇴역 군인들은 그 높이에 대해 다음과 같이 말했다. "거대하다. 우리는 히말라야의 끝부분에 있다" 이 지역에서 악명 높은 탈레반과 싸우고 있는 연합군들에게 지형은 거대한 도전이었으나, 더욱 심각한 것은 적군과 교전하고 있는 연합군에의 근접 항공 지원이었다.

적들과 대치하고 있는 연합군들은 그들이 위험한 딜레마에 빠져 있다는 사실을 알게 되었다. 산들이 지상의 대원과 지원 항공기사이의 시선(line-of-sight) 무선 통신을 가로막아 근접 지원 항공기와 연락할 수가 없었다. 썬더볼트 II A-10 항공기는 탱크 잡는 대포로 유명하였으며, 아프가니스탄에서의 연합군의 지상 작전을 지원하고 있었지만, 지상 대원들과의 통신을 위한 시선 무선통신장비로 인해 사용에 제한이 있었다. 만약 지상 대원이 항공기의 무선 신호를 직접 보지 못한다면, 신호는 목적지에 도달하지 못하고 지상 대원들은 근접 항공지원을 받을 수가 없다. 아프가니스탄의 계곡과 골짜기에서 적들과 싸우는 연합군의 목숨은 매우 위태로웠다. 우리는 지상과 근접 항공지원 부대간의 적시의 효율적인 통신을 가능하게 하는 신뢰성 높은 시스템을 제공해야만 했다.

미 공군 중부사령부(US Central Command Air Forces, USCENTAF)의 혁신적인 통신 직원과 공군 무장센터(Air Armament Center, AAC)의 뛰어난 엔지니어들이 투입되었다. 임시의 사업화팀이 구성되고, 그들은 우선 그들이 직면한 문제를 재빨리 확인하였다. 최종 목표는 어떤 장소에서든 공중의 A-10 근접 지원 항공기와 지상의 연합군간의 신뢰성 높고, 효율적이며, 적시적인 연결 수단을 제공하는 것이었다. 그리고 그것은 어떤 기상조건에서도 작동해야 했다. 또한, 새로운 시스템을 기존의 복잡한 항공기에 통합하기 위한 리드타임과 비용의 문제로 인해, 새로운 시스템은 단순해야하고 항공기에는 큰 변경이 없어야 했다.

비관론자들은 이것은 불가능하다고 말했다. 다른 방법들에 대한 난상토론이 진행되었으며, 그 과정에서 누군가(정확히 누군지는 기억이 안 난다) 소리쳤다. "우리가 필요한 것은 지상의 누군가가 일종의 On-Star와 마찬가지로 항공기와 통화를 하면 된다는 겁니다." 말도 안 되는 소리인가? 아니다. 실제로 이 말 한마디는 CENTAF와 AAC의 사업화팀들에게 매우 혁신적이고도 효율적인 의견들에 박차를 가하였다. 지상군과 항공기 사이의 전화 연결이라는 명확한 목표에 집중하게 된 사업화팀은 역사를 만들어냈다.

NASA의 Gene Krantz 팀이 아폴로 13호에서 했던 것처럼, 사업화팀은 가용한 범위에서 문제를 해결하고자 했다. 항공기는 통상적인 UHF/VHF 무선장치를 갖고 있었으며, 지상군은 UHF/VHF와 위성(SATCOM) 무선장치를 갖고 있었다. 불행히도 UHF/VHF 무선장치는 항공기가 신호의 범위내에 존재하지 않으면 무의미 했다. 따라서, 사업화팀은 항공기가 지상군의 신호 범위내로 이동하도록 알려줄 수 있는 통신 방법을 고안해야 했다.

사업화팀은 지상군이 SATCOM 통신을 이용하여 바그람 공군기지에 있는 항공지원작전본부(Air Support Operation Center, ASOC)와 통신하고 항공지원을 요청한다는 사실을 알았다. 문제는 ASOC에서 항공기의 위치를 변경하도록 통신을 하는 것이었다. 그러나 A-10 항공기는 아프가니스탄의 산악지형에서 작동하는 원거리의 SATCOM 무선장치를 갖고 있지 않았다. 사업화팀은 A-10 항공기에 SATCOM 기능을 추가해야 했다. 그래서 항공기에 SATCOM 무선장치를 통합하도록 준비하였으나 비용이 많이 들고, 항공기에의 광범위한 변경이 필요하여 다른 방법을 찾아야만 했다.

전화 통화의 아이디어를 상기해보자. 만약 위성전화와 같은 SATCOM 전화기를 항공기에 설치하면 어떻게 될까? 조종사들은 항공기를 조종하고, 신호를 모니터링하고, 다른 임무를 수행하느라 전화기를 계속 모니터링하는 것이 불가능했다. 따라서 이 아이디어는 처음에는 실현가능성이 없는 것처럼 보였다. 그러나 필요한 통신 과정의 분석에 따르면, SATCOM 기반의 전화신호를 조종사의 무선시스템에 설치하면 통신 체인을 완성할 수 있었다.

그들이 개발한 해결방안은 훌륭하고 아주 멋진 것이었다. 그리고 단순했다. 그들은 FACE pod(Fighter Aircraft Communications Extension pod)라고 불리는 전투기 통신 확장 시스템을 만들어냈다. 일반적으로 전자교란에 사용되는 속이 빈 윙 포드를 활용하여, 사업화팀은 그 속을 두개의 위성전화와 전원공급장치, PRC-248 UHF/VHF 무선장치로 채웠다. 그들은 포드를 봉합하고 이리듐 안테나와 UHF/VHF 안테나를 붙였다. FACE 포드는 항공기에 이미 사용되고 있는 전기 코드에 연결되어 하늘을 날 모든 준비를 마쳤다.

이제 아프가니스탄의 연합군은 적을 만나 근접 항공지원이 필요한 경우, SATCOM 무선장치를 통해 항공작전지원본부(ASOC)로 도움을 요청한다. ASOC에 있는 제어장치는 지상군의 위치를 확인하고 지정된 궤도의 A-10에 전화를 걸게 된다. 전화 신호는 위성을 통해 이리듐 안테나를 거쳐 위성전화로 가고, 위성전화는 PRC-248 무선장치를 위한 신호를 전송하면 이 신호는 포드에 달린 UHF/VHF 안테나를 거쳐 항공기의 통상적인 UHF/VHF 안테나를 거쳐 조종사의 무선장치로 전송된다. 조종사에게는 도움을 요청하는 전화가 통상의 무선 신호와 동일하게 나타나며, 이를 통해 새로운 좌표로 이동하여 근접 항공지원을 요청하는 부대와 연락을 하게 된다. 이미 존재하는 기술들을 창의적이고 혁신적인 방법으로 활용하여 미국과 연합국의 군인들의 생명을 보호할 수 있었으며, 상당한 비용도 절감할 수 있었다.

때때로 다양한 군대들 사이의 관계는 필요이상으로 긴장되어 있다. 특히, 생명이 위태로운 전시에서는 이러한 현상은 이해가 가능하며, 의사결정이 빠르고, 몸과 마음이 매우 긴장된 상태에 있게 된다. 그러나 좋은 기술은 이러한 어려움을 극복할 수 있게 해주며, 필요한 경우 협력을 이끌어 내기도 한다. 그리고 우리는 민간에서와 마찬가지로 군에서도 좋은 아이디어들은 계속해서 도움과 혁신을 필요로 하는 고객들을 확보하게 해준다.

17.5 기존 고객에게의 재판매가 가장 효율적임을 기억하자

기존 고객에게 판매를 하는 것이 가장 쉬운 방법이라는 것은 진부하지만 여전히 진리이다. 그럼에도 불구하고 어떤 사람들은 종종 이러한 사실을 잊어버리는 경향이 있다. 우리의 고객들은 우리가 이미 그들의 문제를 해결해준 성공적인 경험을 갖고 있으므로, 우리의 새로운 개발 결과나 기존 기술의 개선의 결과를 쉽게 받아들이려 한다. 추적과 모니터링을 위해서도 필요하지만, 오히려 이것이 우리가 고객들과의 지속적인 관계를 유지하는 이유이다.

적합한 조건하에서, 고객들은 개선을 제안하는데 있어서 아주 큰 도움이 된다. 그들은 개선이 필요한 부분을 알려주기도 하며, 그들이 원하는 더 나은 모습을 제안하기도 하고 어떤 경우에는 우리가 고민하고 있던 수정을 완성해주기도 한다. 그들의 기여를 문서화하는 경우에는 주의해야 하며, 누가 무엇에 대하여 권리를 갖는지를 명확히 해야 한다. 그들의 도움에 대하여는 반드시 전문적이고 공평한 보상을 제공해야 한다. 새로운 고객을 개발하는 것은 돈과 시간의 측면에서 훨씬 힘들다. 친절과 관용 존경으로 오래된 친구를 대하고, 그들을 관리하는데 더욱 노력하기를 제안한다.

17.6 새로 시작하는 것보다 기존 기술에서 이익률을 높이는 것이 더 쉽다

사업화팀은 종종 그들의 성공에 도취되곤 한다. 흥미로운 점은 이러한 현상은 일이 힘들 때보다 일이 잘 진행되거나 큰 성공을 이루었을 때 더 자주 일어난다는 점이다. 우리 모두는 종종 좋은 것을 개선하는 것의 중요성을 간과하게 된다. 어떤 경우 이는 종종 자기 만족에 의한 것이며, 어떤 경우에는 단순히 게으르기 때문에 그러하다. 들인 노력에 비해 돌아오는 이득이 필적하지 못할 때까지 좋은 것을 더 좋게 만들려는 노력을 계속해야 한다. 그리고 실제 이런 일이 발생하면 우리는 미리 설정된 최종 목표의 전략에 따라 지적재산권을 다른 사람에게 넘겨야 한다.

좋은 제품을 개선하는데 가장 적합한 사업화팀의 멤버는 기술자이다. 대부분의 기술자들은 만물 수선공과 같은 경향이 있으며, 그들은 그들의 역할을 충실히 수행한다. 발명자의 경우에도 이런 것을 할 수 있는 능력은 있지만 일반적으로 그들은 열정이 부족하다. 그들은 아이디어가 성공적으로 작동하는 것에 관심이 있으며, 그 이후에는 다른 신기한 일에 그들의 관심을 돌린다.

17.7 핵심사항

- 이번 장은 기술들을 결합하거나 기술의 개선을 통해 이익을 창출하는데 관심이 있는 사람들을 위한 것이다.
- 혁신적인 기술을 평가하고 모니터링 하는 것은 제품을 개선하는 방법에 대한 훌륭한 통찰력을 제공한다.
- 세 가지의 제품 개선방법이 있다.
  - 상용화된 혁신적 시스템에 다른 기술을 부가하여 통합된 시스템을 개발
  - 두 가지 이상의 종래 기술들을 결합하여 새로운 수요를 충족시킬 수 있는 새로운 응용을 개발
  - 이미 존재하는 하나의 기술을 완전히 다른 방법으로 활용
- 어려운 문제에 대한 혁신적인 해결책을 만들기 위해 어떻게 기존의 기술을 활용하였는지에 대한 두 가지 예를 보여주었다. 주로 주어진 짧은 시간 내에서 시스템화나 비용, 재무적인 제약에 초점을 맞추었다.
- 기존 고객들은 우리의 새로운 개발 결과나 기존 기술의 개선 결과를 훨씬 쉽게 받아들이려 한다.
- 들인 노력에 비해 돌아오는 이득이 필적하지 못할 때까지 좋은 것을 더 좋게 만들려는 노력을 계속해야 한다.

chapter 18

성공 기반 다지고 실패로부터 배우기

드디어 우리가 해냈다! 좋은 아이디어를 탐색하고, 몇몇 좋은 아이디어를 발굴하고, 정말로 좋은 아이디어를 선정하고, 발명가의 발상이 실제 작동한다는 확신을 갖고, 아이디어를 완성시키고, 시제품을 설계하고, 시제품이 원하는 대로 작동하는 것을 보여주고, 그것을 제조하고, 팔고, 수리하고, 개선시켰다. 우리는 제품을 사업화하였으며, 그 과정을 통해 좋은 아이디어를 제품으로까지 발전시켰다. 이러한 모험에 착수하게 된 것은 우리의 자발적인 의지였음은 의심할 여지가 없다.

이제는 쉬면서 이를 즐길 시간이다! 그러나 너무 서두르지 말자. 무언가 더 해야 할 것이 남아 있는가? 정답은 '그렇다' 이다. 다른 혁신적인 기술들의 개발을 진행하기 전에, 우리가 할 수 있는 최선의 선택은 잘한 것과 잘못한 것이 무엇인지 그리고 그 정확한 원인이 어디에 있었는지 심사숙고하는 시간을 갖는 것이다. 이를 통해 우리는 향후 혁신적인 기술들을 사업화하는 더 나은 방법과 실수를 피할 수 있는 방법을 알 수 있을 것이다(아니면 최소한 실수를 줄이거나 더 작게 만들 수 있을 것이다).

18.1 강을 건너게 하라

성공을 이루는 것에 대한 첫 번째 예로 1862년 9월 남북전쟁에서의 George B. McClellan 장군을 소개한다. 교훈의 핵심은 Wikipedia에 소개된 McClellan 장군 자서전의 일부분을 발췌한 것에 나타나 있다.

Lee 장군은 노예를 허용하는 Maryland주에서 남부의 지지를 불러일으키기 위해 Maryland에서의 출정을 시작으로 연합군에 공세를 지속하였다.

반면, Lincoln은 1862년 9월 2일 Pope장군을 대신하여 McClellan에게 연합군의 지휘권을 넘겨주었다. 연합군은 우연히 군대를 둘로 나누기로 하는 Lee장군의 명령서 사본을 발견하게 되었지만, McClellan은 그들이 재결합하기 이전에 남부의 군대를 쳐부술 만큼 재빠르게 움직이질 않았다. 1862년 9월 17일 McClellan의 군대는 Maryland의 Sharpsburg 부근의 Antietam 전투에서 Lee의 군대를 공격하였다. 수적인 우세에도 불구하고 Lee의 군대를 패배시키지는 못했다. 왜냐하면 연합군은 그들의 공격을 적절히 조직화하지 못하였고, McClellan은 대규모의 공격을 망설였기 때문이다.

그 전쟁 이후에, Lee의 군대는 Virginia까지 후퇴하였다. Antietam 전쟁 이후로 McClellan은 Lee의 군대를 공격적으로 추격하는 데 실패한 책임을 이유로 11월 5일 지휘관의 자리에서 물러났다. 그 후 11월 9일 Ambrose Burnside 소장이 그 자리를 대신하게 되었다. 그 이후로 McClellan는 어떠한 지휘권도 갖질 못했다.

우연히 남부군대의 전투 전략에 대한 정보를 선물처럼 획득하였으며, 또한 병력의 확실한 우위에도 불구하고, 소심한 McClellan는 남북전쟁의 승리를 몇 년이나 앞당길 수 있는 기회를 활용하는 데 실패하였다. 이러한 우유부단함은 Stonewall Jackson이 Harper Ferry를 이용하여 그들의 병력을 다시 Antietam으로 재집결할 수 있는 충분한 시간을 주었다. 그로 말미암아 많은 역사학자들은 이 치열한 전투를 무승부로 평가한다. 만약, McClellan이 Lee의 군대를 Potomac까지 추격하여 그들을 포위만 하였더라도 상황은 완전히 달랐을 것이다.

이 사례로부터 기술사업화 과정과 관련하여 전달하고자 하는 몇 가지 교훈이 있다.

- 좋은 정보는 적극 활용하라. 좋은 무엇인가를 발견하게 된다면, 그 정보를 신중하게 검토하여 최대한 그 이익을 뽑아내야 한다. 이는 연구실이나 파일롯 플랜트, 시제품, 고객, 경쟁자에게까지 모두 관련이 된다. 상세한 문헌의 리뷰에 대한 가치, 최신 기술에 대한 정보 및 사전 조사의 가치를 항상 기억해야 한다.
- 좋은 기회는 최대한 활용하라. 기회가 주어졌을 때, 모든 기회를 최대한 활용하라. 왜냐하면 두 번째 기회는 없기 때문이다. 혁신적인 기술을 어떻게 평가하는지를 배우고, 좋은 기술이 발견되면 재빨리 움직여라.
- 과단성을 갖자. 우유부단함과 신중함을 혼동해서는 안 된다. 신중함은 이성적이고 냉정한 방법으로 위험을 고려하는 지혜이다. 일단 수용 가능한 위험으로 밝혀지면, 빠르고 단호하게 행동해야 한다. 반면, 우유부단한 사람은 좋은 일들은 이미 정해진 대로 일어난다고 생각한다. 이는 사실이 아니다.
- 조정(Coordination)과 조직(Organization)이 필요하다. 이 책에서 팀워크가 사업화의 가장 핵심 원칙임을 강조하였다. 조직의 모든 구성원들이 전략과 전술계획을 수립하고 이에 동의하고 정해진 방법으로 그들 각자의 역할을 수행할 때 사업화팀은 최고의 성과를 내게 된다. 통제불능인 사람이나 어리석은 구성원은 사실상 실패를 보증한다.
- 일을 완전히 끝마쳐라. 다른 실수들에도 불구하고, 만약 그가 단지 Lee의 군대를 Potomac 강까지 추격하여 남부의 군대를 포위하였더라면 McClellan 장군은 여전히 Antietam에서 확실한 승리의 기회를 가졌을 것이다. 우리는 혁신적 기술이 기술적으로 충분히 개발되었고, 시장도 충분히 개발되었음을 확신하고 일을 마쳐야 한다. 게다가 우리는 일을 진행하기로 결정하고 나서(예상 최종단계의 목적을 실행하고 나서) 매출과 수

익을 극대화하는 사업 성과를 창출해야 한다.

따라서 우리는 부주의, 관심 부족, 소심함과 같은 것들이 우리의 성공과 승리를 방해하도록 해서는 안 된다. 승리란 혁신적 기술의 가치가 최대화가 된 것이다. 또한, 이는 우리가 다른 혁신적인 기술을 발굴하고 개발하기 위해서 기술적으로나 재무적으로 그리고 관리적으로 매우 유리한 위치에 있음을 의미한다.

18.2 개선을 위한 투자

17장에서는 사업화의 성공 가능성을 최대화하기 위해 어떻게 기술을 개선할 것인지에 대해 논의하였다. 이번 장에서는 이러한 개선을 실질적인 투자라는 관점에서 논의하고자 한다. 지난 장에서 사전 준비된 제품의 개선 전략은 보다 빠른 시장 진출의 기회를 제공하며 동시에 제품의 차세대 버전을 위한 고객의 요구를 반영할 수 있는 방법에 대해 살펴보았다.

개선을 위한 신중한 투자는 여러 다른 관점에서 아래와 같은 이점이 있다.

- 투자한 혁신 기술로부터의 보상을 최대화할 수 있다. 우리는 이 책의 초반에서 가장 어려운 비용은 사업화의 초기 단계에서 사용된다고 하였다. 이는 놀랄 일은 아니다. 왜냐하면 이 단계에서 불확실성이 가장 크기 때문이다. 어떤 시도는 성공하고 또한 어떠한 시도는 실패하겠지만, 모든 것이 비용이다. 일단 혁신적인 기술이 실제 사업적으로 입증되면, 추가적인 개선은 훨씬 쉽고 비용도 적게 들 것이다.

- 다음의 또 다른 혁신기술을 개발하는 데 있어 매우 소중한 경험을 제공한다. 혁신적인 기술을 더욱 발전시킬 수 있는 방법을 알게 되면, 사업화팀은 발명가의 발상을 더욱 확장할 수 있게 된다. 기술자는 그러한 과정을 통해서 아주 많은 것을 배우게 되고, 발명가 또한 그들의 또 다른 창작에 영감을 줄 수 있는 경험들을 얻게 된다.
- 개선을 위한 투자는 비용 대비 효율이 매우 높고, 훨씬 높은 이익률을 가져온다. 이는 종종 간과되는 경향이 있다. 여기서 개선이라 함은 제품을 더욱 저렴한 재료로 만들 수 있도록 하거나, 더 작은 수의 부품을 사용하도록 하거나, 더 나은 제조기술을 활용할 수 있도록 하는 등을 의미한다.
- 개선은 아이디어의 다음 단계를 위해 안정적인 재정적 기반을 가능하게 한다. 만약 우리의 전문적인 분야에서 시장 확대에 잠재적인 대변혁을 가져올 수 있도록 우리의 혁신 기술이 꾸준히 현실화된다면, 우리는 더욱 많은 자금이 필요하게 된다. 앞서 언급한 바와 같이, 개선의 효과가 분명하다면 더 적은 투자로 더 많은 차익을 얻을 수 있을 것이다.

이러한 장점들은 미래를 위한 사전 준비가 되고, 우리가 가장 관심을 갖는 초기 단계의 혁신적 아이디어를 발굴하는 부분에 집중할 수 있도록 하는 것이므로 매우 중요하다.

18.3 새로운 기회 포착

본능적으로 사업화팀의 구성원들은 항상 무언가를 하고 싶어서 안절부절못하는 경향이 있다. 그들은 쉽게 싫증을 느끼고, 거의 항상 새로운 아이디어나 발상에 대한 열망을 갖고 있다. 이러한 태도는 그들이 매우 견실한 아이디어에 대한 관심을 너무 쉽게 잃게 되는 위험을 가지고 있다. 이런 특징은 종종 조바심을 낳게 되며, 사업화팀은 이러한 실수를 경계해야 한다.

이러한 실수의 균형을 잡아주는 것은 사업화팀이 유망한 아이디어를 초기에 잘 발견하는 것이다. 이러한 능력은 어떤 것이 제대로 작동하고 어떤 것이 그렇지 않은지에 대한 사업화팀의 경험을 토대로 오랜 시간을 두고 개발되는 것이다. 또한 이는 사업화팀이 그들의 전문적인 영역에서의 최신기술의 동향에 대한 정보를 지속적으로 얻는 데에도 도움을 준다.

또한, 사업화팀은 다른 사람들이 쉽게 볼 수 없는 기회를 발굴하여 좋은 아이디어를 발굴할 수 있도록 창의적이어야 하고, 그들의 경험과 위험을 감수하는 성향을 융합할 수 있어야 한다.

사업화팀에서의 가장 중요한 부분은 전체적인 계획을 마음속에 갖고 의식적으로 좋은 기회를 발굴하도록 숙련되는 것이다. 가끔은 이렇게 하는 것은 매우 어렵다. 아이디어를 발굴하는 데 능숙한 우리의 오랜 친구는 다음과 같이 말했다. "많은 경우 나는 저쪽에 너무나 많은 좋은 아이디어들이 있다고 느낀다. 이는 마치 소방용 호스로부터 물을 마시는 것 같다!" 따라서, 비결은 우선순위를 매기는 것이다.

사업화팀은 그들이 잘 다룰 수 있고 관리할 수 있는 기회를 골라내야 한다. 만약 확실한 장점을 갖는 좋은 아이디어를 발굴하더라도 자신들의 전략에 부합하지 않는다면, 우리는 그들을 다른 사람에게 넘겨주어야 한다. 그리고 그렇게 함으로써 우리는 적절한 보상을 받을 수 있다.

몇 번의 사업화 성공경험을 갖게 되면, 우리는 반드시 기본적인 전략을 재검토해야 한다. 수직으로 확장할 것인가? 아니면 수평으로 확장할 것인가?

원래의 전문적인 영역에서 더 많은 것을 이룰 것인가? 아니면, 공통된 기술, 공통된 고객 혹은 공통된 응용제품과 관련된 인접한 영역으로 이동할 것인가? 또는, 단순히 기존의 시장에 뛰어들 수 없고 새로운 시장을 창출해야 하는 새로운 개념의 기술에 의한 새로운 기회로 인해 완전히 새로운 방향으로 나아갈 것인가? 이러한 의사결정은, 사업화팀이 효율적이고 효과적으로 함께 일하는 방법을 배우고 또한 이미 어느 정도 성숙하였기 때문에, 처음 시작할 때보다 훨씬 쉽고 흥미로울 것이다.

어떤 사업화팀은 그들의 원래의 목적을 달성하고 나면 해산한다. 솔직히 우리는 이에 대해 유감스럽게 생각한다. 이미 성공의 경험을 갖고 있기 때문에, 그들이 더 함께 한다면 최고의 날들이 기다리고 있을 것이기 때문이다.

18.4 누구나 실수하지만, 가장 큰 실수는 실패로부터 아무것도 배우지 않는 것이다

일단 아이디어가 폐기되거나 사업화되어 그들의 최종목표에 도달하게 되면, 이러한 혁신의 운명을 결정하게 된 과정을 상세하게 분석하는 시간을 가져야 한다. 그러한 평가는 분석적이고 감정적이지 않아야 한다. 업적과 실수는 의도적으로 기록되고 분석되어야 한다. 이의 분명한 목적은 어떤 것이 옳았고 어떤 것이 그렇지 못하였는지를 확인하기 위함이다. 성공은 모든 팀의 구성원과 공유되어야 하고, 실패에 대한 책임을 개인에게 돌려서는 안 된다.

이것의 목적은 무언가를 배우는 것이지 누군가를 벌하기 위함이 아니다.

이러한 배움은 사업화팀을 단결시키는 데 도움이 될 것이다. 또한, 이는 다음 번에 훨씬 효율적이고 능숙하게 유망한 아이디어를 발굴하고 구현하는 데 도움을 줄 것이다. 앞에서 언급한 바와 같이, 너무 빨리 지나쳐서 이처럼 좋은 배움의 과정을 놓치는 것은 매우 안타까운 일이다.

그러나 몇몇 사람들은 기술사업화의 진행속도에 대해 불편해 하고, 이를 즐겁게 생각하지 않는 경우도 있다. 그리고 어떤 사람들은 너무 많이 지치고, 또 어떤 사람들은 너무 늙게 된다. 따라서 신선한 재능이 계속해서 사업화팀에 통합되어야 한다. 이러한 통합은 사업화 과정에서 이루어지며, 새로 합류하는 사람들은 실무를 통해 그리고 실제의 중요한 의사 결정을 통해 배우게 된다. 우리는 그러한 사람을 식별할 수 있는 합리적인 기준을 가지고 그들을 합류시켜야 한다.

18.5 핵심사항

- 사업화와 관련하여 다음의 교훈을 주는 사례를 제시하였다.
  - 좋은 정보는 적극 활용하라.
  - 좋은 기회는 최대한 활용하라.
  - 과단성을 갖자.
  - 조정(Coordination)과 조직(Organization)이 필요하다.
  - 일을 완전히 끝마쳐라.

- 개선에의 신중한 투자는 여러 다른 관점에서 이점이 있다.
  - 투자한 혁신기술로부터의 보상을 최대화할 수 있다.
  - 다음의 또 다른 혁신기술을 개발하는 데 있어 매우 소중한 경험을 제공한다.
  - 개선에의 투자는 비용 대비 효율이 매우 높고, 훨씬 높은 이익률을 가져온다.
  - 개선은 아이디어의 다음 단계를 위한 안정적인 재정적 기반을 가능하게 한다.
- 성공과 실패를 분석하는 것은 우리가 가장 관심을 갖는 초기 단계의 새로운 아이디어를 발굴하는 사업화의 한 부분에 집중하는 데 도움이 된다.
- 사업화의 성공 후에, 사업화팀에서 가장 중요한 부분은 전체적인 계획을 마음 속에 갖고 의식적으로 좋은 기회를 발굴하도록 숙련되는 것이고, 반드시 우리의 기본적인 전략을 재검토해야 한다.
- 일단 아이디어가 폐기되거나 사업화되어 그들의 최종목표에 도달하게 되면, 이러한 혁신의 운명을 결정하게 된 과정을 상세하게 분석하는 시간을 가져야 한다.
- 모든 노력들은 사업화팀이 단결하고 새로운 인재가 그 속에 통합될 수 있도록 진행되어야 한다.